中国国家博物馆
文物保护修复报告集

王春法 主编

北京时代华文书局

序　言

王春法

中国国家博物馆馆长

　　中国国家博物馆是集中反映中华优秀传统文化、革命文化和社会主义先进文化的国家最高历史文化艺术殿堂，肩负着留存民族集体记忆，传承国家文化基因，促进文明交流互鉴的神圣使命。近年来，中国国家博物馆深入贯彻"保护为主、抢救第一、合理利用、加强管理"的文物工作方针，不断开拓文物保护与研究工作格局，薪火相传、名家辈出，取得了丰硕成果，为保护传承中华民族文化遗产发挥了重要作用。

　　文物是历史的见证，保护文物就是保护历史。中国国家博物馆文物保护工作定位高、起步早，自 1912 年建馆伊始，即把收藏和保护文物作为重要工作任务。1950 年，国立革命博物馆筹备处成立之初，为筹办"中国共产党 30 周年纪念展览"，开始组建文物复制部门，从事革命文物的保护修复、复制工作。1952 年，北京历史博物馆建立文物修整室，成为国内较早应用传统修复技术进行文物保护工作的文博单位。上述机构的创立为国家博物馆文物保护修复工作奠定了坚实基础。20 世纪 60 年代初期，自然科学开始应用于馆藏文物的保护修复，两馆适时成立文物保护实验室。2003 年，中国历史博物馆和中国革命博物馆合并组建成为中国国家博物馆，文物科技保护部成为新馆重要业务部门之一。2007 年，中国博物馆协会藏品保护专业委员会成立并挂靠国家博物馆。2008 年，国家博物馆获得国家文物局批准的第一批可移动文物技术保护设计甲级资质和可移动文物修复一级资质，成为高水平的传统修复技艺与现代科技优势相结合的文物保护专业机构。2010 年，国家博物馆成为金属文物保护国家文物局重点科研基地的依托单位，随后相继在河北省文物保护中心、山东省文物保护修复中心、甘肃省博物馆建立工作站，合作开展文物保护修复项目，共享国家博物馆的先进工作理念和实践经验。

　　回顾过去，国家博物馆文保工作取得了令人瞩目的成绩，在金属文物保护、有机质文物保护修复、近现代文献复制、博物馆环境监测等各方面均取得了丰硕成果。

　　一是金属文物保护修复基础理论和应用技术研究工作在国内一直处于领先地位，在国际上亦有较大影响。国家博物馆先后主持承担了国家科技部"十五""十一五"计划、文化和旅游部"国家文化科技提升计划"等项目课题；主持制定了《馆藏青铜质和铁质文物病害与图示》《馆藏金属文物保护修复记录规范》《馆藏金属文物保护修复方案编写规范》和《可移动文物病害评估技术规程　金属类文物》等多项国家、行业标准；主持或参与编写了《博物馆青铜文物保护技术手册》《金属文物保护——全程技术方案》等著作。与中国文化遗产研究院合作翻译的《艺术品中的铜和青铜：腐蚀产物，颜料，保护》荣获中国文物报社"2009年度全国文化遗产最佳译著"奖。

二是在纺织品、书画、古籍文献、油画、竹木漆器等有机质文物的保护修复以及近现代文献、油画复制等方面开展了一系列卓有成效的工作。在圆满完成本馆"古代中国""复兴之路"基本陈列和专题展览等相关工作的同时，还协助有关兄弟单位和文博同行完成了大量文物保护修复与复制工作，充分体现了国家大馆的使命担当。此外，国家博物馆近现代文献复制工作亦在全国具有举足轻重的影响：主持出版的《近现代文献复原复制技术》为近现代文献复制工作奠定了理论基础；终身研究馆员王秋仲先生首创的"直接摹写为主、做字为辅"手迹文物临摹复制合成效果法，达到全国领先水平，在业界享有盛誉。

三是在博物馆环境监测及研究方面为业界提供了先进经验。早在2011年，国家博物馆就建立了"无线温湿度监测系统"，对藏品库房、展厅等室内空间环境指标进行监测，建立藏品保护综合风险预控体系，为全国博物馆环境监测系统的构建起到了很好的示范作用。近年来，完成了"博物馆金属文物预防性保护研究与实例分析""金属展柜与木制展柜内空气质量分析及比较研究"等课题，出版了《博物馆环境监测控制技术》，目前正在起草制订《博物馆库房设施设备》行业标准。

近年来，国家博物馆进行了工作格局重塑、流程再造和组织重构，在原文物科技保护部与艺术品鉴定中心科技检测室的基础上组建国博文保院，使国家博物馆文物保护事业进入新的历史机遇期。文保院着力优化资源配置，健全文物保护体制机制，加强专业建设，扬优势、强弱项、补短板，在馆藏文物保护、文物保存环境监测、展览藏品评估、人才培养等方面全面发力，取得了卓越成效。一是发展思路进一步明晰。以《中国国家博物馆中长期发展战略规划（2021-2025-2035）》为指导，文保院研究起草了《文物保护专项战略研究报告》和《文物保护工作专项战略规划》，进一步明确了文保工作的未来发展方向。为更好满足馆内外展陈、收藏等需求，做好文物复（仿）制工作，文保院配合相关部门制定了《中国国家博物馆文物复（仿）制管理办法》。针对馆藏文物在保存、展览、运输、外借等环节中缺乏风险评估的问题，引入风险管理理论，基于文物稳定性、特征病害与环境因素对文物风险的影响，探讨建立智能化风险评估模型。该研究为本馆及国内预防性文物保护工作提供了理论支持，提出了馆藏脆弱文物的全方位预防性保护新模式。二是硬件环境进一步重塑。针对文保院原有工作场所布局不合理、电力不足和设施老化等问题，启动了大楼电力增容和设施改造工程，这一举措将极大改善文保工作硬件条件，促进高效发挥工作平台作用。三是人才培养格局进一步优化。探索建立"师承制"体系，充分发挥文保院终身研究馆员和专家的作用，几代人师徒相授、传承有序，将传统技艺与现代科技有机结合，"匠心传承、法古出新"，弘扬"择一事、终一生"的家国情怀和敬业精神；分批次外派专业人员到专业水平高的相关单位进行学习培训，提高工作技能和研究水平；加大高水平人才的引进和培养力度，坚持"引进来"和"走出去"相结合的方针，一支结构合理、技艺精湛、传承有序的国家博物馆文保人才队伍正在快速形成。四是合作网络进一步扩大。2020年，"清华大学—国家博物馆文物科技保护联合研究中心"挂牌成立，开创了国家博物馆与高等院校、科研院所和兄弟文博单位在文物保护领域全面合作的新局面，与中国社会科学院、上海交通大学、北京科技大学等战略合作正在取得实质性进展。五是研究成果更加丰硕。由国家博物馆牵头，10家文博单位、高等院校和科研院所联合申报的2020年度国家重点研发计划"馆藏脆弱铁质文物劣化机理及保护关键技术研究"项目获科技部批准立项。书画文献修复研究所2019年在中国文物保护基金会第十一届"薪火相传——寻找红色基因传承者"活动中荣获"红色基因传承者杰出团队"称号。

不忘初心，方得始终。"保护好、传承好历史文化遗产是对历史负责、对人民负责。"国家博物馆在文物保护研究领域要充分发挥头雁作用，保护好中华民族几千年来灿烂的优秀的物质文化，讲好中国故事，续写新时代文物保护工作的新辉煌，为增强文化自信、建设社会主义文化强国做出新的贡献！

目 录

馆藏文物保护修复

妇好青铜偶方彝的科学研究与保护修复

刘　薇　吴　娜　张鹏宇

内容提要： 中国国家博物馆藏妇好青铜偶方彝系 1976 年出土于河南安阳殷墟妇好墓，其形制独特，是商代晚期一件重要的大型青铜礼器。本研究利用 X 射线成像、红外热波成像、扫描电镜能谱分析（SEM-EDS）、便携式 X 射线荧光（pXRF）、X 射线衍射分析（XRD）、拉曼光谱分析（Raman）及三维视频显微镜等分析手段，对青铜偶方彝的历史修复状况以及锈蚀种类进行分析研究，对器物的整体保存状况予以评估。上述研究表明，该器物由多块残片焊接而成，表面存在大量修复痕迹。本研究揭示了修补材料的化学组分和分布位置；锈蚀产物主要包括稳定锈蚀和含氯锈蚀两类，探讨了各类锈蚀的稳定性及除锈依据。

关键词： 青铜器　妇好　偶方彝　锈蚀　保护

　　商代妇好墓出土青铜偶方彝目前藏于中国国家博物馆。2016 年 11 月，陈列工作部（原展览一部）在对"古代中国"基本陈列展厅中文物的保存状况进行检查时发现，青铜偶方彝器身局部可能存在有害锈蚀。文保院随即对青铜偶方彝进行了取样（共取 2 个样品），样品经扫描电镜和拉曼光谱分析显示，器物短边一侧肩部象头处（象鼻与象牙之间）所取疏松淡蓝绿色锈蚀主要为氯磷钠铜矿（$NaCaCu_5(PO_4)_4Cl \cdot 5H_2O$）。由于氯磷钠铜矿锈蚀中含有氯元素，而氯元素是引起青铜器不稳定锈蚀的主要因素之一，因此推断器物锈蚀中可能含有不稳定锈蚀。故于 2017 年 8 月将青铜偶方彝从展厅提取并运输至文保院进行科学检测分析与保护修复。

　　本报告分为七个部分。第一部分，对妇好青铜偶方彝的基本信息（名称、来源、时代、质地、等级、外形尺寸等）进行了描述及对其考古背景、历史、艺术价值进行了评估。第二部分，对偶方彝的历史保护修复情况进行了介绍。第三部分，对器物的保存环境和保存现状进行了调查和描述，并利用多种科学分析手段对器物的病害情况和保存现状进行了研究与评估，主要采用 X 射线探伤和红外热波分析对偶方彝的历史修补痕迹与内部结构进行了检测，利用三维视频显微镜、pXRF、SEM-EDS、XRD、Raman 分析对偶方彝表面锈蚀产物的形貌、成分、物相、结构等进行分析研究；根据《馆藏青铜质和铁质文物病害与图示》（GB/T 30686—2014），绘制偶方彝的病害图及历史修补痕迹图。第四部分为保护修复原则。第五部分为偶方彝的保护修复步骤的实施，包括表面清洗、表面硬结物及锈蚀的去除、封护、作旧等步骤。第六部分指出，偶方彝在保护修复后应以控制环境的预防性保护措施为主，并给出了该器物保存环境控制相关参数。第七部分为讨论和思考。

一 妇好青铜偶方彝基本信息与价值评估

妇好青铜偶方彝目前收藏于中国国家博物馆，于 1977 年由中国社科院考古研究所移交入藏于中国国家博物馆（原中国历史博物馆）。妇好青铜偶方彝是一件商代晚期的大型青铜礼器，该器通高 61cm，通长 89cm，宽 26cm，口长 69.6cm，口宽 21.7cm，重 71kg。

青铜偶方彝于 1976 年出土于河南安阳殷墟遗址小屯 M5，即"妇好墓"，墓室保存完好，随葬品极其精美，出土大量铭"妇好""司母辛"的铜器，是殷商大、中型墓葬中出土最完整且具有重要意义的一批资料。结合甲骨卜辞中的记载，此墓年代属于殷墟二期，墓主人应为商王武丁的配偶妇好，死于武丁晚期，庙号称"辛"，即乙辛周祭祀谱中武丁三个法定配偶之一的"妣辛"。这是殷墟发掘史上第一次能确切断定墓主人和墓葬年代的殷墓。偶方彝出土位置为墓室椁内棺外西侧（图一）。从铜器的陈放位置看，北面全部是大型重器，中间三件均为"妇好"或"好"铭器。东面和西面也以"妇好"铭器为主，由此可见，妇好铭的器物放在最显著的部位。

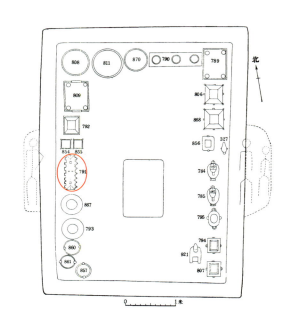

图一　妇好墓墓底大型铜器分布示意图，西侧 791 为偶方彝所在位置（《殷墟妇好墓》，1980）

该器因形似两件方彝联成一体而得名。整器由器盖与器身两部分组成：器身口部呈长方形，长边两侧各有方形槽和尖形槽七个；腹、足截面也呈长方形，腔中空，底近平，圈足四边中部各有一缺口；器身四面中部及转角均置扉棱；器身长边两侧各有一个突起兽头，兽头两侧饰以鸟纹，方形槽的一面共有六鸟，每边三鸟；尖形槽的一面则为四鸟，每边各二。鸟作站立状，钩喙圆眼，短翅长尾，鸟头均朝向兽头。两长边腹中部各饰大饕餮纹一个，在它的口部两侧各有一夔和作站立状的小鸟；两端又分别饰一较大的夔，头向外，钩喙有角，长尾垂卷，作站立状，形较奇。圈足两长面的两端各有一形体较大的夔，夔头向外；中部又有两夔，夔头相对，尾端作蛇头形。短边两侧各铸象头一个（其中一个残损，经复原），大耳长鼻，有长牙一对，在象头的两侧各饰一鸟，象头之下饰一大饕餮纹。圈足短边两面各饰对称的夔纹。方槽面部饰阴线饕餮纹，尖槽面部饰对称的小夔纹。器盖似四阿式屋顶，两端置对称的四阿式短柱钮，中脊和四坡角及四面中部均置扉棱，下部长边两侧各有方形盖和尖形盖七个，与器身槽口相合；两长边中部各有一凸起鸱鸮面，两侧饰鸟纹和夔纹，短边两面饰倒置夔纹。器内底中部铸铭"妇好"二字[1—2]（图二、图三）。

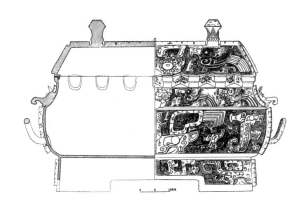

图二　妇好青铜偶方彝线图（《殷墟妇好墓》，1980）

器盖扣合，上部近似一座殿堂的房顶，七个方形槽颇似屋椽，应是模仿当时的大型宫殿

（a）方形槽一面鸟形纹　　　　　（b）短边口下饕餮纹　　　　　（c）底部铭文："妇好"

图三　偶方彝器身表面纹饰[2]

建筑[1—2]。"妇好"青铜偶方彝，形制独特，迄今未见与之相同造型，在中国古代青铜器中独树一帜。

二　妇好青铜偶方彝历史研究及保护修复情况

1. 历史保护修复情况

偶方彝于 1976 年出土，随后在 1977 年的《考古》《考古学报》《文物》期刊及 1980 年出版的《殷墟妇好墓》发掘报告中相继报道了器物的照片等基本信息。考古报告中明确指出，偶方彝短边两面附耳之上各铸象头一个，其中一个残损，经复原。由 1977 年发表的照片可知，多处扉棱缺失，器身部分裂痕十分明显（图四）。而在 1980 年发表的照片中可观察到，偶方彝扉棱及器身裂隙已经过修复（图五）。

根据中国国家博物馆（原中国历史博物馆）文保院（原文物科技保护部）修复档案记载，偶方彝于 1977 年 5 月在文物科技保护部进行过修复，文档中记录："一柱头脱焊，焊接。"另外，由照片档案可知，偶方彝器身长边方形槽一面圈足一角掉落（图六），经修复。偶方彝经

图四　偶方彝历史照片（《考古》，1977）　　　　图五　偶方彝历史照片（《殷墟妇好墓》，1980）

修复后于 1977 年 10 月正式入藏中国国家博物
馆（根据藏品保管部档案记载）。

2. 偶方彝科学分析研究

　　此前，对偶方彝曾进行合金成分 [2] 及铅同
位素比值分析 [3] 等研究。偶方彝合金成分含量
为：铜 80.20%，锡 14.16%，铅 1.69%，锌 0.33%
（表一），表一同时列出了妇好墓出土的其他
青铜器的成分作为比较，其中微量的锌可能是
混入的合金杂质。有学者 [4] 对偶方彝的铸造工
艺进行了讨论，认为偶方彝短边两侧把手采用
了铸铆式后铸工艺（图七），并研究了工艺的
源流问题，指出这一工艺可能是南方铸工在二
里岗期晚段的个人发明，在中商早期或早期之
交，演化为两支：一支表现为圆泡形涡纹铸铆
头，而另一支为不规则片状铸铆头。殷墟晚期，
铸铆式铸接器物比较罕见，可能意味着掌握这
一工艺的铸工，还没能将秘技传下即在商末离
世，这一流传了两百多年的工艺，或就此湮灭。
该器自入藏中国国家博物馆后，未进行过系统
的科学分析与研究。

图六　偶方彝历史修复照片

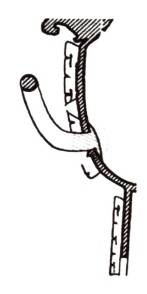

图七　偶方彝两侧把手铸铆结构

表一 妇好墓出土青铜器合金成分分析结果（wt%）

器号	器名	元素含量					备注
		Cu	Sn	Pb	Zn	总合	
809	司母辛大方鼎	83.60	12.62	0.50	0.16	96.88	
791	妇好偶方彝	80.20	14.16	1.69	0.33	96.83	
790	妇好三联甗架	84.61	13.33	1.16	0.22	99.32	以含锡量最高
870	好连体甗	84.71	11.85	1.80	0.23	98.59	的数据为准
811	好大型盉	82.02	11.93	4.42	0.47	98.84	
808	亚弜大圆鼎	80.87	14.95	1.20	0.27	97.29	

三 妇好青铜偶方彝保存现状分析

1. 偶方彝保存环境

青铜偶方彝保护修复前藏于中国国家博物馆"古代中国"展厅，展厅内有恒温恒湿监测设备。但展柜内部无主动性和被动性温湿度调控装置，温湿度监测仪位于偶方彝展柜外，2017年3月至9月偶方彝所在展厅的温湿度分别为20~23℃，35%~66%RH（图八）。根据前人研究，在展柜内有温湿度调控的情况下，展柜内外的湿度变化有一定差异，展柜内的湿度变化幅度相对展柜外小（图九）。

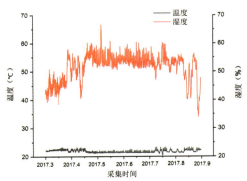

图八 偶方彝所在展厅温湿度变化（2017年3月至9月）

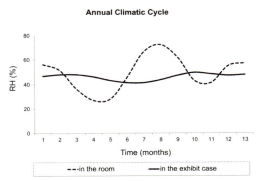

图九 展柜内外相对湿度变化趋势图

2. 偶方彝保存现状

为了便于描述器物保存状况，将器身四面分别标记为：A面为长边、口沿尖形槽一侧；B面为短边、原兽头一侧；C面为长边、口沿方形槽一侧；D面为短边、修补兽头一侧（图一〇）。

偶方彝表面整体覆盖锈蚀，局部覆盖土锈，土锈呈硬结状态（图一一）。锈蚀呈绿色、深绿色、

（a）偶方彝 A 面　　　　　　　　　　（b）偶方彝 C 面

（c）偶方彝 B 面　　　　　　　　　　（d）偶方彝 D 面

图一〇　妇好青铜偶方彝照片

红褐色，局部呈深蓝色、浅绿色、浅蓝色。多数部位的锈蚀产物致密坚硬，局部表面较为疏松。根据锈蚀种类、锈层结构及保存状况可将锈蚀分为两类：一类表面平整光滑、致密，呈黑色或深褐色，器物表面纹饰清晰可见，主要分布在器物 B 面、A 面尖形槽局部、A 面肩部鸟形纹局部、C 面兽头局部等部位（图一二）；另一类表面锈蚀相对粗糙，表面纹饰不清晰，局部被覆盖或破坏，有的质地坚硬，有的较为疏松，锈蚀形态呈多样化，包括瘤状、柱状、泡状等（图一三）。

器物表面可观察到多条裂隙，部分裂隙经过修复处理，肉眼可观察到裂隙处作旧使用材料的颜色发生了变化，部分裂隙较为细小（图一四）。

（a）C面圈足右侧表面 　　　　　　　　（b）A面盖部左侧鸟形纹表面

图一一　妇好青铜偶方彝表面覆盖土锈

（a）B面肩部纹饰 　　　　　　　　　　（b）A面口沿尖形槽

图一二　妇好青铜偶方彝表面光滑锈蚀

3. 偶方彝科学分析检测

根据偶方彝表面锈层的颜色、形态及质地等特征，对器物表层锈蚀产物、附着物、修补材料等取样，共取得20余个样品，呈粉末或小块状。本文采用X射线成像、红外热波成像及锈蚀产物的成分和物相分析等多种方法，以评估该器目前的保存状况，揭示该器物的表面与内部信息。

（1）X射线探伤检测

利用X射线成像技术获取该器内部结构缺陷、锈蚀程度及修复情况等信息。仪器型号为德国 YXLON TU/450-D10，测试条件：电压135~200kV，电流4~15mA，时间1min，距离70~80cm。

对青铜偶方彝器身四面（A、B、C、D面）、底面和器盖进行了X射线成像检测，发现器

（a）A面左侧腹部　　　　　　　　　（b）D面腹部，锈蚀呈小型瘤状

瘤状

泡状

葡萄状

柱状

（c）表面锈蚀细节

图一三　妇好青铜偶方彝表面覆盖纹饰的锈蚀

（a）C面圈足右侧　　　　　　（b）C面圈足右侧　　　　　　（c）D面圈足

（d）A面腹部左侧　　　　（e）C面盖部左侧扉棱处　　　　（f）B面口沿处

图一四　妇好青铜偶方彝表面裂隙

物周身布满多处裂缝，以器身C面和底面尤多。C面由至少30块以上碎片拼接而成［图一五（a）］；方形盖断裂处可观察到加芯子焊接痕迹［图一五（b）红色方框内］。器底由至少8块碎块拼接成［图一五（c）］。多数裂缝呈亮白色，可能为焊接痕迹；根据颜色和材料对X射线的吸收程度，推测为锡焊，下文中的成分检测将进一步证明。器身C面、器底有约10条裂缝呈平直线状。器盖、圈足、扉棱等部位发现多处材质差异现象，可能是修补区域［图一五（a）］、图一五（b）红色圈内］。器物各面多处分布黑色小孔洞，可能是青铜器在铸造时产生的缩孔、气孔及缺陷等，也可能是锈蚀原因导致。器内底部铭文"妇好"中间有焊料填充的缝隙，部分铭文信息受损［图一五（d）］。

（2）红外热波检测

红外热波成像技术是一种快速、无损、非接触的成像技术，是利用变化性热源（热激励）

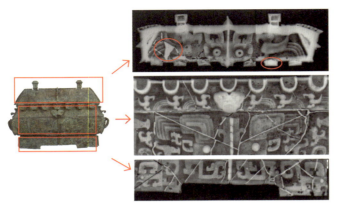

（a）器身 C 面　　　　　　　　　　　　　（b）器盖俯视图

（c）外底部　　　　　　　　　　　　（d）内底部铭文"妇好"

（e）器物 B 面　　　　　　　　　　　（f）器物 D 面

图一五　偶方彝 X 射线照片

与媒介材料及媒介结构之间的相互作用，对材料及其结构内部的不均匀性或异常（损伤和缺陷）进行无损检测的技术。对施加于物体的变化温度场（热波），媒介材料表面及表面下的物理特性和边界条件会以特定方式影响热的传输，并以某种方式在媒介材料表面的温场变化，即热图上反映出来。通过控制热激励方法和测量材料表面的温场变化，获取材料的均匀性信息以及其表面以下的结构信息[5—6]。本研究尝试利用红外热波成像技术获取青铜偶方彝内部结构和缺陷、修复情况等信息。这是首次将此技术运用于青铜器检测的案例。仪器型号及测试条件分别为：热像仪 infratec 长波 7~14μm，探测器 640×480 像素，采集频率 60Hz，卤素灯能量 1300W×2。

X 射线成像和红外热波成像这两种技术一定程度上具有互补性。前者穿透力强、图像分辨率高，但受设备限制，会导致成像照片所反映信息存在一定的失真现象，且较难全面反映器物信息；其次，此方法对三维物体成像具有局限性；另外 X 射线属于高能射线，在无屏蔽条件下使用时对操作人员具有一定危险性[7]。而红外热波成像检测则具有快速、便携、安全等特点，检测条件不受器物形状、位置的影响，尤其适合大型文物或不可移动文物的原位检测。本文结合上述两种方法，可获取更加全面的信息。

对青铜偶方彝器身四面及器盖进行红外热波成像检测，发现器身布满深浅不同、长短不一的裂缝，至少 10 个区域热属性与本体材料差异明显，可能为修补材料。补配部位分别位于：A 面圈足右侧三角形区域、盖部左侧第二个尖形槽尖端；B 面右圈足扉棱、腹部左侧扉棱；C 面左侧肩部、腹部、盖部扉棱，盖左侧三角区域、盖右侧第二个方形盖（图一六、图一七）；D 面盖部右侧扉棱。

（3）三维视频显微镜观察

采用三维视频显微镜观察锈蚀表面颜色和形态特征。仪器型号为德国 Zeiss Smartzoom 5。可观察到偶方彝表面布满质地坚硬、呈柱状、小球状、泡状等形态的绿色锈蚀产物，显微镜下观察到锈蚀具有孔雀石的矿物纹理（图一八）。

（4）便携式 X 射线荧光光谱分析

采用便携式 X 射线荧光光谱分析（pXRF）对青铜器表面锈蚀产物及补配材料进行成分分析。pXRF 型号为斯派克 SPECTRO xSort，靶材为 Rh，测试条件：金属＋轻元素；第一阶段元

  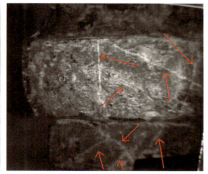

（a）可见光照片　　　　　（b）左侧肩部和腹部扉棱可能　　　　（c）腹部和圈足有明显裂纹，
　　　　　　　　　　　　　　　经过修复补配　　　　　　　　　　　推测为修补痕迹

图一六　偶方彝 C 面局部可见光照片及局部热分析图

图一七　偶方彝 C 面盖部可见光照片及局部热分析图，盖部扉棱、三角区域、右侧第二个方形槽可能经过补配

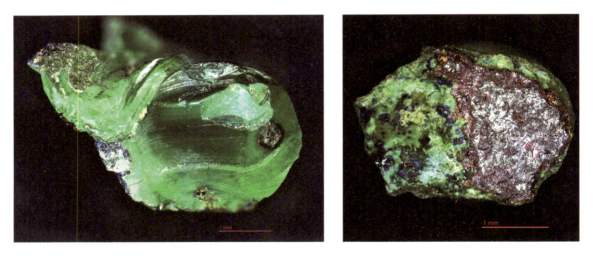

图一八　偶方彝表面锈蚀三维视频显微照片

素 Sc-U，时间 30s，滤片 2 个，电压 50kV，电流自动；第二阶段元素 Mg-Ca，时间 30s，滤片无，电压 15kV，电流自动。

值得注意的是，运用 pXRF 进行检测时，由于该青铜器的表面平整度、待测点的物质均一性等因素的不同会导致较大误差，且数据反映的是表面锈蚀与内部合金或补配材料的成分综合信息，因此无法对数据进行定量讨论，本文仅做定性或半定量讨论。

表二 偶方彝表面 pXRF 分析结果（wt%）

序号	样品编号	检测位置	主要元素									组别
			Sn	Cu	Pb	Zn	S	Fe	Si	Ca	Ba	
1	OFY-A-01	A 面中腹部扉棱	43.0	54.6	—	0.3	—	1.2	0.9	—	—	A 组
2	OFY-B-03	B 面左肩部扉棱	47.1	45.9	0.2	1.2	—	1.9	3.8	—	—	
3	OFY-B-04	B 面左腹部扉棱	52.6	40.6	—	0.9	—	2.6	3.2	—	—	
4	OFY-B-05	B 面左圈足扉棱	21.5	65.1	0.5	1.4	—	1.7	9.8	—	—	
5	OFY-B-06	B 面右圈足扉棱	52.2	32.1	11.0	2.0	—	2.8	—	—	—	
6	OFY-B-08	B 面右腹部扉棱	35.9	59.3	—	0.6	—	2.2	2.1	—	—	
7	OFY-B-09	B 面右肩部扉棱	32.6	61.7	0.2	0.4	—	0.8	4.4	—	—	
8	OFY-C-01	C 面中间腹部扉棱	41.1	52.9	—	0.6	—	5.3	0.0	—	—	
9	OFY-D-06	D 面右圈足扉棱	1.3	92.1	0.7	0.3	—	0.4	5.2	—	—	
10	OFY-D-10	D 面左圈足扉棱	4.5	72.9	0.6	2.4	—	1.9	17.7	—	—	
11	OFY-G-03	C 面盖左侧扉棱	23.7	68.5	0.3	0.2	—	1.9	5.3	—	—	
12	OFY-A-02	A 面中部圈足扉棱	15.7	12.0	5.3	35.3	5.5	4.2	—	3.0	18.9	B 组
13	OFY-B-07	B 面右圈足扉棱	8.7	2.3	2.3	42.9	3.3	6.2	—	5.5	28.9	
14	OFY-D-04	D 面右肩部扉棱	62.2	2.4	11.2	7.0	—	6.6	10.6	—	—	
15	OFY-D-05	D 面右腹部扉棱	64.5	1.4	6.6	4.7	—	6.7	16.1	—	—	
16	OFY-D-08	D 面左腹部扉棱	22.6	5.3	4.1	29.3	2.5	5.7	—	9.3	21.3	
17	OFY-G-01	C 面盖左侧鸟尾部	52.6	2.6	23.0	2.1	—	7.5	12.1	—	—	
18	OFY-G-02	C 面盖左侧扉棱	65.3	1.4	29.5	1.1	—	1.6	1.1	—	—	
19	OFY-G-04	C 面右侧第二个方形盖	56.4	1.6	31.3	2.7	—	5.7	2.3	—	—	
20	OFY-G-06	A 面左侧第二个尖形盖	68.6	1.7	14.3	1.6	—	4.5	9.3	—	—	

利用 pXRF 对该器共 20 个部位进行了检测，具体检测位置及数据见表二。检测结果发现铜含量有显著不同，根据铜含量的大小将数据分为 A、B 两组，A 组铜含量一般大于 30%，分布较为离散；B 组铜含量一般在 2% 左右，分布非常集中（图一九）。此外，A 组 Sn 含量差异较大，Pb、Zn 含量普遍较低；而 B 组 Sn、Pb 含量一般较高，部分检测点

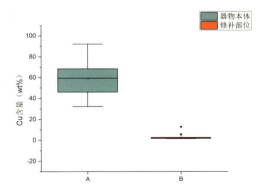

图一九 偶方彝金属本体与修补部位 Cu 含量对比图

（OFY-A-02、OFY-B-07）的 Zn 和 Ba 含量较高。由此可推断，A 组检测部位主要为青铜器本体，铜含量的波动与表面锈蚀种类有关；B 组主要为补配部位，详细讨论见下文。

此外，利用 pXRF 对表面平整光滑、致密、呈黑色的锈蚀进行了检测，由分析结果可知，此类锈层含锡量较高，结合锈蚀外观特征和文献研究[8—10]可推测，这类锈蚀可能是 SnO_2。SnO_2 锈蚀体积膨胀较小，能够原位沉积，从而保留了器物的原始表面。此外，SnO_2 具有较好的耐腐蚀作用。

（5）扫描电镜能谱分析

采用扫描电镜能谱分析（SEM-EDS），对青铜器表面锈蚀产物及焊接材料进行成分分

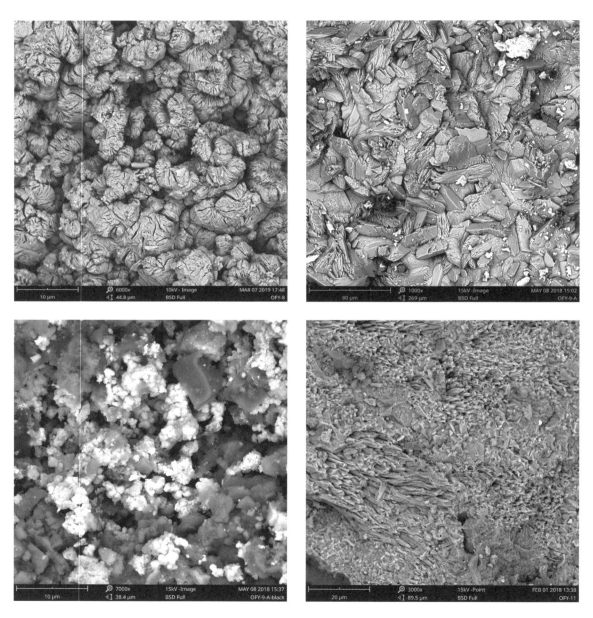

图二〇　偶方彝锈蚀产物扫描电镜照片

析。SEM-EDS 型号及测试条件分别为：TESCAN VAGA3 XMU 扫描电镜，BRUKER XFlash Detector 610M 能谱仪，加速电压 20kV，工作距离 15mm；美国 PHENOM XL 台式扫描电镜能谱仪，加速电压 15kV，低真空模式，image 或 point 电子束流。

对偶方彝表面锈蚀产物进行扫描电镜能谱分析（图二〇，表三），结果表明锈蚀产物包含元素主要为 Cu，少量样品中 Sn 含量较高，如 OFY-16。4 个样品中 Cl 含量相对较高，包括

表三　偶方彝锈蚀产物 SEM-EDS 分析结果（wt%）

序号	样品编号	元素组成														
		O	Cu	Sn	Cl	P	Ca	Na	Si	K	S	Al	Fe	Ag	Mg	Zn
1	OFY-7	53.3	34.7	—	0.2	—	1.5	—	5.3	0.5	1.6	2.8	—	—	—	—
2	OFY-8	40.3	35.0	1.6	2.9	10.1	4.3	3.3	0.7	1.3	0.4	0.2				
3	OFY-9-A	25.5	61.8	3.7	8.7	—	—	—	0.3	—	—	—				
4	OFY-9-A-black	35.8	28.0	8.9	2.9	—	—	—	2.1	—	1.9	2.1	1.8	15.7	0.9	
5	OFY-11	39.6	52.1	—	5.0	0.6	0.7	—	0.9	—	0.5	0.6				
6	OFY-16	46.0	28.2	24.8	1.0	—	—	—	—	—	—	—				
7	OFY-26	36.7	61.3	—	—	0.3	0.3	—	1.2	—	0.3	—				
8	OFY-29	36.5	61.6	—		0.5	0.3	—	0.5	—	0.3	0.3				
9	OFY-30	39.4	48.8	1.6	1.0	4.7	2.5	—	1.0	—	0.6	0.5				
10	OFY-31	36.3	58.1	—	0.2	0.7	0.6	—	2.3	—	0.6	—	1.3	—	—	—
11	OFY-32	39.7	48.4	2.3	0.9	0.6	1.3	—	2.8	—	0.6	0.6	—	—	—	2.9

OFY-8、OFY-9-A、OFY-9-A-black、OFY-11。此外含有少量或微量的 Ca、Si、S、P 等元素。其中，OFY-8 样品中含 Cl、P、Na、K 等元素；OFY-9-A-black 还含有较大量的 Ag。

对焊接材料（样品 OFY-25）进行 SEM-EDS 分析可知（图二一，表四），焊料主要成分为：O 2.3%，Cu 0.7%，Sn 73.3%，Pb 23.8%，说明使用了传统的锡铅合金作为焊接材料。

对该器表面距离焊缝较近的补配材料（共 5 个样品）进行 SEM-EDS 分析可知（表四），

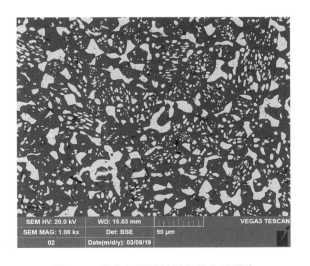

图二一　偶方彝焊接材料扫描电镜照片

表四 偶方彝表面补配材料 SEM-EDS 分析结果（wt%）

序号	样品编号	取样位置	元素种类												
			O	Cu	Sn	Pb	Cl	Ca	Si	S	Al	Fe	Mg	Zn	Ba
1	OFY-22	C 面左腹与圈足交界（裂缝处）	33.9	35.0	2.1	—	8.5	1.9	3.7	1.3	1.6	0.6	1.1	7.8	2.6
2	OFY-25	器内焊料	2.3	0.7	73.3	23.8	—	—	—	—	—	—	—	—	—
3	OFY-34	D 面兽头象鼻	37.1	—	1.5	—	1.0	2.4	5.6	8.8	2.3	1.3	2.9	10.5	26.6
4	OFY-35	D 面兽头耳后	36.5	—	—	—	1.7	2.4	6.6	8.0	2.4	3.6	3.5	10.1	25.4
5	OFY-36	C 面左腹裂纹处	37.5	10.0	1.6	—	1.2	1.5	4.9	7.7	1.3	1.0	3.3	10.5	19.4

表五 偶方彝表面锈蚀 XRD 分析结果

序号	样品编号	取样位置	样品描述	XRD 分析结果
1	OFY-4	A 面左侧	中空泡状锈蚀，硬而脆，部分呈红褐色	孔雀石（L），赤铜矿（M）
2	OFY-6	A 面左侧	绿色小泡状锈蚀（直径约2mm），中空，薄而脆	孔雀石（L），赤铜矿（M）
3	OFY-7	A 面左上	深蓝色锈蚀，质硬	孔雀石（L），蓝铜矿（L），赤铜矿（M），氯铜矿（T），副氯铜矿（T）
4	OFY-8	B 面象鼻	蓝绿色粉末锈蚀	孔雀石（35%），氯磷钠铜矿（65%）
5	OFY-9	A 面右侧	深褐色锈蚀，局部呈绿色	氯铜矿（L），副氯铜矿（M），孔雀石（M）
6	OFY-11	A 面右侧	鸟形纹表面疏松锈蚀，质硬	孔雀石（41%），氯铜矿（38%），副氯铜矿（21%）
7	OFY-14	D 面兽头旁鸟纹	蓝绿色小型瘤状锈	孔雀石（L）
8	OFY-15	A 面圈足左侧	浅绿色锈蚀粉末	铜硝石（L），孔雀石（L），石英（M）
9	OFY-16	A 面尖形槽处	浅绿色粉末	氯铜矿（L），锡石（L），副氯铜矿（M），孔雀石（M）
10	OFY-19	A 面尖形口沿	深绿色锈蚀	孔雀石（L）

注 L：大量，M：少量，T：微量

样品含较大量 Zn 和 Ba，且含一定量 Cl。OFY-22 和 OFY-36 还含有一定量 Cu，可能是取样时混入了一定量铜锈导致，此外还含有少量 Ca、Si、S、Al、Fe、Mg 等元素。这与 pXRF 检测结果补配部位处 Zn、Ba 含量吻合。此外，对 D 面左腹部扉棱表面样品进行 XRD 分析发现，其主要物相为石英（SiO_2）、重晶石（$BaSO_4$）、方解石（$CaCO_3$）和少量滑石。这与表二中 OFY-D-08 的 pXRF 结果吻合。

（6）X 射线衍射分析

采用 X 射线衍射分析（XRD）对青铜器表面锈蚀产物进行物相分析。型号及测试条件分别为：日本理学 D/max-rB X 射线衍射仪，铜靶，管电压 40kV，管电流 100mA，2θ 扫描为 3°～70°。

对 10 个锈蚀样品进行分析，发现主要成分包括孔雀石（$Cu_2(OH)_2CO_3$）、赤铜矿（Cu_2O）、蓝铜矿（$Cu_3(CO_3)_2(OH)_2$）、氯铜矿（$Cu_2Cl(OH)_3$）、副氯铜矿（$Cu_2Cl(OH)_3$）、氯磷钠铜矿（$NaCaCu_5(PO_4)_4Cl \cdot 5H_2O$）、锡石（$SnO_2$）、铜硝石（$Cu_2(NO_3)(OH)_3$）、石英（$SiO_2$）等。具体样品的描述、取样位置及分析结果见表五，图二二至图二四。

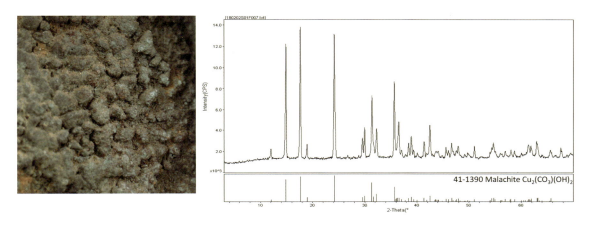

图二二　偶方彝表面锈蚀铜硝石及 X 射线衍射谱图

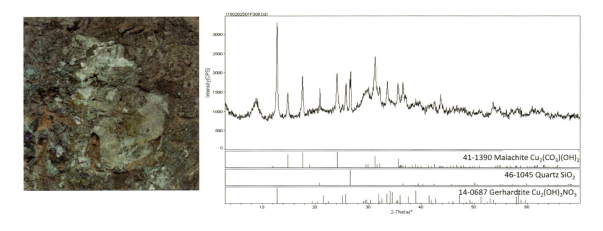

图二三　偶方彝表面锈蚀铜硝石及 X 射线衍射谱图

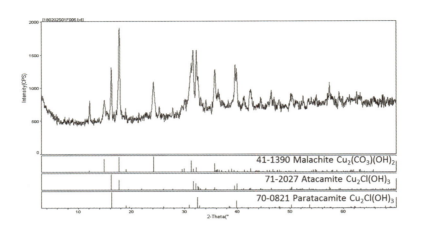

图二四 偶方彝表面锈蚀 X 射线衍射谱图,样品中含碱式氯化铜

（7）激光拉曼光谱分析

采用激光拉曼光谱分析（Raman）对青铜器表面锈蚀产物进行物相分析。型号及测试条件分别为:英国 Renishaw inVia 拉曼光谱仪,激光器为 532nm 或 785nm,激光能量为 0.5%~5%,累积次数 1~2,曝光时间 10s。

对 17 个锈蚀样品进行分析,发现主要成分包括孔雀石（$Cu_2(OH)_2CO_3$）、赤铜矿（Cu_2O）、蓝铜矿（$Cu_3(CO_3)_2(OH)_2$）、氯铜矿（$Cu_2Cl(OH)_3$）、氯磷钠铜矿（$NaCaCu_5(PO_4)_4Cl \cdot 5H_2O$）等,与 XRD 分析结果基本吻合（表六、图二五、图二六）。

4. 讨论

妇好青铜偶方彝周身布满裂纹,由多块碎片拼接而成。由 X 射线成像可知,该器底面、器身 C 面有 10 余条裂缝呈平直线状,不像自然应力导致的断裂痕迹,推测可能是早期修复时,该

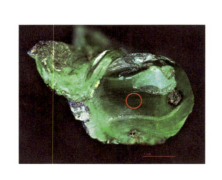

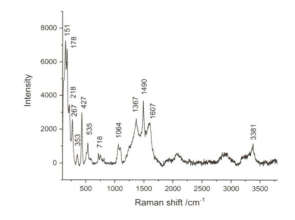

图二五 偶方彝表面锈蚀拉曼光谱分析结果（孔雀石）

 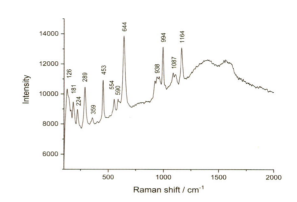

图二六　偶方彝表面锈蚀拉曼光谱分析结果（氯磷钠铜矿）

表六　偶方彝表面锈蚀拉曼光谱分析结果

序号	样品编号	取样位置	样品描述	Raman 分析结果
1	OFY-1	C 面左侧	绿色瘤状锈蚀，质硬	孔雀石
2	OFY-2	C 面左侧	绿色锈蚀，质硬，有玻璃光泽，局部呈红褐色	孔雀石，赤铜矿，蓝铜矿
3	OFY-3	C 面右下侧	绿色瘤状锈蚀，质硬，有玻璃光泽，局部呈红褐色	孔雀石，赤铜矿
4	OFY-4	A 面左侧	中空泡状锈蚀，硬而脆，部分呈红褐色	孔雀石
5	OFY-5	A 面左侧	柱状绿色锈蚀，质硬	孔雀石
6	OFY-6	A 面左侧	绿色小泡状锈蚀（直径约 2mm），中空，薄而脆	孔雀石
7	OFY-7	A 面左上	深蓝色锈蚀，质硬	蓝铜矿
8	OFY-8	B 面象鼻	蓝绿色粉末锈蚀	氯磷钠铜矿
9	OFY-9	A 面右侧	深褐色锈蚀，局部呈绿色	孔雀石
10	OFY-10	C 面兽头	浅绿色锈蚀，质硬	孔雀石，蓝铜矿
11	OFY-11	A 面右侧	鸟形纹表面疏松锈蚀，质硬	氯铜矿，孔雀石
12	OFY-12	A 面右侧	红褐色薄层锈蚀（约 1mm）	赤铜矿
13	OFY-14	D 面兽头旁鸟纹	蓝绿色小型瘤状锈	孔雀石，赤铜矿
14	OFY-15	A 面圈足左侧	浅绿色锈蚀粉末	蓝铜矿，孔雀石
15	OFY-16	A 面尖形槽处	浅绿色粉末	氯铜矿，孔雀石
16	OFY-17	D 面口沿	白色、浅绿色粉末	孔雀石
17	OFY-19	A 面尖形口沿	深绿色锈蚀	孔雀石

器由于发生了严重变形，但无条件进行长时间的矫形，于是选择了锯解法，即将变形的青铜器进行锯解，然后再进行多块拼接，最后焊接形成整体。

对该器多个部位进行 pXRF 分析可知，该器多处经过补配，补配材料处一般 Sn、Pb 含量较高，推测使用了铅锡合金作为补配材料。修复人员对该器进行补配时使用多种方法，其中采用铅锡合金（Sn:Pb=6:4）进行翻模铸造补配是一种常用的方法。结合 pXRF、SEM-EDS、XRD 结果可知该器局部含较大量的 Zn、Ba、Ca，及少量 Si、S 等元素；补配部位表面主要含有石英（SiO_2）、重晶石（$BaSO_4$）、方解石（$CaCO_3$）和少量滑石，推测在表面作旧随色过程中可能使用了立德粉。立德粉是硫化锌（ZnS）和硫酸钡（$BaSO_4$）的混合物，在传统青铜器作旧过程中常用作白色颜料。此外，还可能使用了树脂类补配材料，滑石粉和石英可能是加入树脂的填料，以增加其刚性和不透明性。另外，在锈蚀成分检测中发现了铜硝石，铜硝石通常出现在人为做锈的铜合金组分中，在制作锈蚀的很多配方中都含有硝酸、硝酸铜、硝酸钾、亚硝酸钠或硝酸铵等[11—12]。由红外热波图（图二七）可知，锈蚀区域（红色框内）下方有一条长裂隙，经过后期修补，可能使用了硝

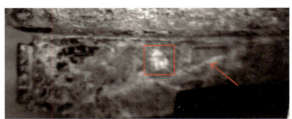

图二七　偶方彝圈足处铜硝石（红色方框内）

酸盐类的试剂进行化学作旧，因此形成了铜硝石。

对焊接材料进行 SEM-EDS 分析可知，主要成分为 Sn（73.3%）和 Pb（23.8%）；由此可判断，妇好青铜偶方彝在补配过程中使用了常用的"锡焊法"进行焊接，焊锡为锡铅合金。此外，在距离焊缝较近的补配材料中还检测出少量 Cl 离子，这可能是由于在焊接过程中使用了氯化锌焊剂而导致。

综合 X 射线成像、红外热波成像及 pXRF 结果，可推断经补配的位置有：器身 A 面圈足扉棱、A 面圈足右侧夔龙纹、B 面右圈足扉棱局部、D 面右肩部扉棱、D 面右腹部扉棱、D 面左腹部扉棱、器盖 C 面左侧鸟尾处、器盖 C 面左侧扉棱局部、器盖 C 面右边第二个方形盖、器盖 A 面左边第二个尖形盖、D 面象头。具体裂缝及补配部位如图二八。

5. 结论

妇好青铜偶方彝曾经过大规模的修复，该器由多块碎片拼接而成，并经过了 10 处以上区域的补配，局部采取了破坏性较大的锯解修复方法。补配材料使用了锡铅合金，也可能还使用了

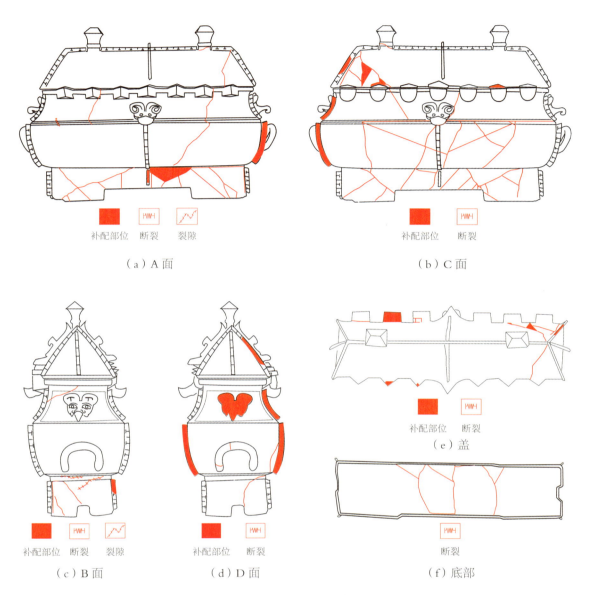

图二八　偶方彝历史修复部位示意图

其他树脂类补配材料。补配部位表面一般经过随色作旧处理，作旧过程中使用了立德粉等颜料，也可能还使用了化学作旧的方法。修复时使用了焊接法，焊料为铅锡合金。

偶方彝表面锈蚀产物可分为较稳定锈蚀和含氯锈蚀两类，较稳定锈蚀包括赤铜矿、孔雀石、蓝铜矿、锡石、铜硝石等。含氯锈蚀包括氯磷钠铜矿、氯铜矿、副氯铜矿。本文探讨了这些锈蚀产物的稳定性及去锈原则。赤铜矿层虽具有导电性，但保留了器物原始形状和表面信息，且具有一定保护性，应予以保留；SnO_2光滑锈层能够保留器物原始表面信息，且具有耐腐蚀性，应完整保留；孔雀石、蓝铜矿、铜硝石这些锈蚀仅去除遮盖纹饰的部分锈蚀；对于氯铜矿和副氯铜矿，由于未在器物表面发现明显膨胀性、粉状锈蚀，无法判断氯化亚铜（$CuCl$）是否存在及其分布位置，因此采取主动性保护结合预防性保护的方法，对该器表面进行封护处理，严格控制保存环境，并长期追踪监测器物的保存状况。

四 妇好青铜偶方彝保护修复原则

对偶方彝保护修复中应遵守"不改变文物原状""最小干预"的原则，保留所有历史信息。所采取的保护修复措施，均以预防为主，减少损伤。在遵循文物保护的"可再处理性""可识别性"等基本原则和科学检测基础上，运用物理方法去除不稳定锈蚀，并使用成熟的材料与方法对偶方彝进行封护和修复作色。

五 妇好青铜偶方彝保护修复方法与步骤

妇好青铜偶方彝保护修复步骤由去除表面硬结物、去除覆盖纹饰的及不稳定的锈蚀、封护、随色等几部分组成。主要采用物理和化学结合的方法进行硬结物和锈蚀的去除。

1. 去除表面土锈及硬结物

偶方彝盖部、器身局部表面覆盖土锈等硬结物，一般质地坚硬，遮盖了表面纹饰，应当去除。去除土锈时采用了以下用具：竹片、手术刀、凿子、錾刀、微型打磨机、刻字机、超声波洁牙机和不同规格的钻头、牙刷、毛刷等。质地相对疏松的部分，利用手术刀、錾刀等直接手工去除；质地坚硬的部分，利用超声波洁牙机或刻字机去除。然后用去离子水清洗、刷洗器物表面。部分表面土壤与锈蚀物结合紧密，用水刷洗不易去除，尝试使用蒸汽清洗法，利用高温饱和蒸汽进行清洗，既具有去除或溶解部分表面土锈或污染物的作用，能够深入细小孔洞和裂缝进行深度清洗，同时会产生一定冲击压强，使表面土锈或污染物发生松动脱落，此外，还具有杀灭微生物的作用。但需注意的是，偶方彝局部有织物痕迹残留，虽然可能已发生矿化，但相对其他部位较为脆弱，使用蒸汽法清洗时，避开了这些部位。此外，清洗完毕后，用吹风机对器物进行彻底干燥，避免水的侵蚀。

2. 去除表面锈蚀

（1）不稳定锈蚀与带锈保护

在偶方彝器身4处发现三羟基氯化铜（包括氯铜矿和副氯铜矿）（图二九）。青铜器表面发现三羟基氯化铜一般指示其内部可能潜藏活性的 CuCl，一般需要进行除锈、缓蚀、封护等保护方法步骤。但偶方彝表面所发现的几处不稳定锈蚀，不同于常见的青铜器表面的"粉状锈"，从颜色和质地上，未观察到典型的浅绿色粉状锈蚀。由于不稳定锈蚀所在位置处于偶方彝表面纹饰部位，不宜将表面锈蚀全部清除，判断锈层内部是否存在 CuCl。因此，采用局部加湿的方法，将加了去离子水的小块棉球敷在不稳定锈蚀所在位置表面，每隔1个小时观察一次锈蚀变化，

图二九　偶方彝不稳定锈蚀分布位置及细节图

连续观察 24 小时，发现锈蚀表面未发生明显变化。初步判断这些位置内层不含 CuCl 或含量较少。

此外，一处不稳定锈蚀所在位置发现纺织品痕迹（图二九 C 处），纺织品痕迹是重要的考古和历史信息，可揭示与器物相关的考古文化、丧葬习俗等信息，因此不宜去除。结合所发现三羟基氯化铜含量较少，不含 CuCl 或含量较少等因素，提出带锈保护理念，只去除表面浮锈，保留纹饰处及与纺织品痕迹共存的不稳定锈蚀。通过后期的封护手段、控制温湿度变化等预防性保护方法来监测偶方彝的保存情况。

（2）其他锈蚀的去除

偶方彝器身多数位置原始表面之上覆盖锈层，这些锈蚀产物有的质硬、有的疏松，有的遮盖了器物表面纹饰。这些锈蚀产物基本上属于稳定性锈蚀，在博物馆日常保存环境下，发生继续锈蚀劣化的速度非常缓慢。但对于质地疏松且严重遮盖纹饰的稳定锈蚀，应予以去除。

去锈方法主要以机械法为主，辅以化学除锈方法。首先尝试手术刀、錾刀等工具将表面疏松的锈蚀去除，较为坚硬的锈蚀用小凿子轻轻敲击，待其震动疏松后去除，或配合超声波洁牙机去除。使用超声波洁牙机时，根据锈蚀种类，更换不同尺寸规格的工作端部，在清洗纹饰等精细部位的锈蚀时，使用尺寸较小、较细的工作端部；去除表面较硬的锈蚀产物时，使用较粗大的工作端部。轻触器物表面来回摩擦，通过脚踏开关控制，选择适当输出功率，调节出水量和清洗强度大小，将锈蚀粉碎剥离，并由刀具头部喷出的水流带走，从而达到去锈、清洗器物表面的作用。对于质地坚硬、机械方法较难去除的锈蚀，辅助使用 2%~5% 的 EDTA 二钠盐溶液去锈，EDTA 二钠盐可与铜锈发生络合反应，生成可溶性铜盐。具体操作时，将脱脂棉敷在待除锈部位，再将 EDTA 二钠盐滴于脱脂棉上，随时观察脱脂棉颜色变化，根据实际情况，反复糊敷，待锈蚀软化后，结合机械方法去除。

3. 封护

对青铜器采取封护措施是在其表面涂覆天然或合成材料，为了防止或减缓金属在环境中继续发生腐蚀。封护剂在金属文物表面会形成一层防护膜，隔绝或减少环境中水分、氧气等有害因素对器物造成腐蚀，从而起到了保护器物的作用。

选用封护材料时，考虑到偶方彝表面锈蚀层不平整，普遍存在细小裂隙；且该器长期保存环境为博物馆室内环境，采用常用的丙烯酸树脂类封护材料——Paraloid B72 作为封护剂。B72 无色透明，常温固化迅速，使用方便，成膜后具有一定的耐久性和抗蚀性，且破坏后可重新涂刷。

配置 3%（w/v）的 B72 丙酮溶液，待 B72 固体彻底溶解后，使用软毛刷对偶方彝器身、器盖各个面及内外侧进行均匀涂刷。待第一遍干燥后，再刷第二遍，两遍涂刷方向尽量垂直，时间间隔约为 12 小时。对于 4 处发现不稳定锈蚀的部位，重点涂刷三遍。封护结束后，观察器物表面是否有起泡、橘皮、剥离等现象。

4. 随色

根据前文中科学分析结果可知，偶方彝周身布满了数十条裂隙，且发现了多处修复补配痕迹。在清洗、除锈过程中，一些修补部位表面原修补材料被清洗掉或被去除，露出内部焊接痕迹，或修补颜色与周围锈蚀颜色差异较大。为了器物整体锈色的统一性，需对这些部位进行随色作旧。

偶方彝的随色作旧分为两种情况，一种情况缝隙较小，原修补位置较为平整，可直按照传统随色作旧方法，用虫胶漆溶于酒精作为粘接剂，以各种矿物颜料作为着色剂进行修补和随色；另外一种是缝隙较大的部位，需要先用环氧树脂胶棒（QUIKCOPPER）修补平整，再采用传统方法进行随色。

随色时，需依据青铜锈蚀颜色分层的结构次序，确定各种锈色之间的叠压关系，再根据锈蚀产物的形貌特征进行随色。通常青铜器的锈蚀分为三种情况：第一类是紧贴器表形成的表面光滑锈蚀，如"漆古""水银沁"等，传统修复师称之为"地子"；第二类是原始表面未保留的粗糙锈蚀，传统修复师称之为"锈被"或一般锈蚀；第三类是漆古表面再覆盖一层锈蚀。判断清楚锈层关系后，再通过画、涂、喷、抹、点、弹等技法，依次做出地子和一般锈蚀，将待随色部位锈蚀颜色做到与周围锈色统一。使用工具和材料包括调刀、油画笔、毛笔、牙刷、脱脂棉、纱布、矿物颜料、酒精、虫胶漆等。

偶方彝器身锈蚀种类和锈层关系包含上述三类情况，采用上述随色方法，对部分原修补部位进行重新随色作旧，使器物整体锈色和谐统一。

六　妇好青铜偶方彝保存环境控制建议

青铜器腐蚀与其合金成分、铸造工艺等有关，同时与保存环境息息相关。环境中的温度、湿度、气体污染物，如 SO_2、H_2S、NO_x、O_3、HCHO、含盐气溶胶、颗粒物、有机酸等，都会造成青铜器的腐蚀。尤其是相对湿度对于青铜器的保存具有关键作用，是引发"青铜病"发生的主要因素。

偶方彝器身 4 处发现三羟基氯化铜，说明内层锈蚀中可能存在活性的 CuCl，CuCl 是引发"青铜病"发生的关键因素。总体而言，相对湿度越高，由 CuCl 反应生成 $Cu_2(OH)_3Cl$（"粉状锈"）的速度越快，但其临界转化的相对湿度还存在争议，如大英博物馆研究者认为 RH ＞ 68% 时，腐蚀加快；RH ＜ 42% 时，腐蚀较低；42% ＜ RH ＜ 68% 时，腐蚀存在，但腐蚀程度难以评估。陈元生等[13] 指出 CuCl 在 RH 为 95%、78%、58% 条件下分别经 2h、4h、24h 生成 $Cu_2(OH)_3Cl$，RH ＞ 55% 时，腐蚀加速，RH ＜ 35% 时，CuCl 稳定。考虑到偶方彝自身价值的特殊性及含有潜在不稳定锈蚀的保存现状，应将偶方彝单独保存到独立展柜，设置 RH ＜ 35%，并通过微环境主动性温湿度调节系统或添加调湿材料的被动性控制系统，来调节、控制、监测展柜中的温湿度。长期监测展柜中温湿度的变化及器物的相应变化，尤其是不稳定锈蚀部位的变化。避免将偶方彝与其他青铜器放置在同一展柜中。

七　讨论与思考

青铜偶方彝表面锈蚀产物的主要化学组分包括：赤铜矿、孔雀石、蓝铜矿、氯铜矿、副氯铜矿、氯磷钠铜矿、锡石及铜硝石。由于每一种锈蚀稳定性不同，因此对其除锈依据也不同。赤铜矿是青铜器腐蚀过程中最常见的铜氧化物，往往出现在锈蚀内层，或直接附着在金属原始表面上。赤铜矿层形成后阻止了铜合金与氧气的接触，从而降低了氧化速度，具有保护作用。同时，赤铜矿具有结构缺陷，失去电子使其成为一种 P 型半导体，这种离子传导能力使得 Cu^{2+} 穿过半导体膜向外迁移，而 O^{2-} 和 Cl^- 向金属内部迁移，从而促进了腐蚀过程。尽管如此，赤铜矿具有较小的相对摩尔体积（1.67），在锈蚀过程中往往保持了器物的形状和原始表面信息[11]，如偶方彝局部赤铜矿锈层较好地保留了器物表面纹饰细节。此外，赤铜矿锈层比较致密，机械法和化学法均易造成对表面信息或金属部位的损坏。综合考虑，对于偶方彝表面的赤铜矿锈层应予以保留，不应去除。孔雀石和蓝铜矿是出土青铜器中常见而重要的锈蚀组分，在偶方彝表面锈蚀中发现大量孔雀石和少量蓝铜矿，孔雀石以瘤状、泡状、柱状晶体或以层状均匀覆盖于表面等多种形态出现。这两种碱式碳酸盐属于相对稳定锈蚀，一般只去除遮盖纹饰的或疏松的锈蚀，而对于呈晶体形态、去锈易导致表面损坏的锈蚀，应予以保留。在偶方彝局部还发现光滑致密的 SnO_2 锈层，SnO_2 层能够保留器物的原始形貌，且具有非常好的耐腐蚀性，因此，应保留该锈层。此外，还发现了一种在青铜器上少见的锈蚀产物——铜硝石，遮盖纹饰且较疏松，应予以去除。

在青铜偶方彝的多处位置发现了含氯锈蚀产物，其中 1 处发现了氯磷钠铜矿，此前认为这种锈蚀较少见，近年来，越来越多的考古材料中发现了氯磷钠铜矿。青铜器中的氯磷钠铜矿锈蚀往往与其他锈蚀混合发现，如孔雀石、氯铜矿及羟氯铜矿等[14]。因此种锈蚀含氯，应关注和追踪青铜器上氯离子的分布位置。氯磷钠铜矿锈层较厚，质地松软，应予以去除。另外，该器表面 4 处发现了氯铜矿和副氯铜矿。氯铜矿和副氯铜矿是三羟基氯化铜（$Cu_2(OH)_3Cl$）的同分异构体，是青铜腐蚀产物中重要的铜的氯化物。青铜器在腐蚀过程中存在一种重要现象——"青铜病"，它是由氯化亚铜（$CuCl$）引起的一种腐蚀，$CuCl$ 可能以潜伏状态存在，当与水分和氧气接触时，生成 $Cu_2(OH)_3Cl$，发生体积膨胀，从而使器物破碎。这种腐蚀反应存在一个重要的循环过程[11, 15]，$CuCl$ 发生水解反应或氧化水解反应，在整个循环过程中起到关键作用，从而导致器物基体的不稳定。而青铜器表面发现 $Cu_2(OH)_3Cl$，并不代表该器一定患上了青铜病，是否存在 $CuCl$ 才是判断青铜病的依据。

判断不稳定锈蚀是否存在是选择青铜器保护方法的重要前提，传统的判断方法是检测青铜器表面是否存在 $Cu_2(OH)_3Cl$ 锈蚀，如果存在，则将表面 $Cu_2(OH)_3Cl$ 和可能存在的内部 $CuCl$ 层进行机械去除，再根据以上锈蚀的含量多少及分布范围大小来选择倍半碳酸钠浸泡法或锌粉局部封闭法来处理。但如前所述，$CuCl$ 是青铜病的主要原因，判断 $CuCl$ 是否存在是关键。一般而言，$CuCl$ 出现在青铜器锈层内部，包括以下几种情况：（1）金属与赤铜矿层之间；（2）在器物原始表面下的坑内，经常被赤铜矿或孔雀石的瘤状物覆盖着；（3）在赤铜矿层之上，赤铜矿层紧邻金属层，$CuCl$ 被孔雀石或碱式氯化铜覆盖。因此，只有将表面锈层去除后才有可能发现 $CuCl$，而目前还没有较好的方法能实现透过表面锈层检测 $CuCl$。青铜偶方彝表面未发现大量膨胀的 $Cu_2(OH)_3Cl$ 浅绿色粉末，且器物表面周身布满纹饰；此外，$CuCl$ 在不暴露在空气中的条件下处于相对稳定状态，因此，不宜按照传统方法进行大范围、深入地机械除锈。而选择了主动性保护和预防性保护结合的方法，将该器表面做封护处理，隔绝氧气和水分，合理控制器物的保存环境（$RH < 35\%$）[12]，并长期监测器物的保存状况，从而在保证器物完整性的前提下，控制不稳定锈蚀的发展。

致谢：中国国家博物馆文保院马立治、张然、贾树、雷磊、李沫、晏德付、杨琴、柳敏，藏品保管部赵玉亮、王小文在文物提取、拍照、检测、修复、保护过程中提供了帮助；首都师范大学物理系孙建刚教授、王迅教授、陶宁副教授在红外热波成像检测中给予了指导；北京大学考古文博学院陈建立教授，北京科技大学科技史与文化遗产研究院陈坤龙教授、刘思然副教授，安阳师范学院历史与文博学院于成龙教授在论文写作中给予了指导和建议，在此一并表示诚挚的感谢！

本文部分内容发表于《中国国家博物馆馆刊》2020 年第 1 期，原题为《中国国家博物馆藏"妇好"青铜偶方彝的科学研究与保护》。

参考文献：

[1] 中国社会科学院考古研究所安阳工作队：《安阳殷墟五号墓的发掘》，《考古学报》，1977 年第 2 期，第 57—98 页。

[2] 中国社会科学院考古研究所：《殷墟妇好墓》，文物出版社，1980 年，第 50—52 页。

[3] 金正耀：《晚商中原青铜的锡料问题》，《自然辩证法通讯》，1987 年第 9 卷第 4 期，第 47—55 页。

[4] 苏荣誉：《妇好墓青铜器与南方影响——殷墟青铜艺术与技术的南方来源与技术选择新探》，河南省文物考古研究院、香港承真楼编：《商周青铜器铸造工艺研究》，科学出版社，2019 年。

[5] 王迅、金万平、张存林等：《红外热波无损检测技术及其发展》，《无损检测》，2004 年第 26 卷第 10 期，第 497—501 页。

[6] 史宁昌、王迅、张存林：《红外热波成像技术在文物保护修复中的应用》，《中国国家博物馆馆刊》，2017 年第 5 期，第 149—157 页。

[7] 胡东波：《文物的 X 射线成像》，科学出版社，2012 年，第 6 页。

[8] Gettens R J. Tin-oxide patina of ancient high-tin bronze. *Bulletin of the Fogg Art Museum*, 1949, 11(1): 16—26.

[9] Robbiola L, Blengino J M, Fiaud C. Morphology and mechanisms of formation of natural patinas on archaeological Cu–Sn alloys. *Corrosion Science*, 1998, 40(12): 2083—2111.

[10] 王昌燧、陆斌、刘先明等：《古代黑镜表层 SnO_2 结构成分研究》，《中国科学（A 辑）》，1994 年第 2 卷第 8 期，第 840—843 页。

[11] Scott D A. *Copper and Bronze in Art: Corrosion, Colorants, Conservation*. Getty Publication, 2002.

[12] 国家文物局博物馆与社会文物司：《博物馆青铜文物保护技术手册》，文物出版社，2014。

[13] 陈元生、解玉林：《博物馆文物保存环境质量标准研究》，《文物保护与考古科学》，2002 年第 14 卷增刊，第 152—191 页。

[14] Scott D A. New insights on the corrosion of ancient bronzes using X-ray powder diffraction: The importance of paratacamite, sampleite, and connellite. *Studies in Conservation*, 2017, 62(7): 410—418.

[15] Scott D A. Bronze disease: A review of some chemical problems and the role of relative humidity. *Journal of the American Institute for Conservation*, 1990, 29(2): 193—206.

馆藏新石器时期彩陶鼓的脱盐保护

李 沫 杨 琴 吴 娜 丁 莉 晏德付

内容提要：馆藏陶器出现的结晶盐病害常与其处所微环境有关，本文论述了一件中国国家博物馆藏新石器时期彩陶鼓的科学分析及脱盐保护过程。该彩陶鼓在库房环境下出现局部盐结晶现象，结晶盐呈针状、成簇生长，经 X 射线衍射分析（XRD），判断其主要成分为醋氯钙石（Ca(CH$_3$COO)Cl·5H$_2$O）。推断其形成原因，应为陶器孔隙中的氯离子及陶器中的钙离子，在长期的乙酸环境中结合生成。为进一步验证乙酸来源，采用固相微萃取-气质联用法（SPME-GC-MS）对彩陶鼓长期所用木质旧囊匣与新制无酸纸囊匣中的空气进行了有机酸定性分析。分析结果表明：木质旧囊匣中存在乙酸、丁酸、戊酸、己酸等有机酸，且乙酸信号强度较高，与新制无酸纸囊匣对比强烈。在此基础上，我们对彩陶鼓进行了脱盐处理，并在纸浆浸出液内氯离子含量趋于平稳后停止脱盐，经后期粘接放入新定制无酸纸囊匣中保藏。本文为馆藏陶器结晶盐类病害的科学分析和处理操作提供参考，并对陶器保藏所用囊匣材料提出相关建议。

关键词：彩陶鼓 结晶盐 脱盐处理 离子色谱 SPME-GC-MS

一 引言

2016 年 8 月，中国国家博物馆藏新石器时期彩陶鼓（Y2084）发现局部盐结晶现象，该结晶盐呈针状、成簇生长，严重危及文物的观赏性和稳定性。文保人员通过取样分析，最终确定该结晶物为醋氯钙石（Ca(CH$_3$COO)Cl·5H$_2$O），随即对其进行了表面清理和脱盐处理，对原有残段粘接部分进行加固后，完成文物本体保护工作。但馆藏陶器出现的结晶盐病害常与其所处微环境有关，故对其长期所处木质囊匣微环境进行了有机酸分析，结果表明彩陶鼓长期所处微环境中乙酸信号强度较高，应为乙酸的挥发源。为防止结晶盐的再度生成，替换原有木质囊匣，为其定制无酸纸囊匣，进一步巩固了保护处理效果。

二 文物信息

本文所述彩陶鼓于 1986 年在兰州市永登县河桥镇乐山坪出土，距今已有 4 500 多年的历

史[1]，现藏于中国国家博物馆，入藏时间为
1990年，质地为红陶，长36.9cm，大口口径
为29.2cm，小口口径9.3cm。其鼓身似呈圆筒
状，内中空，一段向外部扩呈喇叭状，口沿齐
平，为大圆口，近口沿处装饰距离相等的乳钉
一周，另一端口略粗，为小圆口，近口沿处有
向内浅槽。大小口两端有宽带环形耳各一，两
耳在一条直线上。器身绘有黑、红两色锯齿旋
涡纹（图一），具有鲜明的新石器时代的彩陶

图一　彩陶鼓（Y2084）

特征[2]，是研究我国远古文化及原始生活的珍贵实物资料。

三　保存现状

1. 整体保存现状

该文物在保护前一直存放于我馆库房一木质囊匣内，通过观察可知：其中部断裂，有早期
粘接修复痕迹。据记载，其入藏时表面状态良好，但近日发现其鼓壁内外两侧在库房环境下出
现有局部盐结晶现象，该结晶盐呈针状、成簇生长，严重危及文物的观赏性和稳定性（图二、
图三）。

2. 分析检测

（1）结晶盐的分析

为进一步获得结晶盐的相关信息，首先采用ZEISS Smartzoom 5视频显微镜对其进行显微
形貌观察，随后将表面的针状物，收集压制后采用日本理学D/max-rB型X射线衍射仪（XRD）

（a）喇叭口沿边缘针状物　　　　　　　　　　（b）圆筒状边缘针状物

图二　处理前彩陶鼓表面针状结晶盐

（a）正面 （b）背面

图三　彩陶鼓病害图

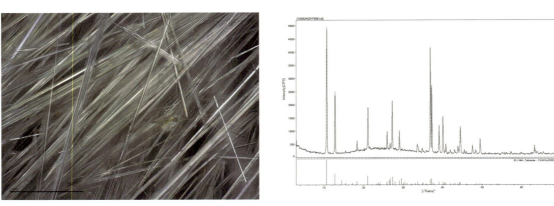

图四　结晶物视频显微镜图像（100×）　　　　图五　结晶物的 XRD 谱图

图六　结晶物的扫描电镜背散射图片　　　　图七　彩陶鼓长期使用的木质囊匣

对其进行物相组成分析，同时也将部分样品放置于 Phenom XL 型台式扫描电镜下进行微区形貌观察和能谱分析（SEM-EDS）。

显微观察中发现该结晶物呈针状（图四）。SEM-EDS 和 XRD 结果（图五、图六，表一）表明：

表一　结晶物的能谱结果

元素	原子百分比（%）	重量百分比（%）
O	46.0	40.9
C	37.7	25.1
Cl	8.2	16.2
Ca	8.0	17.8

陶器表面结晶物中含有大量醋氯钙石（$Ca(CH_3COO)Cl \cdot 5H_2O$）。

根据针状物的主要成分，初步推测其形成原因，乙酸的主要来源可能为储存陶器所用的木质囊匣（图七）。挥发的乙酸和原本处于陶器孔隙中的氯离子及陶器中含有的钙离子，在一定温湿度条件下，析出结晶体，最终形成了针状的醋氯钙石[3—4]。

（2）囊匣微环境分析

为进一步验证乙酸来源，从源头控制囊匣材料中酸性物质的挥发，采用固相微萃取-气质联用法（SPME-GC-MS）对彩陶鼓长期所用木质旧囊匣与新制无酸纸囊匣中的空气进行了有机酸定性分析。所用仪器为：安捷伦 7890A/5975C，采用 DVB/CAR/PDMS 的箭型固相微萃取采样器进行采样，使用前先老化，老化的条件为 230℃ 老化 3min。具体采样时，将其放置在囊匣中 1h（图八）。采样期间，囊匣处于关闭状态。

实验所用色谱柱型号为 DB-5MS，柱长 30m，直径 0.25mm，膜厚 0.25μm。进样深度 35mm，脱附时间 5min。进样口 230℃、辅助加热器 280℃、升温程序 35℃ 保持 10min，5℃/min

（a）木质囊匣内部及采样位置　　　　　　　　　（b）无酸纸囊匣内部及采样位置

图八　SPME-GC-MS 法采样过程及位置

升温至 250℃，保持 10min，质谱检测器检测质量数范围 33~700。

实验结束后，提取离子流图 m/z=60，通过谱图比对和单标保留时间比对两种方式对乙酸、丁酸、戊酸、己酸进行确认（图九）。分析结果表明：木质旧囊匣中存在乙酸、丁酸、戊酸、己酸等有机酸，且乙酸信号强度较高，与新制无酸纸囊匣对比强烈。该结果印证了前期乙酸氛围的推测，并进一步强调了馆藏陶器使用无酸囊匣的必要性。

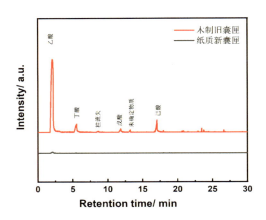

图九　木质旧囊匣与无酸纸新囊匣的选择离子流图（m/z=60）

四　保护处理过程

彩陶鼓表面盐结晶现象的处理过程包括机械法去除表面结晶盐、纸浆脱盐和粘接加固三部分。其中去除表面结晶盐采用镊子及软毛刷等工具，将器物表面松散的结晶盐进行初步去除。但环境中的水会携带可溶性污染物通过毛细作用在陶体孔内发生迁移，简单的表面处理，无法将陶体内部的可溶盐离子有效去除，需要进一步脱盐处理[5]。粘接加固的区域主要是彩陶鼓原本修复部位。

1. 去除表面结晶盐

将彩陶鼓内外的结晶盐用镊子轻轻夹取，并用软毛刷清理表面。

2. 脱盐处理

由检测结果可知，彩陶鼓表面结晶盐的主要成分为醋氯钙石，为防止结晶盐的再次生成，除更换无酸纸囊匣外，陶器孔隙中的氯离子也急需脱盐处理。

现阶段对于陶器脱盐的处理方法有如下几种，分别是蒸馏水浸泡脱盐法[6-7]、吸附脱盐法[8-11]和环境控制法[12-14]。通过前期分析，由于彩陶鼓的彩绘层十分珍贵，且中部有断裂修复痕迹，故采用传统的纸浆脱盐法对其进行温和的脱盐处理。

具体做法为：把宣纸撕成碎块，放入盛蒸馏水的容器中，加热搅拌使其成为纸浆［图一〇（a）］，在泡好的纸浆中加入适量的 1% NaOH 水溶液，调节溶液 pH 至 7~8，将此纸浆均匀贴敷一层在彩陶鼓上［图一〇（b）］。纸浆脱盐法是利用毛细作用，使器物内部的可溶盐类转移到器物表面的纸浆上，并且在敷纸上结晶，这样涂敷一次纸浆，就排出一部分可溶性盐，反复操作若干次后，即可除去可溶性盐。

为判断脱盐处理终点，每次贴敷后，采集彩陶鼓同一位置的纸浆（面积约 10cm×10cm），

（a）煮纸浆　　　　　　　　　　　　（b）贴敷纸浆后的彩陶鼓

图一〇　处理过程照片

溶于 200mL 高纯水中，超声振荡 30min 后静置 3 天，对其浸出液的离子含量进行离子色谱分析，并绘制 SO_4^{2-} 和 Cl^- 离子浓度随贴敷次数的变化趋势图（图一一）。所用仪器及实验条件如下：戴安 ICS2500 型离子色谱，AS11-HC 阴离子分离柱，淋洗液为 KOH，浓度为 30mM，流动相流速为 1.5mL/min，进样量 20μL，柱温 25℃，样品间进高纯水空白样冲洗管路。

　　如图一一所示，在经过十次贴敷后，纸浆浸出液内的 Cl^- 含量已经趋于稳定。贴敷结束后，用毛刷对彩陶鼓表面的纸屑等进行清理。

3. 粘接加固

　　处理时发现其原本粘接部分粘接剂已经老化变色，在处理过程中陶鼓从粘接处断开。故在脱盐过程结束后，待其阴干，采用 30% B72 丙酮溶液对彩陶鼓断裂处进行粘接。具体操作

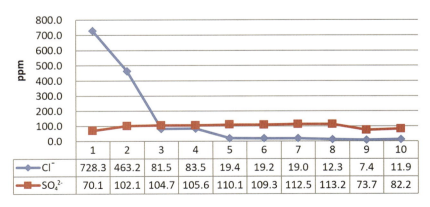

	1	2	3	4	5	6	7	8	9	10
Cl^-	728.3	463.2	81.5	83.5	19.4	19.2	19.0	12.3	7.4	11.9
SO_4^{2-}	70.1	102.1	104.7	105.6	110.1	109.3	112.5	113.2	73.7	82.2

图一一　纸浆浸出液离子浓度趋势图

为：清理原有粘接材料，将 30% B72 丙酮溶液涂在断裂面，尽量在断裂面中间位置涂抹均匀，避免溢出，粘接后靠自身重力增加粘接力度，置于阴凉处待其完全固化。

五　保护效果及保存建议

保护处理后的彩陶鼓见图一二。在结束处理后，为其定制了无酸材料的随形囊匣（图一三），并根据陶器保存环境要求提出如下保护建议：首先陶器不应存放于会产生乙酸的木质囊匣中，应存放于纸质、钢质或其他不会产生有害化学品的囊匣中；其次彩陶鼓保存环境应做到恒温恒湿，尤其是控制湿度的变化，当湿度发生变化时，容易发生溶解重结晶现象，也容易使颜料层在陶体表面的粘接性降低，造成脱落。

（a）侧面　　　　　　　　　　　　　　　　　（b）正面

图一二　处理后的彩陶鼓

（a）囊匣外观　　　　　　　　　　　　　　　（b）囊匣内部

图一三　彩陶鼓无酸材料囊匣

六　结语

本文主要阐述了一件新石器时期彩陶鼓的科学分析及保护处理过程，经前期 XRD 分析，表面结晶盐主要成分为醋氯钙石（$Ca(CH_3COO)Cl \cdot 5H_2O$），推测形成原因可能与彩陶鼓存放木箱中释放的乙酸有关，随即采用 SPME-GC-MS 法对其进行验证。处理中，选取较为温和的传统纸浆脱盐方法对其进行脱盐处理，并利用相关离子浓度进行终点的判定。处理完成后，为其定制了无酸纸囊匣并提出此类陶器保存环境的建议：陶器应存放于无酸的纸质或钢质囊匣内，严格控制微环境内的有机酸含量，并且应时刻注意温湿度控制，保证器物处在一个较为稳定的微环境中，防止盐结晶现象的发生。

致谢：中国国家博物馆藏品征集与鉴定部研究馆员成小林共同参与了彩陶鼓的分析与保护工作，中国国家博物馆文保院副研究馆员张然提供了醋氯钙石的相关文献资料，在此一并感谢。

本文部分发表于《传统技艺与现代科技——东亚文化遗产保护学会第六次国际学术研讨会论文集》，2019 年，原题为《一件馆藏新石器时代彩陶鼓表面结晶盐的分析及处理》。

参考文献：

[1] 王文元：《彩陶鼓：从远古走来的先民乐器》，《东方收藏》，2013 年第 3 期，第 41—42 页。

[2] 刘妍玲：《当代景德镇瓷乐器的调查与研究》，景德镇陶瓷学院硕士学位论文，2011 年，第 9 页。

[3] Gibson L T, Cooksey B G, Littlejohn D, et al. The mode of formation of the cotrichite, a widespread calcium acetate chloride nitrate efflorescence. *Studies in Conservation*, 2005, 50(4): 284—294.

[4] Alice B P, Michael S. Salt efflorescence on pottery in the Athenian Agora: A closer look. *Studies in Conservation*, 2015, 60(3): 172—184.

[5] 杨莹：《脆弱陶器中常见可溶盐的脱盐研究》，西北大学硕士学位论文，2013 年，第 13—16 页。

[6] 马燕如：《我国水下考古发掘陶瓷器的脱盐保护初探》，《博物馆研究》，2007 年第 1 期，第 86—90 页。

[7] 马燕如：《一批特殊的西沙出水陶瓷器脱盐保护方法概述》，《文物保护与修复纪实：第八届全国考古与文物保护（化学）学术会议论文集》，2004 年，第 16—24 页。

[8] 王蕙贞、董鲜艳、李涛等：《西汉初期粉彩陶俑的保护研究》，《文物保护与考古科学》，2005 年第 4 期，第 39—43 页。

[9] 康红卫：《敦煌壁画脱盐材料的制备研究》，兰州大学硕士学位论文，2009 年，第 20—22 页。

[10] 陈港泉、樊再轩、群力等：《陕西白水仓颉庙酥碱壁画脱盐修复的初步实验》，《敦煌研究》，2009 年第 6 期，第 8—12 页。

[11] 樊再轩、陈港泉、苏伯民等：《莫高窟第 98 窟酥碱壁画保护修复实验研究》，《敦煌研究》，2009 年第 6 期，第 4—7 页。

[12] Sawdy A, Price C. Salt damage at Cleeve Abbey, England Part I: A comparison of theoretical predictions and practical observations. *Journal of Cultural Heritage*, 2005, 6(2): 125—135.

[13] 靳治良、陈港泉、钱玲等:《基于莫高窟成盐元素相关系探究壁画盐害作用机理》,《化学研究与应用》,2009 年第 4 期,第 450—454 页。

[14] Colston B J, Watt D S, Munro H L. Environmentally-induced stone decay: The cumulative effects of crystallization-hydration cycles on a Lincolnshire oopelsparite limestone. *Journal of Cultural Heritage*, 2001, 2(4): 297—307.

馆藏北朝印花对凤对马联珠纹中衣的保护修复

杨　琴　赵作勇

内容提要： 对中国国家博物馆征集的一件北朝印花对凤对马联珠纹中衣进行了保存现状调查和纤维鉴定。制订适宜的保护方案，通过清洗、丝网加固、针线加固、平整等修复步骤，基本恢复其原貌，达到保存、展览的需求。同时开展了对服饰结构、织物组织结构和纹样的研究，为北朝服饰研究提供了资料。

关键词： 北朝印花对凤对马联珠纹中衣　丝织品　保护修复

一　引言

征集文物是中国国家博物馆新增藏品的重要来源之一。2008 年，中国国家博物馆从新疆征集到一批文物，包括南北朝至明代的纺织品共六件。这批纺织品普遍有残缺、破裂、褶皱、污染等病害，无法直接入藏和展览，交由中国国家博物馆文保院（原文物科技保护部）对其进行入藏前的保护修复工作。本件北朝印花对凤对马联珠纹中衣为其中较为残破的一件，有残缺、破裂、缝线开裂、糟朽、污染、褶皱、褪色等病害，不利于其长久保存，同时也影响文物历史、艺术、科学价值的呈现。通过清洗、加固和平整等保护修复步骤，基本恢复其原貌，达到保存、展览的需求。

二　文物信息

1. 文物的基本信息

北朝印花对凤对马联珠纹中衣为征集品，该藏品编号为 08:18，未定级。中衣交领左衽，双层，内有少许丝绵，两侧开衩，整体保存状态较差，修复前照片见图一至图四。

2. 服饰结构

北朝印花对凤对马联珠纹中衣（图五）虽有残缺，但整体结构基本完整，交领左衽，整体衣长 141cm，肩袖通宽 216cm，底摆横宽 87cm，袖根宽约 29cm，袖口宽 13.5cm。衣身两侧开衩，

图一　中衣修复前正面图

图二　中衣修复前前襟展开图

图三　中衣修复前背面图

图四　中衣修复前里子图

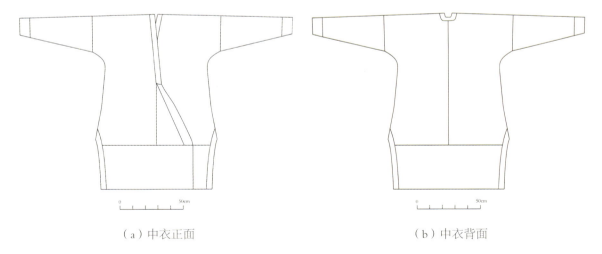

（a）中衣正面　　　　　　　　　　　（b）中衣背面

图五　北朝对凤对马联珠纹中衣结构示意图

袄高41cm。有接袖，接袖宽度与衣身宽度相同，约50cm，为整幅布宽。裁剪时受到幅宽限制，衣身利用布幅宽度，在长度上裁剪需要的量。后领下挖呈U形，领口深4cm。

中衣领口、开衩、袖口处有织锦缘边。领缘和衩缘宽 4cm，袖缘宽 8cm。袖缘为直纱，经向与袖口拼接，领缘和衩缘由斜裁的方法制作"斜条"，斜裁的领缘有一定的弹力，能够增加领口的舒适度 [1]。

领缘在右襟止于 54.5cm 处，其下接三角形补襟，补襟高 50cm，宽 20.5cm，直角三角形状。补襟部分利用幅边斜裁，与衣身斜接，左襟结构相同。衣襟交叠部位较小，未见系带，推测需要配合腰带穿着。右襟下摆横接一片近似长方形衣片，宽 66cm，高 36cm，左襟亦同。

修补时拆开后背里衬中缝线，观察到后背及其里衬中缝线缝份上下窄中间宽，缝份最窄处 4mm，中间最宽处可达 40mm，相当于现代的"收省"做法，使腰部更为合体（图六）。上身衣片的拼缝线与中缝线形成一个小的夹角，肩线略微向下倾斜。

中衣衬里由多片零碎裁片拼接缝制，左襟补襟处甚至有宽约 2cm 的窄条状绫子，推测为了充分利用布料，采用了制衣的余料制作部分衬里（图七）。

图六　后背收省设计　　　　　　　　图七　左襟衬里由多片裁片拼接（修复后）

3. 纹样

中衣为两层，面料为绫，素绢衬里。面料以联珠团窠为骨架，联珠环内纹饰由上而下分为三组，最上为华盖侧面，由伞盖和垂幔组成，华盖两侧装饰已不能辨识。中间组主要为蹲坐的对兽纹，两兽相对而立，展现侧面形象，兽身有翅膀，头有双角。底部装饰为水波纹。联珠环外分别为对凤和对马纹。两马左右对称，相对而立，一前蹄相交，一前蹄高高扬起，做奔跑状，动感十足。

团窠联珠呈长圆形，经向长约 16cm，纬向宽约 13cm，图案经向循环约 22cm，纬向循环通幅。两列团窠纹镜像对称，联珠纹外侧对马纹亦镜像对称，两列团窠纹中间为对凤纹。这种一个门幅中有两个独立的联珠圈，每个联珠圈内各有两对兽或禽，联珠圈外也是对兽或对禽的图案形式在北朝时期较为典型，如吐鲁番阿斯塔那出土的联珠对孔雀纹锦 [2]。

面料在织造纹样平纹地子上施有彩色，以突显其主体纹样，联珠纹施以红色，联珠纹内纹样以蓝色钩边，施以绿色，联珠纹外的对凤对马纹施以黑色（图八），整件中衣色彩明艳，面

图八　中衣敷彩纹样示意图

料背面没有观察到颜色。不同区域的彩色图案细节差别较大，以联珠纹为例，联珠数量有40个或者44个不等，因此此件中衣所施彩色不应为印花，而是采用了以画笔蘸色浆，在织物上按照纹样着色填彩的敷彩工艺。敷彩又称填彩、彰施，也称为画缋，在新石器到商代的墓葬中均已发现相关实物证据[3]。对红色残片进行扫描电镜能谱观察，没有发现明显的矿物颜料，推测其填彩使用的色浆应为有机染料。

中衣缘边为织锦，袖缘宽约8cm，其织造纹样为莲花和生命树（图九）。

图九　中衣袖缘纹样照片

三　保存现状

北朝印花对凤对马联珠纹中衣保存状况较差，主要病害有残缺、破裂、缝线开裂、糟朽、污染、褶皱、褪色等（图一〇）。

中衣全身布满褶皱，在残缺附近布料团成条状，影响文物外观。中衣所绘绿色、蓝色、红

污染　残缺　褶皱　破裂

0　　30cm

图一〇　北朝印花对凤对马联珠纹中衣病害图

色填彩有明显褪色现象。残缺严重，右襟腰部、右襟下摆、左襟下摆、后背下摆有四处大面积残缺；左袖对凤纹处、左襟下摆、右袖、右襟下摆、后背左侧、左襟衬里、后背左侧衬里等都有连接成片的长条状残缺，残缺附近通常丝质发脆，伴有褐色污染。衣身还有大量小面积残缺破洞，右肩等部位纤维破裂。衣领缘边、右手袖口缘边、右袖下侧缝线存在开裂现象。中衣衬里纤维强度整体也较差，左襟里子下方、右襟里子部分已糟朽，并伴随着大量的残缺和纤维破裂。

全身有深褐色、酒红色、黑色等污染，深褐色污染主要集中在两袖、下摆、后背右肩、左腰和下摆部位，衬里污染部位与面料一致；左袖、右袖、后背下摆衬里有酒红色污染；左襟衬里三角形小襟处分布着黑色点状污染。病害细节见图一一至图一六。

四　分析检测

1. 织物组织结构分析

使用 Aigo GE-5 视频显微镜在 60 倍下原位拍摄显微照片，观察织物的组织结构。在修复中

图一一　右襟残缺

图一二　右袖破裂和领口缝线开裂

图一三　褶皱和污染

图一四　里子糟朽

图一五　左襟里子黑色点状污染

图一六　里子背部深褐色污染

拆开后背衬里缝纫线，观察到面料幅边，面料布幅宽约52cm。面料经线密度约为45根/cm，经线投影宽度约0.13mm，纬线密度约为35根/cm，纬线投影宽度约0.3mm，经线和纬线均为黄色，未加捻。面料（图一七）平纹为地，斜纹显花，斜纹为一上三下变形右斜纹。起花组织按照一上三下织造4根纬纱后，挑起的经线飞跳过2根纱线，重复一上三下右斜纹组织，8根

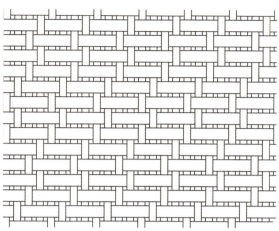

图一七　面料花地显微组织（60×）和斜纹组织结构图

图一八　里料显微组织（60×）　　　　　　图一九　袖缘显微组织（60×）

纬纱完成一个纬向循环。

　　里料由多种零碎裁片拼接而成，主体面料为平纹，经线密度为60根/cm，投影宽度为0.15mm，纬线密度为42根/cm，投影宽度0.15mm，均为黄色未加捻丝线。里料和袖缘织锦的显微组织形貌见图一八、图一九。

2. 纤维鉴定

　　采用扫描电镜形貌观察法对清洗过程中掉落的残片进行纤维种类鉴定和纤维保存情况观察，所使用的设备为 FEI 公司 Quanta 650 环境扫描电镜。取少量样品粘贴于导电胶上，喷金处理后放入样品仓观察。纤维横截面的制备使用毛纤维包裹，哈氏切片器切片。

　　分别观察丝绵、面料、里料的纵向形貌，表面相对平直光滑，横截面呈三角形为主，直径约8μm（图二○），鉴定为桑蚕丝。在丝绵、面料当中，丝素表面残余较多的丝胶，部分丝胶包裹的两根丝素未完全分离（图二一）。里料丝素表面光滑，基本未见丝胶（图二二），为精

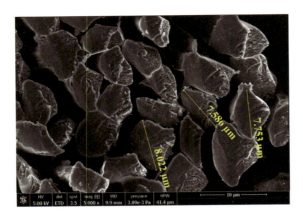
图二〇　丝绵纤维横截面二次电子图像

图二一　丝绵纤维纵向二次电子图像

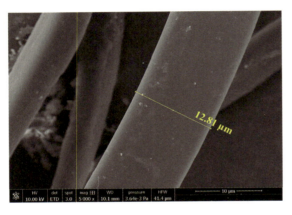
图二二　里料纤维二次电子图像

图二三　面料纤维断口形态

炼后的熟丝。

　　观察面料纤维断口，丝素主要为劈裂形断口（图二三），没有观察到与纤维轴垂直相交的脆性断口，表明该样品还有一定的柔韧性[4]。

五　修复方案的制订及材料准备

1. 修复方案的制订

　　挑选中衣较为隐蔽位置，用棉签蘸水轻轻滚动擦拭测试其填色颜料的耐水性，发现其填色处均有掉色现象，因此该中衣不能进行大面积水洗。考虑到纺织品上的某些污渍也是历史留下的痕迹，在不影响文物保存的前提下，对于污渍不必全部去除。为减小对文物的干预，拟采用潮布拍打法进行简单清洗。对中衣大面积的残缺、开裂、开线等病害，主要采用针线法加里衬进行缝补。针对糟朽严重、小面积残缺连续的部位，则采用丝网加固与针线加固配合处理，以恢复文物的面貌，并便于其存储和展示。

2. 修补材料准备

修补所使用的材料选用白色电力纺（蚕丝平纹织物），以现代染料进行染色。调制一系列染液，染制黄色至褐色不同颜色的电力纺，便于修补时选用与残破区域色彩相似的衬布。染色后的电力纺使用去离子水多次清洗，洗去浮色，晾干平整。修补用线选用无捻丝线，与电力纺一起染色备用。

3. 丝网制备

丝网制备方法参照《桑蚕单丝绕网机的改进与推广》[5]，使用第三代绕网机制作。首先将蚕茧染色，浸泡，找到丝绪引入"导丝嘴"，制作孔距 1mm 的无膜丝网。制作完成后用喷笔喷洒质量百分比 2% 的聚乙烯醇缩丁醛乙醇溶液，注意控制距离和力度，使得丝网上下两层交叉点胶结粘住。

六　保护修复过程

1. 清洗

准备不同尺寸的干净白棉布，用洗衣机清洗后，通过控制脱水转速，得到不滴水的潮湿白棉布。白棉布铺于衣服下方，衣服展开放置其上，在每层衣服之间夹小块潮湿的白棉布，将多余的白布折回覆盖衣服上表面，最后将衣服与棉布一起对折，使得每层衣服均被潮湿的白棉布包裹。双手轻快地拍打棉布表面，利用潮布粘下衣服中易掉落的污物（图二四）。

图二四　潮布拍打清洗

拍打过程中时刻进行观察，未出现掉色现象。白棉布湿度降低时，可用喷壶喷纯净水补水提高湿度。几分钟后，打开白布，换下脏白布，换上干净潮湿的白棉布再次拍打，拍打两次后白布上已经基本看不见掉落的污染物，完成初步清洗。观察中衣上仍有残余的肉眼可见的微小颗粒污染物，用针锥轻戳颗粒物，使其破碎去除。

2. 初步整理

清洗后的中衣已经基本回潮，褶皱大部分消失，因为破损严重，开始一边整形熨烫，一边缝补。整形熨烫时采用无绳熨斗，以短时间踩踏的方式熨烫，避免温度过高。

3. 丝网加固

针对破裂处或者残缺的边缘部分，采用丝网加固的方法进行处理。丝网加固时要保证较大范围内经纬线基本平齐，先用软毛笔蘸少量水润湿破裂处的丝线，再用针锥、镊子整理经纬线平直，用小熨斗局部熨烫平整（图二五）。

在破裂下方放置聚四氟乙烯膜，聚四氟乙烯膜具有良好的不粘性，且耐高温，是用作粘接隔离物的良好材料。调整裂口周边的经纬线

图二五　残缺、破裂处丝网加固后

至横平竖直，放上裁剪后大小适宜的丝网，注意丝网的水平与丝的方向一致。首先用软毛笔蘸适量无水乙醇，点贴四角，进行初步固定。丝网上方再覆盖聚四氟乙烯膜，用热熨斗隔聚四氟乙烯膜对丝网加热，丝网上的聚乙烯醇缩丁醛热熔后与文物黏合，起到固定作用。

部分丝网在使用时出现粘贴后较硬，丝网上的胶未完全熔化，粘贴不牢的现象，推测可能原因为丝网喷胶过多或熨烫温度过低。造成熨烫温度过低有三方面的原因：熨斗温度设定过低，熨烫时间短，聚四氟乙烯膜太厚有隔热效果。针对这几点原因，重新制作丝网，改进使用工艺后效果良好。

4. 针线加固

首先修复四处较大面积的残缺。裁剪大小合适的染色电力纺从内部衬于残破缺失处，调整好经纬线后用糨糊将衬布点粘固定，沿残缺边缘用回针法和跑针法将衬布和中衣缝补到一起。缝补的时候需要避免针刺破经纬线，尽量从织物缝隙中下针。

里料布料糟朽情况严重，用力不当则易产生新的破裂，在处理时需要谨慎。里料残缺以数量多、残缺面积小、分布集中为特点，整理好经平纬直后，先以丝网加固，然后再选择整块衬布，将成片残缺进行全衬修复（图二六）。

为了便于修补，拆开大襟里子、底边、侧边，详细记录缝线情况。下摆底边针脚较匀，针脚约为 0.4cm，针距约为 0.4cm，缝线有弱捻，采用跑针法。下摆面料缝份约 0.3cm，里料缝份约 0.4cm。背部里料中缝长 99.8cm，中缝左右两片通过较细弱捻丝线跑针缝合，针脚约为 2.5~4mm，针距约为 3~4mm。另有 9 针疏缝线，将里子与面子固定一起，针脚针距皆不齐。修补完成后尽量按记录的原针脚复原。

5. 整形、绘图

完成加固的中衣需要再次整形。将回潮后的中衣展开铺在桌面上，首先沿着背部中缝线拉

（a）右襟里衬修复前 　　　　　　　　　　　（b）右襟里衬修复后

图二六　针线法加固右襟里衬

（a）中衣正面 　　　　　　　　　　　　　　（b）中衣背面

图二七　中衣修复后照片

一条竖直的中线，将背部面料、里子分别整理与中线平齐。找到衣袖下方缝合部位，从缝合处朝上将衣袖捋平。先初步在衣袖上方拉水平线，调节肩、袖上沿，保证腋窝部位平整，用铅条压实，调好肩高。将小襟掩平，注意开衩口位置、衩长、下摆弧度，尽量使之平齐。调整大襟，腋下平整，开衩及下摆弧度与背部尽量一致，大襟竖线应于后背中线一致。在下摆最低处固定一根水平线，与竖直的中线垂直。

整形完成后，测量中衣剪裁相关数据和绘制纹样图，拍摄修复后照片（图二七）。

6. 保存

中衣保存时，用棉纸卷成筒状，衬垫在衣袖、折叠等需要折回处，尽量避免保存过程中产生褶皱。

七　结语

通过对北朝印花对凤对马联珠纹中衣的清洗、丝网加固、针线加固、平整等保护修复措施，提升了文物稳定性，满足文物长期保存和展陈的需求。修复后的中衣存放于中国国家博物馆库房中，文物避光保存，库区中央空调设置温度 22±0.5℃，相对湿度 52%~55%，为纺织品文物适宜的保存条件。丝网加固所使用的有机材料聚乙烯醇缩丁醛可能随着时间粘接性能降低，建议定期对中衣的保存状况进行巡查并记录。经过保护修复后的北朝对凤对马联珠纹中衣为北朝服饰形制、丝绸纹样研究提供了实物资料。

致谢：此件文物的保护修复工作在中国社会科学院考古研究所王亚蓉老师的指导下完成，期间也得到中国国家博物馆马燕如老师以及首都博物馆纺织品保护组多位老师的指导和帮助，在此深表感谢。

参考文献：

[1] 琥璟明、郭萌：《江陵马山一号楚墓出土服饰的设计手法探索》，《武汉文博》，2013 年第 4 期，第 27—32 页。

[2] 赵丰、齐东方：《锦上胡风——丝绸之路纺织品上的西方影响（4—8 世纪）》，上海古籍出版社，2011 年，第 117 页。

[3] 赵丰：《丝绸艺术史》，浙江美术学院出版社，1992 年，第 75 页。

[4] 张晓梅、原思训：《扫描电子显微镜对老化丝织品的分析研究》，《电子显微学报》，2003 年第 5 期，第 443—448 页。

[5] 王亚蓉：《桑蚕单丝绕网机的改进与推广》，首都博物馆编：《首都博物馆馆藏纺织品保护研究报告》，文物出版社，2009 年，第 136—147 页。

馆藏辽代少数民族袍服的保护修复

赵作勇　杨　琴

内容提要：辽代是以契丹族为主体建立的统治王朝，其服饰文化并不因契丹族是一个游牧民族而逊色，既有地域服饰文化的特点，又有民族融合而呈现出来的中华民族服饰文化的共同特征，是中国古代服饰史的重要组成部分。本研究以中国国家博物馆收藏的一件辽代少数民族袍服的保存现状为依据，根据保护修复原则，通过整体的观察和科学分析检测，选择清洗、针线法加固和平整的方法对其进行保护修复，再现了服饰的本来面貌，可为辽代服饰研究工作提供一些参考。

关键词：辽代袍服　保护修复　形制　纹样

一　引言

契丹族是我国古代北方地区一个古老的少数民族，源于东胡后裔鲜卑的柔然部，辽代是以契丹族为主体建立的一个统治王朝，统治我国北方二百多年，其服饰文化在契丹民族固有的文化基础上，吸收了其他民族的文化加以融合，使辽代服饰呈现出多元的文化特征。袍服是契丹人不论男女贵贱普遍穿着的服饰，女子常于袍内着裤或裙，而男子于袍内着裤利于骑射，契丹袍的特征根据文献的描述基本可归纳为袍身窄小和衣襟左衽两点，其中契丹袍的"窄"主要是指袖口和胸宽[1]。契丹袍的样式丰富，领型有圆领和交领，契丹袍基本都开衩，根据开衩方式又分为中心线对称的后开衩和袍身两侧对称的侧开衩。契丹男子的外袍大多为圆领后开衩，为当时社会各个阶层所服用，这是由契丹族传统的游牧生活习性所决定的，而交领作为古代广泛使用的领型也时有发现，如在前勿力布格村辽代壁画中一位契丹男性侍从就身穿交领左衽宽袖红袍[2]。契丹女子形象在一些辽代壁画中以交领左衽最为常见，圆领也有发现，以未开衩和两侧开衩为主。交领侧开衩袍服更多是作为内袍使用，内袍长一般短于外袍，下摆位于膝盖上下。此外根据袖的长短还有长袖袍和短袖袍之分，后者如代钦塔拉墓出土的黄褐色四瓣花绫绵袍[3]。此件辽代少数民族袍服交领左衽，为短袖，有里衬为双层，上下通裁，袍身下部两侧开衩，通过清洗、加固和平整等保护修复，基本再现了服饰的本来面貌，可为研究辽代服饰提供一些资料。

图一 修复前正面 　　　　　　　　　　图二 修复前背面

二 文物信息

1. 基本信息

文物名称为辽代少数民族袍服，年代为辽代，收藏单位为中国国家博物馆，文物未定级，文物来源为征集。修复前照片见图一、图二。

2. 服饰结构

辽代少数民族袍服外观基本完整，交领左衽，有里衬为双层，上下通裁（图三）。衣长109cm，通袖长110cm，胸围64cm（距肩线22cm），腰围61cm（距肩线36cm）；衣领由大小相同的两片（图三中的10和14）缝合组成，衣领长68.5cm，衣领高11.5cm，领口宽12cm，后领深2cm；可能出于节约面料的目的左右衽的补襟分别由三块大小不一的拼襟组成，衣襟交叠的闭合并没有延到腋下，两侧补襟上缝有小带，用以系结；两袖平直，短袖，袖子腋下略微向袖口直线减小，袖口宽19cm，无接袖，左袖被人为地折出一道小

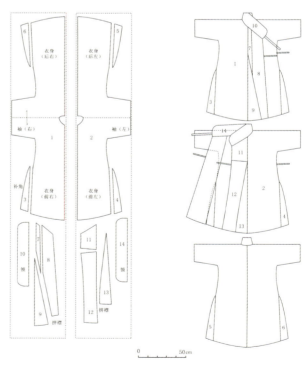

图三 袍服结构示意图

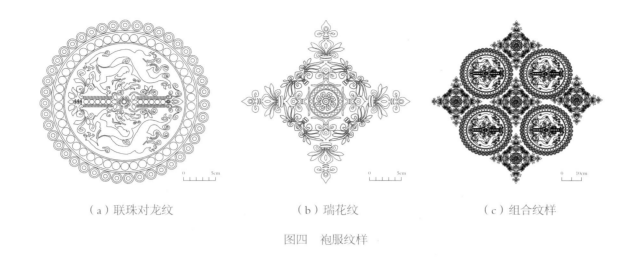

| （a）联珠对龙纹 | （b）瑞花纹 | （c）组合纹样 |

图四　袍服纹样

折，从外观看似接袖。袍身下部两侧开衩，下摆开衩处衣身前后片各接一片补角，共四片补角，下摆宽 86cm，翘高 9cm，衩长 47cm，衩高 54cm。

3. 纹样

袍服面料织团窠双联珠对龙纹和四出菱形瑞花纹（图四），织造纹样上印有颜色，除联珠纹为红色外，其余纹样均为绿色，面料背面没有颜色，织造纹样与印花之间对应得并不是非常严格，有少许错位，推测可能为直接印花。团窠花纹直径 25.3cm，两个花纹左右之间距离 2.6cm，上下距离 3cm。联珠纹是古代纺织品常用纹样，在圆轮的边缘饰以圆点串珠构成联珠，故而得名，联珠纹圆轮中间常饰以立雁、立鸟、猪头、狮子、骑士等纹样，有的单独存在，有的两两对称[4]。此件袍服联珠纹内主体纹样为龙纹，两条龙纹在圆环中采用传统的对称且相向而立的形式组合，龙头部回首似蛇形微微上翘，圆眼，龙的颈部细瘦且弯曲，胸脯挺拔，身躯呈"S"形，龙爪为三趾，四肢弯曲有力，整个龙纹形象生动，繁而不乱，富有装饰性。袍服上的团窠纹样由外到内由两圈联珠组成，外圈为小圆环内实心圆球，内圈联珠为实心圆球，两圈联珠中间以蓝色圆环相隔，层次分明，构图精巧，不仅满足了圆形空间的需要，还提升了主体纹样龙纹的动感和气势［图四（a）］。联珠纹外的空间用四出菱形瑞花纹进行装饰，花纹经向长 23.6cm，纬向长 25.8cm，纹样精细，造型生动，层次丰富，给人以团花锦簇之感［图四（b）］。

主体纹样与新疆吐鲁番唐代阿斯塔纳墓出土的双珠团窠对龙纹绫的纹样相似[5]，契丹兴起于北方，与唐的关系密切而深远，辽建国之前，唐就将其纳入了中原王朝的政治体系，积淀深厚的唐文化渗透到契丹民族的政治、经济、军事、科技、文化等各个领域，在许多方面对唐的效仿甚至是继承式的。辽代壁画中也常发现以团窠和团花纹样为装饰的契丹服饰，其中以巴林左旗滴水壶辽墓中的人物服饰较为显著[6]。服饰作为文化的表征之一，相互渗透，相互影响，既传承又创新，显示了契丹民族与其他民族之间的融合。

三　保存状况分析

　　此件袍服保存状况不良，主要有褪色、晕色、缝线开裂、残缺、破裂、污染、糟朽等病害（图五）。袍服上印有红色联珠纹以及绿色龙纹为主的印花图案，全身褪色现象明显，大部分颜色已经变浅，红色花纹有明显的晕色现象，特别是左袖袖口联珠纹上的红颜色向四周扩散已将四周染红（图六）。里子为深绿色，也存在褪色现象，部分里子的颜色已经变浅发黄，右襟里子上有大

| 晕色 | 污染 | 残缺 | 褶皱 | 破裂 |

　　　　0　　10　　20　　30cm

图五　袍服病害图

图六　左袖红色晕色　　　　　　　　　图七　领口下方里衬残缺糟朽严重

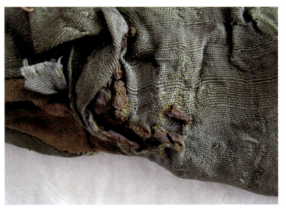

图八　里衬缝线开裂　　　　　　　　　图九　下摆处附着金属污染物

块红色痕迹，可能为面料红色晕色所致。袍服残缺、破裂严重，全身存在大大小小的残缺、破裂三十多处。里子上有大面积的残缺破裂，特别是领口部位下方里子糟朽严重，经纬线严重缺失，纤维强度极差，破损处纤维一碰即断，中缝的缝线大部分已经漏出，仅有几针起到固定支撑作用（图七）。全身多处存在缝线开裂的现象，领子与后背之间的缝线大部分已经缺失，只留下很少一部分，此外后背下摆、右袖、左襟里子衩口等多处缝线开裂（图八），长度在 2.5~12.5cm 不等，部分缝线开裂的部位，存在修复过的痕迹，如后背下摆处里子与面料两层布料部分缝合线变成了红色缝线，与原缝线相比做工粗糙，针脚针距更大，推测为后期修补。袍服全身污染现象严重，多处存在黑色污染和白色颗粒状污染，下摆部位还附着似铁锈的物质（图九）。

四　分析检测

1. 织物组织结构分析

在修复中袖口及中缝处均可看到幅边，布料幅宽约为 55cm。袍服面料织团窠双联珠对龙纹和四出菱形瑞花纹，平纹为地，斜纹显花，斜纹为一上三下左斜纹组织，经密 40 根 /cm，纬密 26 根 /cm，经线投影宽 0.1~0.3mm，纬线投影宽 0.25~0.35mm，经线和纬线均为黄色未加捻丝线（图一〇）。里料织菱形纹，平纹为地，斜纹显花，斜纹为一上三下左斜纹组织，经密 20 根 /cm，纬密 15 根 /cm，经线投影宽 0.2~0.4mm，纬线投影宽 0.35~0.4mm，经线和纬线均为绿色未加捻丝线。系带平纹为地斜纹显花，斜纹为三上一下右斜纹组织，经密 38 根 /cm，纬密 25 根 /cm，经线投影宽 0.2~0.36mm，纬线投影宽 0.3~0.39mm，经线和纬线均为绿色未加捻丝线（图一一）。

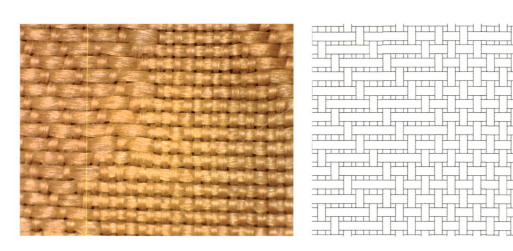

图一〇　面料花地显微组织（60×）

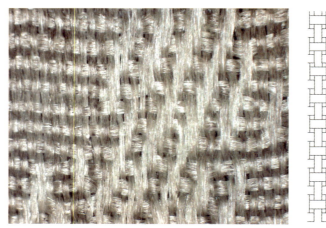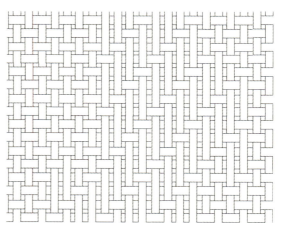

图一一　系带花地显微组织（60×）

2. 污染物分析

污染物的科学检测是制订保护修复方案的重要前提，修复中采用拉曼光谱法对服饰上污染物进行鉴定。拉曼光谱分析所用仪器为 Nicolet 公司生产的 Almega 型显微共聚焦激光拉曼光谱仪，附有 Olympus BX-50 型显微镜及自动聚焦平台，分析时直接将样品放置在显微镜下，实验采用785nm激光器，物镜50×。下摆黏附的金属污染物结果为α-羟基氧化铁（α-FeOOH），光谱图见图一二。后背以及左襟里衬上存在的白色颗粒物结果为二水硫酸钙（$CaSO_4 \cdot 2H_2O$），光谱图见图一三。这些坚硬的污染物，都会随着外界相对湿度的改变，而对纤维产生机械磨损，特别是湿度过高时，α-羟基氧化铁容易在织物表面留下金属锈斑，因此必须去除。

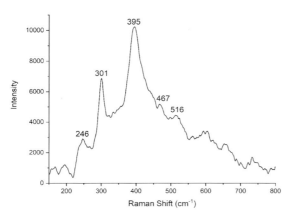

图一二　金属污染物拉曼光谱图

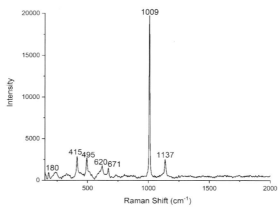

图一三　白色颗粒物拉曼光谱图

3. 纤维鉴定

纤维鉴别是保护修复的前提和依据，修复中采用红外光谱法对服饰上掉落纤维进行鉴定。红外光谱分析所用仪器为Thermo Fisher公司的Nicolet IS50型红外光谱仪，金刚石晶体，ATR附件。实验条件：分辨率$4cm^{-1}$，波数扫描范围4 000~400cm^{-1}，衰减全反射测试方法。通过红外光谱测试，袍服面料经线具有酰胺Ⅰ（1 622cm^{-1}）、酰胺Ⅱ（1 520cm^{-1}）、酰胺Ⅲ（1 231cm^{-1}）的特征峰，并且在960cm^{-1}附近没有特征峰，判定样品为桑蚕丝（图一四）。此外面料纬线、

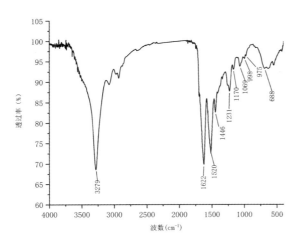

图一四　面料经线红外光谱图

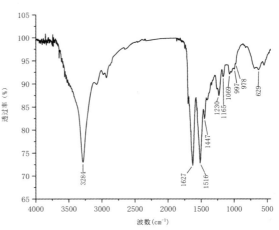

图一五　黄色缝线纤维红外光谱图

里子经纬线、黄色缝线（图一五）的材质经过检测均为桑蚕丝。

五　保护修复过程

1. 物理清洗

在袍服边沿位置进行褪色实验，发现非常容易掉色，因此文物不可湿洗。准备使用物理以及湿布拍打的方法，对袍服上的污渍和灰尘进行清理。袍服后背和左襟的里衬上存在白色二水硫酸钙颗粒物，颗粒物通过吸附作用沉积在纤维之间，袍服下摆部位还黏附有坚硬的铁锈，有的里子被夹在铁锈中间。这些物质硬度大，边缘锋利易磨损丝纤维，因此用湿布拍打前要对铁锈和颗粒物采用物理方法进行清除，否则会对袍服造成二次破坏。采用针锥、镊子和软刷等工具进行物理清理，清理时要小心谨慎，避免用力过大而损伤到纤维。清除完毕后，将袍服打开在每一层都铺上一块潮布，轻轻拍打数次，拍打时不可用力，防止掉色现象发生。

2. 染色

对修补残缺部位所需要的布料和缝线进行染色实验。市场上很难买到图案、花纹、颜色与文物一致的丝绸面料，选择多种布料进行染色实验，根据染色效果和实际情况，选择白色丝绸平纹织物电力纺作为背衬材料。里衬质地较薄，并且残缺糟朽严重，应使用较细的丝线，因此选择将丝线的二分之一作为修复用线。修复部位的颜色以黄色和绿色为主，只是布料因环境等因素，褪色程度不同色泽深浅不一，修复用线和背衬材料一起进行染色保持一致。

3. 加固修复

（1）领子的修复

领子上残缺共有三处，其中较大的残缺上下两侧还各有一条较长的破裂，领子与背部之间的缝合线缺失严重，只剩余几针将领子两头和中点固定于两襟和后背中缝处。为修复领子上的残缺和后背里子上的糟朽部位，决定将领子上剩余几针拆除，将领子展开铺平后进行修复。在残缺下方加上衬布局部衬垫，根据花纹图案，将破裂处对齐，并用针锥整理边缘丝线达到经平纬直，再采用针线法固定。

（2）里子的修复

后背里子下摆中缝右侧有两处较大的残缺，采用局部衬垫法进行修复。中缝左侧有大面积的糟朽，经纬线存在缺失严重、糟朽、被拉长等现象，中缝为左侧倒烫，由于糟朽严重，中缝缝线大部分漏出，已经起不到固定作用，后背中缝以及下摆的部分缝线为后修复的红色缝合线，做工粗糙。因此为了便于修复糟朽部位，对部分中缝以及下摆部位的缝线原状记录后拆除，从里子背面对每一处小的糟朽进行经纬线整理，使用整块布料对糟朽部位进行全衬修复。糟朽部位修复完毕后，按照原来的折痕，将中缝复原。从下摆缝线开裂处可观察到，下摆里子折进 2.4cm，面折进 2.1cm 缝合，缝合线有两条，外侧缝线针脚 0.3cm，针距 0.3cm，里侧缝线为针脚 0.4cm，针距 0.4cm，所用线均为黄色弱捻丝线，糟朽部位修复完毕后，对染色丝线进行加捻，按照原针脚、针距以及留下的针孔，对拆除缝线复原。

领口下方后背里子糟朽更加严重，已成条状，中缝的缝线大部分已经漏出，仅有少部分起到固定支撑作用，使用和下摆同样的方法进行加固修复（图一六）。不同的是里子缺失较多，在进行全衬修复时衬布沿领口边沿预留出一部分，领口复原时再将多余的剪去。

（a）修复前 　　　　　　　　　　　　　　（b）修复后

图一六　后背里子糟朽修复前后对比

（3）领部复原

里衬修复完毕后复原领部。将里衬整理平整，确定里子与面正确的相对位置后，沿着领口用细线固定几针将两层临时固定。领子对折找到中点，将中点和后背的中点简单固定，左右两端按原针孔简单固定。将后背面料、里子、领子折边三层先缝合在一起，针脚 0.2~0.5cm，针距 0.7cm，缝合完毕后，把领子折过来，紧贴里子，针脚 0.2cm，针距 3.2cm 缝合，使用缝线均为黄色无捻丝线。复原后将临时固定缝线拆除。

（4）开线部位缝合

开线是由于使用过程中机械作用所致，袍服全身多处缝线开裂，长度在 2.5~8.5cm 不等，如不修复在以后的展出和使用过程中开线会越变越大。修复时根据开线部位附近原缝线的针脚、针距等工艺进行复原。

4. 平整

袍服掉色，整形时不能用喷壶进行大面积的喷水润湿。对于一些较大的褶皱，用半干的潮布对褶皱进行轻轻的拍打，润湿后用重物压平使其平整。平整完毕后对袍服进行测量和拍摄，

图一七　修复后正面　　　　　　　　　　　　图一八　修复后背面

修复后照片见图一七、图一八。

六　结语

经过整体、科学的观察和分析，此件袍服为交领左衽，有里衬为双层，保存状况不良，全身褪色现象明显，里衬残缺、破裂严重。面料和里料均为桑蚕丝纤维，面料织团窠双联珠对龙纹和四出菱形瑞花纹，里料织菱形纹，均为平纹地，斜纹花。通过清洗、加固和平整等修复步骤，恢复了服饰的本来面貌。虽然此件袍服不是出土文物，没有明确的年代记载，但依然可以为研究辽代丝绸业的生产技术水平、服饰形制、纹样等提供一定的参考。

致谢：此件文物在中国社科院考古研究所王亚蓉老师的指导下完成，感谢王亚蓉老师在修复过程中的悉心指导，感谢首都博物馆纺织品修复组各位老师的无私帮助，在此深表感谢！

参考文献：

[1] 包铭新、李甍：《中国北方古代少数民族服饰研究3：契丹卷》，东华大学出版社，2013年，第99页。

[2] 孙建华：《内蒙古辽代壁画》，文物出版社，2009年，第253页。

[3] 赵丰、其木格、葛丽敏等：《内蒙古兴安盟代钦塔拉辽墓出土丝绸服饰》，《文物》，2002年第4期，

第 55—68 页。

[4] 吴山：《中国历代服装、染织、刺绣辞典》，江苏美术出版社，2011 年，第 313 页。

[5] 黄能馥、陈娟娟：《中国历代装饰纹样大典》，中国旅游出版社，1995 年，第 189 页。

[6] 王未想：《内蒙古巴林左旗滴水壶辽代壁画墓》，《考古》，1999 年第 8 期，第 53—58 页。

三尊宋代石刻的病害调研及清洗保护

晏德付　王　瑛

内容提要：中国国家博物馆二楼公共空间展出了数十尊四川地区宋代石室墓出土的石刻精品，具有较高的历史和艺术价值。由于长期未进行保护处理，部分石刻表面有严重的泥垢、粉尘沉积和白斑，影响文物稳定性和展陈效果，急需处理。为保护好这批文物，选取三尊代表性的石刻，进行保存环境、现状和病害调研分析及清洗保护实验。对展柜内微环境进行部分空气污染物检测和温湿度监测。将石刻表面白色颗粒物取样，采用三维视频显微镜、扫描电镜结合能谱、拉曼光谱、X射线衍射等多种技术分析，确定污染物为石膏。结合分析结果，根据现场条件选择纯净水物理清洗法清洗污染物。使用便携式数码显微镜及色差仪对清洗效果进行评价，结果显示清洗效果较为明显。这项工作为后续馆藏石质文物的保护积累了经验。

关键词：宋墓石刻　石膏　清洗　效果评价

2002年，中国国家博物馆在四川地区征集了大量宋墓出土的石刻文物，目前选取其中数十尊精品陈列于博物馆二楼公共空间。这批石刻内容题材丰富，以开芳宴为中心，辅以伎乐、梳妆、出行、武士、四神、妇人启门等，展现墓主人的日常生活。主要人物采用减地浮雕的形式雕刻在长方形的石板上[1]，雕工精细，人物形象栩栩如生。从中不仅能看到宋代社会有血有肉、有喜怒有哀乐的人物形象，更能感受到雕塑家精湛的技艺。这些浮雕精品是研究同类宋墓与宋代社会史的珍贵资料，具有较高的历史和艺术价值。

由于自然和人为等各种因素的影响，这批石质文物产生了不同程度的病害，征集入藏后未能进行系统有效的保护处理，石刻表面有严重的泥垢、粉尘和白斑污染，影响文物稳定性和展陈效果。为更好地保护这批石质文物，选择其中三尊病害较为典型的石刻进行调研分析及表面清理工作，为后续馆藏石质文物的保护积累经验。

一　价值评估

1. 历史价值

四川宋墓的发掘始于抗战时期中国营造学社对南溪李庄宋墓的发掘。新中国成立以来四川地区大量宋墓被发现和挖掘，特别是 20 世纪八九十年代以来，基建展开，发掘数量不断增多。四川宋墓以砖室墓和石室墓为主 [2]。前者集中在成都平原，如彭州、南充等地均有发现，有单室、双室、三室，墓室平面以长方形为主，随葬品以武士俑、侍婢俑和神煞俑等陶俑为主。后者分布在靠近山区的广元、昭化、绵阳、大足、泸州、宜宾、金堂、彭山等地，基本采用石料建成，墓室也有单室、双室、三室排列的情况，墓顶结构较砖室墓复杂，有券顶、平顶、藻井顶之分，且墓室内部建筑的特点多为仿木结构，多有壁龛，在龛内或者墓室内多雕刻有动植物、伎乐、武士等图案。

石室墓内的石刻内容题材极为丰富，近门处雕刻武士，四壁雕刻四神，后壁雕刻"妇人启门"，墓室内的主题雕刻则是墓主的夫妇"开芳宴"场景。石刻包括武士、男侍、女侍、乐人、舞者等各种人物，青龙、白虎、朱雀、玄武"四灵"，鹿、鹤、狮子等瑞兽珍禽，荷花、牡丹、灵芝等祥瑞植物，以及建筑斗拱、门窗等图像。内容题材大多取自世俗生活。扶幔侍女、提椅男侍、夫妻对坐、妇女启门、乐舞表演等在这些石刻中占据了较大的比例。

这批石刻作为当时历史的产物，反映了宋代四川地区的社会经济、民风民俗、工艺技术水平以及丧葬文化面貌，是不可再生、不可复制的宝贵实物资料，为研究宋史以及宋代建筑、生活、音乐舞蹈、服饰、习俗、经济等提供了丰富的实物例证。

2. 艺术价值

这批石刻主题鲜明、雕刻精美、类型多样，是不可多得的艺术珍品。雕刻技术精湛，主要采用了高浮雕、浅浮雕、阴线刻和镂空雕等工艺手法。构图上极为讲究，既有明确的主题，又注重和周围环境的配合统一，以静的石刻为载体通过构图的精心设置来表现一种动势。

石刻数量众多、内容丰富、技法高超，极富艺术魅力和强烈的艺术感染力，体现了宋代四川地区的艺术水平，其丰富的雕刻内容和技法对研究中国石刻艺术史和中国美术史，尤其是研究四川地区石刻艺术的历史传承具有重要作用。

二 保存状况、环境监测与病害调研分析

1. 本体现状

为保护好这批珍贵的石刻文物，选取其中比较有代表性的负篓男侍、捧奁侍女、伎乐三尊石刻作为此次调研分析和清洗实验的样本。

由于未能对石刻基体取样，无法鉴定基体材质，但根据现场观察，以及四川地区出土宋墓石刻的研究资料 [3—4]，这批石刻应为当地较常见的砂岩制作而成。

负篓男侍石刻（图一）：侍者头裹巾，着圆领窄袖衫、宽腿裤。肩负篓，露出藤条的叶子。人物通体布满深灰色灰尘，身体左侧区域分布白斑，尤其左脸部位，白色污染物较明显，表面

图一　负篓男侍石刻　　　　　　图二　捧奁侍女石刻　　　　　　图三　伎乐石刻

岩石颗粒疏松易脱落。

捧奁侍女石刻（图二）：侍女头梳球形髻，下着及脚长裙，外着窄袖背子，罩半臂上衣，双襟微敞。左臂环抱一奁，右手虚于袖内托住奁底部。奁外壁为瓜棱状，呈菱花形，结构为套盒式的多层组合，构思奇巧。石刻通体布满泥垢及灰尘，脸部及身体右侧区域分布大面积白色污染物，表面岩石颗粒疏松易脱落。

伎乐石刻（图三）：乐女梳高髻，髻上编髻饰，方额，身着圆领宽袖长袍，露出内衣衣领，腰际系带，足登尖鞋，左臂环抱一扁鼓，右手举槌欲击。人物通体布满深灰色污染物及泥垢，身体下侧尤其严重，头部及上身区域分布有白色污染物，表面颗粒疏松易脱落，手持扁鼓开裂。

2. 柜内部分空气污染物检测

目前这批石刻置于玻璃展柜内，常年展陈于博物馆二楼公共空间，展柜内空气污染物和温湿度及其变化对文物长期保存有重大影响。利用 PPM-400 ST 型便携式甲醛测定仪和 PPB RAE3000 型便携式挥发性有机化合物（VOCs）检测仪对展柜及开放空间空气污染物进行检测。

甲醛测定仪的分辨率为 0.001mg/m³，VOCs 检测仪分辨率为 1μg/m³，精度 ±3%。检测方法：将检测仪器置于展柜内，迅速关闭展柜，待数值稳定后记录。同时也检测开放空间的污染物浓度。检测结果见表一。

表一　展柜及开放空间污染物浓度

检测位置	VOCs（μg/m³）	甲醛（mg/m³）
负篓男侍石刻展柜内	828	0.060
捧奁侍女石刻展柜内	775	0.046
伎乐石刻展柜内	719	0.048
展柜外开放空间	78	0.009

数据显示，展柜外开放空间和展柜内的污染物浓度有较大差异。展柜内的 VOCs 及甲醛含量均数倍于展柜外，同时在打开展柜一瞬间也明显闻到强烈的刺激性气味，这种现象可能源于展柜材料污染物的不断挥发。根据《文物展柜基本技术要求及检测》（GB/T 36111—2018）（表二）[5]，展柜内外的甲醛含量及开放空间的 VOCs 含量均达到国家标准，展柜内的 VOCs 含量则超出标准值。当然此标准更多是针对人的影响，超标的 VOCs 对文物的影响及其与文物病害之间的关系尚待深入研究。

表二　文物展柜内污染气体限值 [5]

污染气体	日平均浓度限值（μg/m³）
甲醛（HCHO）	100
甲酸（HCOOH）	100
乙酸（CH₃COOH）	250
挥发性有机化合物（VOCs）	600

3. 温湿度监测

采用温湿度无线采集记录仪对展柜内外的温湿度变化进行监测。监测时间：2019 年 8 月 26 日至 2019 年 10 月 22 日；监测仪器型号：HUATO S380-WS 无线数字数显温湿度计。因为三个展柜环境的温湿度变化较为相近，选取捧奁侍女展柜的监测结果进行分析（图四）。通过连续两个月的环境监测，发现温度较为稳定，基本维持在 23℃左右，略有波动。相对湿度的波动略大，最高可达 56.3%，最低 45% 左右，平均相对湿度在 50%，原因可能是展柜的密封性不足，其内部温湿度会随着外界开放环境的温湿度变化而起伏。但由于展柜的阻隔，温湿度尤其是湿度的变化幅度要明显小于开放空间环境（图五），因此展柜对文物保存微环境的控制还是有效

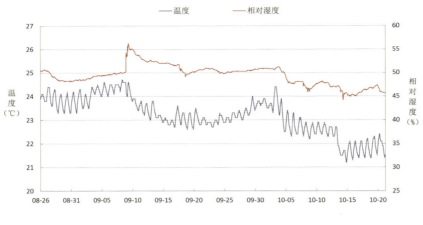

图四　捧奁侍女展柜温湿度监测

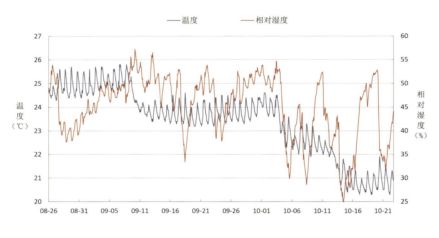

图五　开放空间温湿度监测

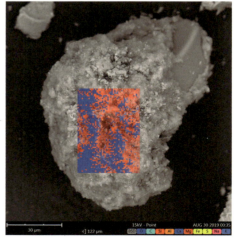

图六　石刻表面白斑样品显微观察（300×）　　图七　石刻表面壳状物扫描电镜结合能谱分析

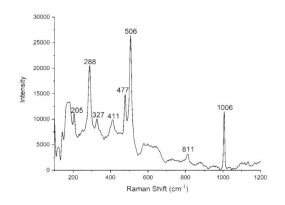
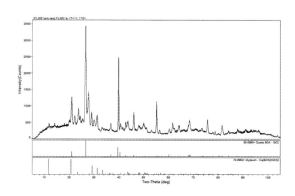

图八　石刻表面白斑样品拉曼谱图　　　　　　　图九　石刻表面白斑样品 XRD 谱图

的。自然界中对石质文物最具破坏性的就是水。石质文物的各种破坏形式，包括化学风化、物理风化和生物风化，都和水密切相关[6]。室内环境中湿度变化可使岩石内可溶盐反复溶解—结晶，导致石材外部脱落，内部结构破坏膨胀崩裂。这往往是造成馆藏石刻损坏的根本原因[7]。因此石质文物放在密闭的展柜中可以有效减缓外界环境温湿度的大幅波动带来的危害。

4. 白色污染物分析

选取的三尊石刻表面均分布大量白斑，刮取少量白色颗粒物进行多种检测分析，以确定污染物类型，为后续保护处理提供依据。

（1）显微观察

将样品放在视频显微镜下观察微观形貌，视频显微镜型号：Zeiss Smartzoom 5。放大 300 倍后发现在岩石颗粒表面附着有白色絮状物质，形似结晶盐（图六）。

（2）扫描电镜及能谱分析（SEM-EDS）

利用扫描电镜结合能谱仪对样品进行形貌和元素成分分析。扫描电镜型号：Phemon XL 台式扫描电镜。实验条件：加速电压 15kV，低真空模式，电子束流 point。扫描电镜下明显可见岩石颗粒外包裹一层壳状物，能谱分析结果显示壳状物质的钙和氧元素含量较高（图七），含有一定量的硫元素。

（3）拉曼光谱分析

采用拉曼光谱对样品进行物相分析。检测仪器：英国 Renishaw inVia 拉曼光谱仪。测试条件为：激光器 785nm，激光能量 10%，曝光时间 10s，累计次数 2 次。结果见图八。

根据文献记载，石膏有 6 个特征峰[8]：分别是 414.10、492.99、619.40、671.11、1 008.35 和 1 135.56cm^{-1}，其中 [SO$_4$] 基团对称伸缩振动（1 008.35cm^{-1}）有着较强的拉曼散射强度，为其特征峰。对比检测结果，样品在 1 008.35cm^{-1} 附近有较强的散射强度，其他峰值也基本吻合，表明白色物质为硫酸钙（CaSO$_4$·2H$_2$O），也就是俗称的石膏。同时样品还检测出钠长石（NaAlSi$_3$O$_8$）的特征峰。

（4）X 射线衍射分析（XRD）

为了验证拉曼光谱分析结果，对样品进行了 X 射线衍射分析。检测仪器：日本理学 D/max-rB X 射线衍射仪。实验条件：铜靶，管电压 40kV，管电流 100mA，2θ 扫描 10°~70°，分析结果见图九。对衍射谱图解析后发现，样品含有石膏成分，与拉曼光谱分析结果相互印证。

（5）结果分析

通过以上检测分析可确定白色污染物是石膏。石膏是石质文物中比较常见的污染物，其形成主要有两个原因：一是地下水中含有的盐类物质通过毛细作用渗透进岩石孔隙中，富集于表面，形成白色的石膏层；二是酸性空气污染物中的 SO_2 与地下水或石刻文物内部的 Ca^{2+} 反应生成石膏[9]。

这种表面生成的硫酸钙并不稳定，伴随着外界环境的温湿度变化长期反复溶解结晶，使石刻表面逐渐酥粉、剥蚀。同时，自然条件下，石膏（$CaSO_4 \cdot 2H_2O$）和硬石膏（$CaSO_4$）之间可以相互转化。石膏在升温或干燥时失水转化成硬石膏，体积缩小，低温潮湿时硬石膏吸水转化成石膏，体积增大并产生膨胀压力，这种循环反复最终会加剧石刻表面的风化[10]。此外，生成的石膏壳与原来岩石性质不一致，内部湿气要向表面运动，潮湿水汽被外层硫酸钙阻挡而不能自由流通，这层壳最终也会在内部湿气向外运动作用力的影响下脱落，导致石刻表面粉化、脱落。因此石膏污染物对石刻长期保存是一种潜在的危害，同时白色的结晶物也严重影响文物外观，需要对其进行清理。

三 现场清洗实验

1. 石质文物表面清洗技术

石质文物表面污染物清洗技术一般可分为常规清洗和特种清洗两类[11]。常规清洗包括吸附脱盐、化学清洗以及各种只需小型工具就能完成的清洗技术。特种清洗主要指需要借助特殊设备的清洗技术，如蒸汽喷射清洗、粒子喷射清洗、激光清洗等。此外，从方法上也可分为化学清洗和物理清洗；从状态上可分为湿法清洗和干法清洗；从介质上可分为水清洗、化学清洗、粒子清洗和激光清洗等等。具体使用哪种清洗工艺要因具体情况而定。

此次清洗的主要目的是去除石刻表面的粉尘沉积及白色石膏污染物。清洗要考虑以下原则[12]：不能残留有害物质；不能在石刻表面及内部产生可溶盐；清洗速度可控。

根据此原则，同时结合现场施工情况，制订了除尘—脱盐—清洗保护工艺路线。由于操作在展柜内进行，无法利用特种工具进行清洗，因此选择常规清洗的方式。清洗试剂使用纯净水，避免有害化学物质残留。鉴于部分宋墓石刻表面施加有彩绘颜料[13]，因此清洗前，需对石刻表面仔细观察，确保在无彩绘颜料区域进行清洗。

2. 清洗实验

除尘：先用软毛刷将表面粉尘轻轻刷净。然后用吸尘器吸附岩石孔隙内附着的粉尘，调节吸力大小至合适的力度，配合吸尘器上自带的软毛刷，边刷边吸。操作过程中需把握好力度，减少岩石颗粒的脱落。

脱盐：先进行了小面积的脱盐实验。首先尝试用纸浆贴敷法，纸浆溶剂为纯净水。将制作好的纸浆贴敷于石膏斑点表面，一段时间后轻轻揭取。实验发现纸浆贴敷的方式虽可以达到去除石膏斑的目的，但是由于展厅环境限制，空气流通速度较慢，纸浆未能完全干燥，揭取时粘有岩石颗粒，大面积使用此方法可能会对文物造成损伤。根据现场情况，改用软质牙刷蘸取纯净水对白色石膏结垢物进行轻轻刷除。处理前先将石膏斑进行预湿，这样可以提高脱盐效率，减少石材颗粒脱落。

清洗：用软毛刷及毛巾蘸纯净水对粉尘堆积严重的石刻表面整体进行清洗，去除附着的粉尘、泥垢及脱落的颗粒残渣，使整体色调看起来统一，最后用吹风机吹干。

3. 清洗效果评测

处理后的石刻整体外观较处理前有较大改善，颜色较深的粉尘及泥垢被清理，白色结晶盐被去除，露出石材原有色泽。但肉眼观察有着较大的主观性，为了准确评价清洗效果，需要使用科技手段来检验和判定清洗前后文物外观的变化，以避免不确定因素和人为因素的干扰[14]。

（1）便携式数码显微镜观察

采用便携式数码显微镜（Scalar DG-3）对脱盐前后文物细部进行影像信息记录。显微影像对比发现，白色的石膏斑去除效果明显（图一○、图一一）。

（2）色差分析

采用KONICA MINOLTA CM-25cG型分光测色计对清洗前后的白色污染区域进行色差测试，选择 $L^*a^*b^*$ 色空间，色差评定采用 CIE 1976（$L^*a^*b^*$）色差公式。测试时，每尊石刻随机选择3~5处白斑点进行检测，取平均值，结果见表三。

图一○　脱盐前显微照片　　　　　　图一一　脱盐后显微照片

色差公式：$\Delta E^* = [(\Delta L^*)^2 + (\Delta a^*)^2 + (\Delta b^*)^2]^{1/2}$

式中：ΔE^* 为色差值；ΔL^* 为明度差；Δa^* 为红绿差；Δb^* 为黄蓝差

表三　清洗前后颜色变化

检测位置	L^*（清洗前）	a^*（清洗前）	b^*（清洗前）	L^*（清洗后）	a^*（清洗后）	b^*（清洗后）	ΔE^*
负篓男侍石刻	62.53	2.96	11.81	57.96	3.27	11.84	4.58
捧奁侍女石刻	60.82	3.41	12.1	56.6	4.45	12.91	4.41
伎乐石刻	64.76	5.07	12.89	59.45	5.48	13	5.33

表中可以看出，清洗前后的色差值均大于 3，视觉差异效果明显。其中明度值普遍下降，表明石刻在去除白斑后较之前变暗，恢复石材本体原有颜色。色差数据分析结果显示清洗效果较明显。

四　总结

鉴于中国国家博物馆藏宋代石刻存在的污染病害严重影响展陈效果，选取三尊代表性石刻进行病害调研及清洗实验。玻璃展柜内的有机挥发物含量超标，但封闭展柜抵御外界温湿度变化的效果较明显。多种分析检测表明石刻表面的白斑为石膏，对文物长期保存有潜在危害。最后，以纯净水为溶剂，以物理清洗手段对污染物进行清洗，显微成像及色差分析表明清洗效果较明显。此次宋代石刻的清洗保护实验为后续馆藏石质文物的保护积累了经验。但由于种种原因，也存在不足之处。

1. 检测分析

本次因取样限制没有对石刻基体进行材质鉴定，后续可考虑完善。环境检测项目不够完善，在条件允许的情况下可开展二氧化氮、二氧化硫、氨气、二氧化碳、紫外线等项目的检测分析[15]，延长温湿度的监测时间。缺少对石刻表面可溶性盐离子的测定从而缺乏石刻盐害状况的综合评估。未对石刻表面风化程度进行分析，可增加划痕强度、回弹强度、超声波速度性能、表面渗水率等检测项目，综合评估石材风化程度及整体健康状态。

2. 病害成因及预防性保护措施

石膏的形成原因只根据文献做了适当的推测，但其具体的形成原因还需要进一步的调查研究。尤其是保存环境对石膏污染物的影响，需综合对比埋藏地、库房、展厅等不同环境下的病害程度进行分析。文物的预防性保护需要加强，应提出改善文物保存环境的有效措施，后期还需持续对处理过的石刻进行观察监测，尤其是否有新污染物的生成。

3. 清洗工艺

此次因施工环境的局限性，选择物理清洗方式。但这种方法只能减少表面污垢，并不能完全清除。同时操作过程中，难以避免地造成一些岩石颗粒脱落。因此后续处理时可考虑更为安全有效的方式，如清洗前的表面预加固，或者尝试采用现阶段比较受国际文物保护工作者推崇、没有化学药品污染和遗留潜在危害的激光清洗技术[16]。

致谢：感谢文保院韩英、杨琴、张然、柳敏几位老师在环境检测及样品分析方面给予的支持和帮助。

参考文献：

[1] 乐日乐、杨清越：《平凡的精致——中国国家博物馆宋代石刻艺术展》，《收藏家》，2015 年第 10 期，第 55—58 页。

[2] 代文迪：《四川宋墓研究》，兰州大学硕士学位论文，2017 年，第 8 页。

[3] 吕章申：《宋代石刻艺术》，北京时代华文书局，2014 年，第 3 页。

[4] 霍巍：《泸州宋墓的时代风格》，泸州市博物馆编：《泸州市博物馆藏宋墓石刻精品》，中华书局，2016 年，第 203 页。

[5] GB/T 36111—2018，《文物展柜基本技术要求及检测》，中国标准出版社，2018 年。

[6] 中国文化遗产研究院：《中国文物保护与修复技术》，科学出版社，2009 年，第 473—475 页。

[7] 蔡润：《馆藏石雕刻的保存保护》，《中国博物馆》，1987 年第 2 期，第 58—63 页。

[8] Sarma L P, Prasad P S R, Ravikumar N. Raman spectroscopic study of phase transitions in natural gypsum. *Journal of Raman Spectroscopy*, 1998, 29(9): 851—856.

[9] Pikryl R, Smith B J. *Building Stone Decay: From Diagnosis to Conservation*. London: The Geological Society of London, 2007: 96—97.

[10] 纪娟、王永进、马涛等：《茂陵石刻表面污染物和可溶盐的分析研究》，《文物保护与考古科学》，2020 年第 2 期，第 22—28 页。

[11] 张秉坚、铁景沪：《大型石质文物表面清洗技术的现状和发展趋势》，《石材》，2007 年第 11 期，第 19—22 页。

[12] 李军、杨隽永、杨毅等：《浡泥国王墓神道石刻及碑刻病害检测与保护》，《石材》，2017 年第 6 期，第 24—26 页、第 28 页。

[13] 四川省文物考古研究所、成都市文物考古研究所、泸州市博物馆等：《泸县宋墓》，文物出版社，2004 年，第 179 页。

[14] 周华、高峰、王扬等：《云冈石窟石质文物表面污染物清洗效果检测技术实验》，《文物保护与考古科学》，2013 年第 1 期，第 15—23 页。

[15] 周文静、潘辰、连宾：《环境污染加剧石质文物风化：机理、过程及防护措施》，《地球与环境》，2013 年第 4 期，第 451—459 页。

[16] 翁昕、张秉坚：《国内外石质文物清洗技术研究与应用状况——基于中文和英文数据库 20 年来期刊论文定量分析的综述》，《中国文化遗产》，2018 年第 4 期，第 19—26 页。

馆藏满工四环凹盖三层大蒸锅清洗保护与材质分析

张　然　赵作勇　王永生

内容提要：对中国国家博物馆征集的一件新疆维吾尔族民俗铜器满工四环凹盖三层大蒸锅进行了清洗保护处理，使用 $NaHCO_3$ 溶液浸泡结合机械方法对其表面和内部油渍等污物进行了清理，使其表面恢复金属光泽，并采用便携式荧光光谱仪（pXRF）对其各部位金属成分进行了无损分析，揭示了部分材质和制作工艺，确认其基体包含红铜和黄铜两种材质，并在部分部位进行了镀锡处理。

关键词：维吾尔族　铜器　文物保护　去油　制作工艺　镀锡

一　引言

2008 年 7 月，中国国家博物馆得到有关新疆民俗文物征集的信息。馆领导、征集人员和文物专家迅速赶往新疆，经过不懈努力，将一批新疆民俗文物征集收藏到馆。[1]2016 年，为配合展览、图录出版等工作，中国国家博物馆文保院对其中部分文物进行了清洗保护处理。本件满工四环凹盖三层大蒸锅内外均有大量油渍、水垢、食物残渣等污物，表面纹饰亦被浅层锈蚀覆盖，显著影响文物历史、艺术、科学价值的呈现。笔者对其进行了清洗，并对金属成分进行了分析检测，揭示了部分材质类型和制作工艺。

二　文物信息

本件满工四环凹盖三层大蒸锅为征集来的新疆民俗文物，通高 40cm，口沿直径 48cm，铜质，年代为清代，未定级。蒸锅由锅身、锅盖和三层箅子共 5 个部件组成。各部件信息见表一。蒸锅为蒸煮食物所用，有明显使用痕迹：锅底经火烤，内壁和各层箅子表面有大量油渍、内壁底部堆积水碱和食物残渣。

三　保存环境与病害描述

蒸锅在征集前的保存环境无法考证，征集后保存于中国国家博物馆大兴库区库房。库区建

表一 满工四环凹盖三层大蒸锅各部件信息

编号	部件	描述
M108/5-1	锅身	外壁红铜色，通体刻花纹，部分花纹呈黑色，寰底；两侧各铆接一金黄色垫片，垫片上带环，环上挂金黄色耳；内壁银白色
M108/5-2	锅盖	外壁通体刻花纹，盖顶外圈红铜色，内圈金黄色，呈凹形；两侧各铆接一金黄色垫片，垫片上带环，环上挂金黄色耳；内壁银白色
M108/5-3	箅子（下层）	形似蒸笼，具有一定深度，中央铆接红铜色提手，外圈平均分布8组孔洞，其中4组每组由4个柳叶状孔洞呈十字形排列，另4组每组由2个柳叶状孔洞呈直线型排列，孔洞沿线指向中心；上表面和内侧壁以银白色为主，下表面和外侧壁红铜色、金黄色、银白色间杂
M108/5-4	箅子（中层）	平面圆形，中央铆接金黄色提手，外圈孔洞形状、分布同上；上表面红铜色、银白色间杂，下表面红铜色、金黄色间杂
M108/5-5	箅子（上层）	平面圆形，中央铆接金黄色提手，外圈孔洞形状、分布同上；上表面以银白色为主，下表面外圈红铜色，内圈金黄色

于村落内，为简易房建筑，无恒温恒湿设备。库房内环境与室外地域环境保持一致，温湿度随室外环境温湿度变化而变化。库房照明为自然光与灯光结合。

蒸锅器身完整，外壁有浅层的绿色锈蚀，锅盖及锅身内外壁、每层箅子表面都有大量黑色油渍，与表面结合比较紧密。锅底部外壁被火烤过，呈黑色。内壁底部堆积大量白色水碱和食物残渣。

四 主要保护处理过程

1. 仪器设备和工具材料

仪器：便携式 X 射线荧光能谱仪（Bruker S1 Titan 600 型）、台秤等；

设备：烘箱等；

工具：百洁布、塑料刷、橡胶手套、手术刀、直尺、卷尺等；

材料：碳酸氢钠（$NaHCO_3$）、纯净水等。

2. 方法和原理

蒸锅器型完整、仅有浅层锈蚀，但其内外壁有大量油渍、水碱和食物残渣，遮盖了纹饰和金属表面，严重影响其艺术价值和展览效果，也影响对金属成分的分析和制作工艺的判断。因此对蒸锅的保护处理主要是去除油渍，同时去除浮锈。由于油渍和表面结合比较牢固，仅使用机械方法不仅费时费力，而且如果使用锋利的工具容易造成划痕，因此结合 $NaHCO_3$ 浸泡法对其进行处理。NaHCO₃溶液具有弱碱性：

$$NaHCO_3 + H_2O \rightleftharpoons NaOH + H_2CO_3$$

油渍（脂肪）的主要成分是甘油三酯，在碱性溶液中会发生皂化反应：

$$
\begin{array}{l}
CH_2OCOR \\
| \\
CHOCOR \quad + \quad 3NaOH \quad \longrightarrow \\
| \\
CH_2OCOR
\end{array}
\qquad
\begin{array}{l}
CH_2OH \\
| \\
CHOH \quad + \quad 3RCOONa \\
| \\
CH_2OH
\end{array}
$$

反应生成的甘油和脂肪酸钠能溶于水，使油渍与器物表面的结合力显著减低，结合机械方法易于去除。

3. 操作过程

用纯净水配制约 2.5% 的 NaHCO₃ 溶液。将蒸锅各部件浸泡在其中，一段时间后取出。经过浸泡，表面油渍变软，部分油渍已自然脱落（图一、图二），其余油渍先使用百洁布或塑料刷

图一　使用 NaHCO₃ 溶液浸泡蒸锅　　　　图二　浸泡一段时间后，大量油渍脱落

图三　蒸锅处理前　　　　　　　　　　图四　蒸锅处理后

尝试擦除，局部与表面结合比较牢固的油渍使用手术刀刮下，这一过程要格外小心，避免用力过度产生划痕。浸泡与擦拭交替进行，直至将大部分油渍清理干净。这一过程同时也将外壁浮锈清除，但底部黑色火烤痕迹仍予以保留。用纯净水浸泡蒸锅各部件洗去残余的 NaHCO$_3$，随后放入烘箱中，设置温度 50℃，时间 60min，将其烘干。

蒸锅及各部件保护处理前后照片见图三至图二六。

图五　各部件处理前

图六　各部件处理后

图七　锅底内壁处理前（水碱痕迹）

图八　锅底内壁处理后

图九　锅底外壁处理前

图一〇　锅底外壁处理后

图一一　锅盖（5-2）外壁处理前

图一二　锅盖（5-2）外壁处理后

图一三　锅盖（5-2）内壁处理前

图一四　锅盖（5-3）内壁处理后

图一五　下层箅子（5-3）上表面处理前

图一六　下层箅子（5-3）上表面处理后

图一七　下层箅子（5-3）下表面处理前

图一八　下层箅子（5-3）下表面处理后

图一九　中层箅子（5-4）上表面处理前

图二○　中层箅子（5-4）上表面处理后

图二一　中层箅子（5-4）下表面处理前

图二二　中层箅子（5-4）下表面处理后

图二三　上层箅子（5-5）上表面处理前

图二四　上层箅子（5-5）上表面处理后

图二五　上层箅子（5-5）下表面处理前

图二六　上层箅子（5-5）下表面处理后

五　分析检测

通过观察可知，蒸锅制作中使用了多种金属材质，具体可分为：红色、金黄色、银白色三种。为确认金属种类并进一步探讨制作工艺，对蒸锅表面金属成分进行了无损分析检测。为避免表面油渍等污染物对测量的干扰，分析检测在清洗保护后进行。检测使用 Bruker S1 Titan 600 型便携式 X 射线荧光光谱仪。检测条件为：X 光管：Rh 靶，最大电压 50kV，最大电流 200μA；探测器：防扎 Fast SDD 探测器，计数率 250kcps，分辨率 145eV；模式：合金；方法：铜合金 + 轻元素；时间：30s。检测结果见表二。

表二　蒸锅合金成分分析结果

检测部位	颜色	检测结果（%，部分微量元素未列出）						材质
		Cu	Zn	Sn	Pb	Si	P	
锅盖外壁中心	金黄色	66.0	31.5	—	—	1.42	—	黄铜
锅盖外壁外圈	红色	91.8	1.90	—	—	4.30	—	红铜
锅盖垫片	金黄色	66.8	31.7	—	—	0.67	—	黄铜
锅盖环	金黄色	63.1	36.2	—	—	0.32	—	黄铜
锅盖内壁中心	银白色	58.8	31.3	4.48	3.45	0.56	—	黄铜镀锡
锅盖内壁外圈	银白色	59.1	2.70	19.7	15.1	—	0.27	红铜镀锡
上层箅子上表面中心	银白色	53.5	29.5	8.63	6.77	0.28	—	黄铜镀锡
上层箅子上表面中心	金黄色	60.8	31.3	4.32	2.82	—	—	黄铜
上层箅子上表面外圈	银白色	53.9	3.22	24.8	15.7	—	—	红铜镀锡
上层箅子上表面外圈	红色	93.2	1.44	2.52	2.09	0.25	—	红铜
上层箅子提手	金黄色	65.0	33.9	—	—	0.58	—	黄铜
上层箅子下表面中心	金黄色	66.5	32.4	—	—	0.56	—	黄铜
上层箅子下表面外圈	红色	99.6	—	—	—	0.17	—	红铜
上层箅子铆钉	红色	99.2	—	—	—	0.48	—	红铜
中层箅子上表面中心	银白色	53.6	4.57	22.6	15.1	—	0.37	红铜镀锡
中层箅子上表面中心	红色	98.2	0.25	0.42	0.29	0.42	—	红铜
中层箅子上表面外圈	银白色	50.8	0.94	30.2	14.8	—	0.38	红铜镀锡
中层箅子上表面外圈	红色	93.8	0.42	2.81	2.17	0.13	—	红铜
中层箅子提手	金黄色	66.5	33.0	—	—	0.23	—	黄铜
中层箅子下表面中心	红色	98.8	—	—	0.13	0.61	—	红铜
中层箅子下表面外圈	红色	98.4	0.12	—	0.42	0.58	—	红铜

检测部位	颜色	检测结果（%，部分微量元素未列出）						材质
		Cu	Zn	Sn	Pb	Si	P	
中层箅子下表面接缝	金黄色	82.1	15.6	0.14	0.17	0.44	—	黄铜
中层箅子下表面外圈	金黄色	67.7	25.8	0.53	0.41	2.55	—	黄铜
中层箅子铆钉	红色	95.0	—	—	0.07	3.40	—	红铜
下层箅子上表面中心	银白色	67.5	30.2	1.49	0.33	0.23	—	黄铜镀锡
下层箅子上表面中心	金黄色	68.2	29.9	1.00	0.22	0.19	—	黄铜
下层箅子上表面外圈	银白色	63.5	24.8	8.18	2.45	0.17	—	黄铜镀锡
下层箅子上表面侧壁	银白色	59.7	25.6	7.42	5.97	—	—	黄铜镀锡
下层箅子提手	红色	99.6	—	—	—	0.22	—	红铜
下层箅子下表面中心	金黄色	69.5	29.9	—	—	0.23	—	黄铜
下层箅子下表面	金黄色	63.1	35.3	0.33	0.22	0.30	—	黄铜
下层箅子下表面	银白色	74.9	20.8	3.11	0.30	0.45	—	黄铜镀锡
下层箅子下表面	红色	96.4	0.28	—	—	2.33	0.15	红铜
下层箅子下表面侧壁	金黄色	70.0	29.1	—	—	0.18	—	黄铜
下层箅子下表面侧壁	红色	99.5	—	—	—	0.22	—	红铜
下层箅子下表面侧壁	银白色	71.8	23.2	3.75	0.82	0.17	—	黄铜镀锡
下层箅子铆钉	红色	98.2	0.24	—	—	1.01	—	红铜
锅身外壁中部	红色	95.2	—	—	—	3.23	—	红铜
锅身外壁垫片	金黄色	64.8	33.2	—	—	1.05	—	黄铜
锅身内壁侧壁	银白色	80.6	—	10.9	5.94	—	0.40	红铜镀锡
锅身内壁底部	黑色	51.2	27.7	4.72	3.53	1.45	9.98	黄铜
锅身内壁底部	土黄色	40.0	30.9	7.16	5.36	1.73	13.1	黄铜
锅身外壁底部	黑色	51.7	32.0	0.12	0.40	7.97	0.45	黄铜

根据合金分析结果，蒸锅多个部件的不同部位材质既有红铜，又有黄铜，部分部位进行了镀锡处理，总结见表三。

红铜部位铜（Cu）含量达到90%甚至99%以上，铜质较为纯净。黄铜部位锌（Zn）含量约为30%~35%，这种成分的黄铜兼具硬度和塑性，适于冷热加工。红铜、黄铜成分与现代工业产品较为接近，因此不能排除蒸锅为近现代制品的可能性。

镀锡部位基体既有红铜，又有黄铜，镀锡层中锡（Sn）、铅（Pb）含量都较高，可推测镀锡使用的材料是锡铅合金而不是纯锡。

表三　蒸锅各部位材质

材质	部位
红铜	锅身外壁、铆钉，锅盖外圈、铆钉，上层算子外圈、铆钉，中层算子大部分、铆钉，下层算子部分、提手、铆钉
黄铜	锅身底部、垫片、环，锅盖内圈、垫片、环，上层算子内圈、提手，中层算子小部分、提手，下层算子部分
镀锡	锅身内壁、锅盖内壁、每层算子上表面

六　材质与工艺讨论

本件蒸锅为典型新疆维吾尔族手工制铜器，当地人称"卡藏"[2]，具备鲜明的材质、工艺、造型、纹饰等特征。新疆地区具有产铜的优势，为炼铜和制铜提供了重要的物质基础，矿产业也成为维吾尔族经济发展中的主导产业。[3] 长期以来，经过维吾尔人不断辛勤劳动和创造，已形成了一套完整的、系统的、科学的工艺，能够制作各种复杂的铜器，其品种达数十种之多。[2] 维吾尔族铜器制作以南疆地区为中心，主要集中在喀什地区。当地有一批从事铜器制作的维吾尔族艺人，民间称他们为"米斯盖尔"，即铜匠。[4—5] 铜器的制作全部使用手工完成，通常要经过选料、剪裁、锻打成型、焊接、铆接、镂花雕刻、镀锡等多个工艺环节。

1. 选料

维吾尔族民间铜器工艺的原料是铜皮，主要分为红铜（纯铜）、黄铜（铜锌合金）两种，以红铜为主。红铜较软，有良好的延展性，易于制作，而黄铜较硬，用它制作复杂的器物相对就要难得多。[5]

蒸锅不同部位既有红铜，又有黄铜，对材质的使用兼顾了实用性与艺术性。锅身外壁、锅盖外圈等大面积曲面部位使用红铜。这些部位形状复杂，使用红铜易于加工；而锅盖内圈、锅底等平面以及垫片、环、算子提手等小零件部位则使用黄铜，这些部位形状相对简单或体积较小，降低了黄铜加工的难度；在使用过程中这些部位往往受力承重较多，使用硬度强度较大的黄铜更加适宜；同时黄铜与红铜配合使用使得蒸锅整体更加美观，具有较高的艺术价值。

2. 剪裁、成型与连接

原料选好后，工匠将铜皮按照器物的结构形状进行设计，用圆规和铁尺来划图，计算好尺寸，使用特制的大铁剪剪出需要的形状，使用铁锤、木锤轮番上阵锤敲锻打铜皮，将铜器的弧形、凸凹部分锻打成型。[2、5] 由于后续进行了镀锡、打磨抛光处理，使得蒸锅内外壁可观察到的锻打痕迹并不明显，但各层算子尤其是算子下表面仍可见到较为明显的锻打痕迹。

蒸锅的造型体积大、厚实、深底，整体外形线条形成向外扩张的弧线，给人圆润敦厚的感觉，这与维吾尔族的饮食文化有关，因为每天吃的拉面、抓饭、菜多带汤汁，需要体积大的炊具烹饪，锅底部的弧形保证了受火面积的最大化。[4] 蒸锅内部有大量油脂、水碱痕迹和食物残渣，锅底内壁磷含量较高，外壁有显著的火烤痕迹，整个底部呈黑色，说明蒸锅经过多次使用，且常用于蒸煮动物骨肉等含油、含磷的食物。

蒸锅的侧壁、侧壁与锅底、锅盖和各层箅子的红铜与黄铜部位间采用了焊接工艺进行连接。在焊接前将焊接部位边缘剪成齿状或敲打出齿状，与另一部位扣合，焊接后再进行锤敲、打磨抛光，使焊接处严丝合缝且不留痕迹，从而增加器物整体感。[2—5]

蒸锅锅身、锅盖与两侧垫片，各层箅子与提手的连接则采用了铆接的方式。铆钉材质为红铜。

3. 镂花雕刻

现代新疆民俗铜器上的图案和花纹采用手工镂刻或模具冲压两种方式制作。[2] 本件蒸锅的花纹图案虽有很多相似的重复单元，但并不整齐，重复单元图案间有一定差别，应为手工镂刻。其主要装饰风格特征为繁复与密不透风，这主要是受伊斯兰艺术影响。[4]

蒸锅的大部分纹饰为植物纹样，这也是维吾尔族铜器装饰使用最多的纹饰之一，与其生存、宗教、习俗有着密切联系。植物是维吾尔族人生存重要的饮食来源，也是黄沙戈壁干旱单调的生活环境中带来生命气息的重要元素，伊斯兰教反对偶像崇拜的教义也使植物装饰纹样繁荣发展。[6]

除植物纹外，蒸锅上还有几何纹、清真寺建筑纹、阿拉伯书法纹等。锅盖的中心部位为阿拉伯书法纹（图一二），这是伊斯兰装饰艺术中最独特、最珍贵的纹饰，也是新疆民间铜器装饰工艺的重要标志，阿拉伯书法纹饰线条舒展、洒脱、有序，在变化组合的过程中利用其字体优美的造型特征组成各种图案，颇具装饰性。[6]

4. 镀锡

蒸锅为做饭的容器，其锅盖、锅身内壁和三层箅子表面都经过了镀锡处理，其目的是防止生锈，也有利于健康。镀锡的过程一般是铜器的雏形已经成型，在炉子上加温达到锡能够熔化的温度，然后将锡均匀地涂抹在上面，冷却后再进行下一个工艺。[2]

蒸锅镀锡使用的材料是锡铅合金而非纯锡。韩汝玢等对表面富锡的鄂尔多斯青铜饰品进行了分析研究，发现其中有 3 件样品表面 Sn、Pb 含量较高，认为是用铅锡合金作为镀层金属，使用热擦镀法进行表面处理的可能性极大。[7] 蒸锅的镀锡材料和工艺可能与之类似，但镀层含铅对健康不利。箅子上有多处划痕，划痕部位镀锡层被破坏，露出红铜或黄铜基体，应是使用较硬的工具刷锅造成的。

七　保存建议

蒸锅属于铜器，建议其保存环境温度控制在 20℃，温度日波动范围小于 5℃，相对湿度低于 40%，相对湿度日波动范围小于 5%。尽量减少空气环境中的污染物特别是氯化物含量。另外在拿取时应戴上手套，避免与手直接接触。

八　结语

满工四环凹盖三层大蒸锅的清洗保护，严格遵照了《馆藏金属文物保护修复记录规范》（GB/T 30687—2014）[8] 的相关要求。

在对病害进行勘察的基础上，制订了相应的保护方案。蒸锅为传世品，且长期使用，呈现出与考古出土铜器截然不同的保存状况。大量油渍虽然对铜无害并可能有一定的保护作用，但遮盖了金属表面和纹饰，显著影响其历史、艺术、科学价值的揭示，应当去除；而锅底部的黑色为火烤所致，是蒸锅使用的痕迹与功能的见证，应当保留。运用科学的保护方法对蒸锅进行了处理，使蒸锅表面恢复金属光泽，纹饰更加清晰，满足展览要求。保护处理过程中做到了对文物的最小干预，保存并揭示了其历史、艺术与科学价值，达到预期目标。

此外，在保护处理后对蒸锅表面合金成分进行了详细的无损分析，确定了各部件、各部位的材质，揭示了部分制作工艺。分析表明：蒸锅使用了红铜、黄铜两种原料，经剪裁、敲打成型、焊接或铆接、镂花雕刻、镀锡等工艺制作完成。

但是在保护的过程中也出现一些瑕疵。总体保护时间较短，处理速度较快，在一些细节上可能会有更好的方法。在分析检测方面有些欠缺，如锅内油渍、食物残渣未能及时分析就予以清除。对制作工艺细节也未能展开深入研究，如镀锡工艺的具体过程，镀锡前的金属表面处理等环节有进一步研究的必要，这都是需要改进的地方。

致谢：中国国家博物馆马燕如研究馆员提出了蒸锅的整体保护方案并在保护过程中全程指导；蒸锅表面的合金成分分析由北京华欧世纪光电技术有限公司戴丽君工程师完成，在此表示诚挚的感谢！

参考文献：

[1] 吕章申：《新疆民俗文物》，时代出版传媒股份有限公司，安徽美术出版社，2016 年，第 5 页。

[2] 楼望皓：《铜器：耀眼的维吾尔族工艺品》，《新疆人文地理》，2012 年第 4 期。

[3] 木尼热·阿不都热合曼：《维吾尔族铜匠工艺略论》，《美术观察》，2009 年第 8 期。

[4] 秦峰：《喀什维吾尔族铜器工艺形成因素的探析》，《装饰》，2012 年第 3 期。

[5] 任文杰：《维吾尔族民间铜器制作工艺及留存现状调查》，《大众文艺》，2012 年第 8 期。

[6] 郭小影：《新疆维吾尔族铜器的造型与纹饰特征》，《设计》，2015 年第 24 期。

[7] 韩汝玢、埃玛•邦克：《表面富锡的鄂尔多斯青铜饰品的研究》，《文物》，1993 年第 9 期。

[8] GB/T 30687—2014，《馆藏金属文物保护修复记录规范》，中国标准出版社，2015 年。

露天展示的四座铜雕塑清洗保护报告

王　辇　张　然　马燕如

内容提要：本文所述四座铜雕塑由原先露天放置移至库房保存，入库前对其进行分析检测与保护处理。使用便携式 X 射线荧光光谱仪分析雕塑材质类型，硝酸银比浊法快速检测含氯有害锈，激光拉曼光谱和 X 射线衍射光谱仪分析锈蚀组分。结果显示，四座雕塑基体为铜或铜合金，其中两座存在有害锈。根据雕塑锈蚀类别，选择性采用物理、化学清理方法，达到了较好的保护效果。建议入库存放时注意控温、降潮、防尘、隔离。

关键词：铜雕塑　有害锈　清洗保护

一　引言

中国国家博物馆的四座铜雕塑自 2011 年起露天放置于馆外北侧平台。2018 年 9 月，拟将四座铜雕塑移至大兴库房。入库前一周应藏品保管部门要求，文物保护人员对铜雕塑进行了保护处理。经过对锈蚀的取样检测分析，发现其中两座雕塑存在多处含氯锈蚀。含氯锈蚀是铜制品的主要隐患，为防止锈蚀扩散，以及搬迁至库房后铜器之间含氯锈蚀的传染，急需对这批雕塑进行保护处理。

二　文物信息

四座铜雕塑均属近现代藏品，分别为《列宁写〈国家与革命〉》（编号：Y465）、《小平南巡》（编号：Y443）、《八女投江》和《武昌起义》（图一至图四）。其中具有编号的为旧藏，没有编号的信息不详。《列宁写〈国家与革命〉》铜雕塑长 124cm，宽 123cm，高 122cm，其底座上有俄文字样及 "1935"。《小平南巡》铜雕塑长 90cm，宽 57cm，高 210cm。

三　保存现状及病害情况

四座铜雕塑整体为金属铸件，除《小平南巡》雕塑外，其他雕塑均有支撑木垫。由于长期陈放于开放环境，受自然环境影响，部分支撑木垫已糟朽。雕塑本体可见病害有点腐蚀、大气

图一　《列宁写〈国家与革命〉》铜雕塑

图二　《小平南巡》铜雕塑

图三　《八女投江》铜雕塑

图四　《武昌起义》铜雕塑

粉尘等。通过对四座雕塑的观察发现，大气粉尘堆积在雕塑表面及褶皱处，而锈蚀主要产生在有铸造缺陷、易积水或残留水的部位。

　　《列宁写〈国家与革命〉》雕塑通体状况良好，下方木质垫板已糟朽坍塌，雕塑经过防锈处理，整体呈黑色，不见基体颜色。雕塑台桌东侧下部（图五）与台桌背面有绿色锈蚀，雕塑的手腕、臂弯以及褶皱处有网状物以及尘土堆积（图六）。

　　《小平南巡》雕塑通体状况良好，整体呈古铜色，部分位置可见金属光泽。正面大衣翻领处堆积尘土，右肘内侧积聚绿色锈蚀，右手虎口与无名指指背覆盖绿色锈蚀（图七），小指指

图五 《列宁写〈国家与革命〉》台桌东侧锈蚀　　图六 《列宁写〈国家与革命〉》手腕部尘土

图七 《小平南巡》右手手指背的绿色锈蚀　　图八 《武昌起义》持枪左侧的绿色点腐蚀

端与躯体接触处有孔洞缺陷。大衣前襟和底部均有绿色锈蚀，裆部有白色块状物。雕塑后背有一条微细裂痕，右肘与身体接触部位有绿色锈蚀。

《八女投江》雕塑通体状况良好，经过防锈处理整体呈黑色，不见基体颜色。表面主要有尘土堆积以及零星绿色流淌痕迹。

《武昌起义》雕塑通体状况良好，经过防锈处理整体呈黑色，不见基体颜色。士兵持枪个别部位有绿色或黑色锈蚀（图八），另有一持枪枪头断裂。

四　分析检测

1. 分析检测方法

（1）硝酸银比浊法

试剂：0.1mol/L 硝酸银溶液，10% 硝酸溶液。依据国家标准 GB/T 9729—2007[1] 和行业标准 WW/T 0058—2014[2]，检测锈蚀物是否有氯离子存在。将锈蚀样品置于试管中，加入足量

10% 的稀硝酸，使样品充分溶解。静置片刻，取上层清液滴入 0.1mol/L 的硝酸银水溶液，于暗背景处观察溶液是否有乳白色絮状悬浮物，再加入稀硝酸，观察沉淀是否溶解。如沉淀不溶解，则证明该样品中含有氯离子。

（2）仪器分析方法

X 射线荧光分析：德国斯派克 SPECTRO xSORT 便携式 X 射线荧光光谱仪。测试单位：中国国家博物馆。分析模式：合金模式（Light Elements）。测量条件：第一阶段（重元素 Sc-U）：电压 50kV，电流自动，采谱时间 30s；第二阶段（轻元素 Mg-Ca）：电压 15kV，电流自动，采谱时间 30s。

拉曼光谱分析：英国 Renishaw 公司 inVia 显微激光拉曼光谱仪。测试单位：中国国家博物馆。测试条件：激光器 532nm，激光能量 5%，累计次数 1~2，曝光时间 10s。

X 射线衍射分析：日本理学 Rigaku D/max-rA X 射线衍射仪。测试单位：北京北达智汇微构分析测试中心。测试方法：Cu 靶，电压 40kV，电流 100mA，起始角为 3°，终止角为 70°，步宽为 0.02。

2. 分析结果

（1）铜雕塑的基体成分

四座铜雕塑的 X 射线荧光分析检测结果见表一。结果表明四座铜雕塑均为铜制品。《列宁写〈国家与革命〉》雕塑为铜锌锡铅合金，为多元黄铜。《小平南巡》《八女投江》雕塑为铜锌合金，属于普通黄铜。而《武昌起义》雕塑为纯铜制品。

表一　四座铜雕塑的便携式 X 射线荧光检测结果（wt%）

雕塑名称	检测位置	Cu	Zn	Sn	Pb
《列宁写〈国家与革命〉》	桌面	83.2	7.79	2.52	3.93
	大衣右襟	85.7	5.01	3.47	4.04
《小平南巡》	左后背	61.8	37.1	0.95	0.05
	腰线靠下部位	79.8	19.2	0.16	0.30
《八女投江》	第一女前胸	86.5	12.4	—	0.092
	第四女左前襟	88.6	10.5	—	0.13
《武昌起义》	第四人左腹部	99.1	0.37	—	0.12
	第二人物持枪上面	99.1	0.29	—	0.11

（2）锈蚀成分检测结果

铜雕塑的锈蚀产物可划分为无害锈和有害锈，无害锈是指在常规环境中不再发展深入铜合金基体的锈蚀产物；有害锈是指常规环境中，仍可发展深入基体的锈蚀产物，主要指氯化亚铜、碱式氯化铜等，又称"粉状锈"，以外观亮绿、呈粉状而得名，危害极大，能不断向铜器内部纵深扩展，直至整个器物完全锈蚀、溃烂[3]。如不及时去除，不仅继续腐蚀铜器本身，也可能会对周围的其他铜质文物造成伤害。

硝酸银定性分析结果显示，《列宁写〈国家与革命〉》和《八女投江》两座雕塑的锈蚀样品中未检测出氯离子，《小平南巡》和《武昌起义》雕塑的多处锈蚀样品为含氯锈蚀。

采用拉曼光谱和 X 射线衍射分析方法检测锈蚀的物相，分析结果见表二，其中《小平南巡》和《武昌起义》多处锈蚀为氯铜矿和副氯铜矿（图九至图一一），说明两座雕塑的多处锈蚀为有害锈。

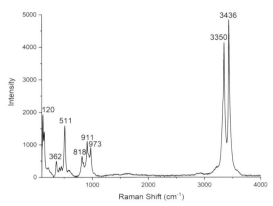

图九　《武昌起义》2 号人物持枪左侧锈蚀的拉曼光谱

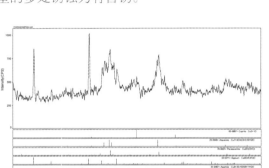

图一〇　《小平南巡》右手无名指指背处锈蚀的
X 射线衍射谱图

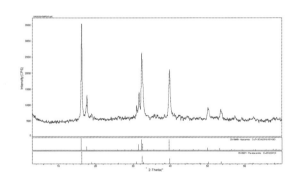

图一一　《武昌起义》前 2 号人物持枪左侧
绿色锈蚀的 X 射线衍射谱图

表二　雕塑的 X 射线衍射检测结果

雕塑名称	取样位置	样品描述	物相组分
《列宁写〈国家与革命〉》	台桌东侧下部	绿色粉末	蓝铜钠石
《小平南巡》	右袖口与外衣接触处	绿色粉末	氯铜矿、石膏
	大衣前下摆	绿色粉末	赤铜矿、氯铜矿、副氯铜矿
	右手无名指指背处	绿色粉末	赤铜矿、氯铜矿、副氯铜矿、石膏、蓝水硅铜石
《武昌起义》	前 2 号人物持枪左侧	绿色粉末	氯铜矿、副氯铜矿
	前 2 号人物持枪前部下侧	浅绿色粉末	赤铜矿、氯铜矿、副氯铜矿
	前 4 号人物右手持枪与肘相接处	深绿色粉末	氯铜矿、副氯铜矿、蓝铜钠石

五　主要清洗保护过程

1. 工具设备及试剂

（1）工具设备：毛刷、棉棒、手术刀、纤维毛巾、清洗喷枪等。

（2）试剂：3% 与 5% 氨水，5% 双氧水。

2. 不含有害锈蚀的雕塑保护过程

对于不含有害锈蚀的《列宁写〈国家与革命〉》和《八女投江》两座铜雕塑，采用物理方法清理酥松锈蚀及覆盖在表面的尘土。在潮湿环境中酥松锈蚀与尘土易吸收水分，不利于铜雕塑保持干燥状态。清理方法如下：首先使用手术刀小心刮削清理酥松的锈蚀，再用毛刷蘸去离子水洗刷，然后用清洗喷枪进行整体清洗（图一二），最后用毛巾拭去表面水分，及时晾干。

3. 含有害锈蚀的雕塑保护过程

含氯锈蚀是铜雕塑主要的危害，主要表现为酥松膨胀的点腐蚀，如果长期在潮湿环境中，极易造成铜器腐蚀不断扩散、深入乃至穿孔。为防止锈蚀扩散，以及搬迁至库房后铜器之间含氯锈蚀的传染，主要采用物理方法与化学方法相结合的方式，清除《小平南巡》与《武昌起义》两座铜雕塑中的有害锈。具体方法如下：首先清理酥松的锈蚀，先用手术刀小心刮削，再用蘸有去离子水的棉棒及时清理锈蚀粉末，防止有害锈粉末的扩散，再用干净的棉棒擦拭表面，反复进行，直至锈蚀清理干净。其次用毛刷清洗雕塑表面的尘土，最后用喷枪整体清洗，及时擦干。24小时后观察原有害锈蚀位置是否再次产生新的锈蚀。氯化物是铜制品产生有害锈的根源。潮湿的外部环境会使粉状锈蔓延扩大[4]。对于再次产生锈蚀的部位，先用手术刀、棉棒做物理清除，再先后使用棉棒蘸3%和5%的氨水进行局部敷贴，当裸露铜基体时，使用脱脂棉蘸5%的双氧水敷贴，自然晾干，24小时后再次观察，直至不再产生新的锈蚀产物为止。

图一二　用喷枪清洗《八女投江》铜雕塑

六　保护效果及保存建议

1. 保护效果

《列宁写〈国家与革命〉》和《八女投江》铜雕塑，经清理表面尘土、去除酥松锈蚀后，雕塑恢复干净整洁（图一三、图一四）。

《小平南巡》铜雕塑经清理表面尘土、残留石膏以及各部位的有害锈蚀（如图一五右手虎口处）后，雕塑干净整洁，部分位置可见基体黄铜色。

《武昌起义》铜雕塑经清理点状腐蚀部位，尤其是 2 号人物持枪左侧的绿色与黑色锈蚀（图一六），并清除表面尘土后，雕塑恢复干净整洁。

2. 保存建议

所有金属都有向其矿物转化的倾向。铜雕塑为铜或铜合金制作，尽管做了防锈处理，但长期的室外放置已经产生了锈蚀，说明其防锈层出现了缺陷。因此，要延缓铜合金向矿物转化的时间，做好防锈封护是重要的方面。此外，要注意有害气体、温湿度以及粉尘等大气环境因素的影响[5]。

（a）台桌东侧　　　　　　　　　　　　　　　　（b）雕塑上半部

图一三　《列宁写〈国家与革命〉》雕塑保护后

（a）正面　　　　　　　　　　　　　　　　　　（b）背面

图一四　《八女投江》雕塑保护后

（1）铜雕塑的存放场所内外应干净清洁。为防止有害气体的影响，应远离酸性物质及易释放酸性物质的物品，如木质物品。在库房环境以及相对密封环境中，原先的支撑木垫最好不用，可使用其他材质做支撑，并保持底部通风。

（2）保持库房环境稳定、温湿度恒定可控。铜器的锈蚀受环境温湿度的影响很大，干燥环境下，即使存在有害锈，也不会有大的发展。一般而言，铜器应放置在温度为 14~20℃，相对湿度低于 45% 的环境。如达不到此条件，可利用通风等方法降温、降潮，库内放置干燥剂或使用除湿机也能起到降潮作用。

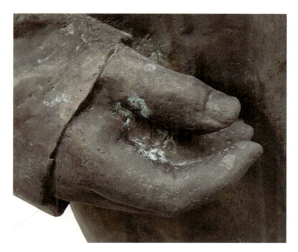 

（a）保护前 　　　　　　　　　　　　　　　（b）保护后

图一五　《小平南巡》雕塑右手保护前后对比

（a）保护前 　　　　　　　　　　　　　　　（b）保护后

图一六　《武昌起义》2 号人物持枪左侧保护前后对比

（3）雕塑应保持清洁。大气中的尘埃以颗粒物或粉状物存在，成分复杂，当它们降落在各种文物上，一旦空气潮湿，其中的可溶性酸碱盐会对文物造成一定的伤害[5]。因此，存放在库房的雕塑应保持清洁，经常清理，避免尘埃堆积，此外，要注意观察雕塑情况，含有害锈的雕塑最好单独放置。

七 结语

近现代的铜制品为防止生锈，通常在制作完成后对其表面进行防锈处理，防锈效果好的铜制品可长期保存。而四座铜雕塑长期露天放置，防锈层出现缺陷，受大气环境中的有害气体、水分、尘埃等影响产生锈蚀。通过对雕塑的观察，发现锈蚀主要产生在有铸造缺陷、易积水或易残留水的部位。通常情况下，一旦铜制品产生锈蚀，对有害锈的鉴定便十分重要和紧迫。本文采用的硝酸银比浊法可快速、灵敏地检测出锈蚀中是否存在含氯有害锈。对于有害锈的清理，选择合适的物理与化学方法，达到了较好的保护效果。雕塑作为博物馆藏品的重要组成部分，在陈列展览中发挥可视化、立体性的艺术展示作用。雕塑陈列展览时，应注意日常保护。入库保存时，应严格按照保存环境的条件，既可以延缓锈蚀的产生、蔓延，又可防止大气环境对铜雕塑的影响，达到理想的保护效果。

致谢：感谢北京乐石文物修复中心有限公司程岳峰与朱肇旌在雕塑保护过程中提供的帮助，感谢中国国家博物馆张冰提供雕塑信息，感谢中国国家博物馆柳敏在拉曼光谱检测分析方面给予的帮助。

参考文献：

[1] GB/T 9729—2007，《化学试剂 氯化物测定通用方法》，中国标准出版社，2008 年。

[2] WW/T 0058—2014，《可移动文物病害评估技术规程 金属类文物》，文物出版社，2014 年。

[3] 徐毓明：《艺术品和图书、档案保养法》，科学普及出版社，1985 年，第 71 页。

[4] 廖原：《青铜文物锈蚀机理及有害锈转化剂研究》，《文物保护与考古科学》，2003 年第 2 期，第 21 页。

[5] 宋迪生等：《文物与化学》，四川教育出版社，1992 年，第 226—230 页。

馆藏司徒乔油画《周恩来》的修复

张 拓 丁 莉

内容提要： "历史修复干预"在国内馆藏油画中具有一定代表性，这种操作行为属于临时性、应急性、补救性措施。但随着时间与环境改变，最终呈现的结果并不尽如人意。馆藏油画《周恩来》就是经历过历史修复干预，导致受损的典型案例。对该受损油画的修复是传统工艺结合现代材料，辅以成熟安全的物理化学处理手段进行的干预。本文对其保护修复过程进行了详细解析和论述。

关键词： 油画 历史修复 保护修复 司徒乔

一 引言

2018年4月，应中国国家博物馆举办"司徒乔、司徒杰捐赠作品展"的需要，文保院对一幅司徒乔先生的油画作品《周恩来》进行了现场调查。评估结果显示，该油画因历史修复干预影响，画面形象受损严重，无法正常陈列展出。修复人员利用可见光拍照、颜料层亲水实验、颜料层热量反应、清洗测试、红外光谱、气相色谱质谱联用技术等手段对该作品进行了现状调查和测试分析。在最小干预原则前提下，清除了历史修复的织物补丁、粉质填料及粘接材料。通过最少量与最必要的修复过程，使画面形象恢复了完整，并接近于原作者意图，最终得以顺利参展。

二 作者背景资料

司徒乔（1902—1958），原名司徒乔兴，广东开平赤坎镇塘边村人。他是我国20世纪著名现实主义画家，也是一位有着强烈爱国主义精神的画家。他擅长油画、速写、竹笔画及水彩等绘画方式，在绘画探索初期就深受鲁迅先生喜爱，1926年6月他在北京中央公园（今中山公园）水榭个人画展上，就被鲁迅先生买走了《五个警察一个〇》与《馒头店门前》两幅作品。他一生中创作了大量表现劳动人民苦难生活的现实主义作品，代表作有《放下你的鞭子》《义民图》《古琴图》等深入人心的画作。

1950年10月，司徒乔第三次来到北京，受聘为中央美术学院教授，参与了国立革命博物馆的筹建工作，并投入设计和创作革命历史画的任务中，馆藏油画《周恩来》正是他这一时期创作的作品。司徒乔先生选择此题材进行绘制创作，应与周恩来总理和司徒家族之间的渊源密不可分。早在20世纪40年代，周总理就对司徒乔以及爱国侨领司徒美堂、革命电影艺术家司徒慧敏、八路军专职摄影记者沙飞（司徒传）有过"开平四司徒"的称赞。

三　藏品信息

《周恩来》（图一）是司徒乔先生绘制于1951年的作品，高142cm、宽110cm，现藏于中国国家博物馆，藏品编号为Y13，媒介为布面油彩。该作品的绘画技法是直接画法，画面色层偏薄，无厚笔触和明显肌理。内容为单人物半身像题材，画面表现的是周恩来总理讲话发言时的形态，左下角有作者用黑色油画颜料手写的"乔51"签名。画布背面留有历史信息，内容为手写粉笔字迹"司徒乔"和"123"字样。

四　保存状况

1. 支撑物（画布）

作品的支撑物是平纹密织亚麻布，厚度约1mm，经纬数量为经线16根/cm²、纬线

（a）修复前正面　　　　　　　　　　　　　（b）修复前背面

图一　油画《周恩来》

16 根 /cm²。画布织边在左右两侧，折边区域有卷曲。画布老化、松弛显著，整体张力不够均匀，局部存在平面变形和凹陷，右下角画布角波纹显著。画面左上部有一处长约 30cm 的撕裂口，该处背面粘贴有长 31.3cm、宽 23cm 的粗糙补丁，受补丁与历史蜡粘接材料的影响，画布正面出现了明显的贴补印痕（图二）。画布背面有多处污渍与尘垢。

（a）背透光下的撕裂口正面　　　　　（b）撕裂口背面的织物补丁

图二　历史修复痕迹

图三　基底层覆盖至画布折边处

2. 基底层

　　基底层颜色为米白色，厚度适中，肌理较为平滑，其覆盖范围至画布边缘处（图三）。基底材料与支撑物和颜料层之间的黏附状况正常，无剥落或开裂现象，仅在画面撕裂口周围有少部分缺失。

3. 颜料层

沿画面撕裂口处有部分颜料缺失，缺失区域填充了粗糙的白色粉质填料，局部覆盖了原作颜料层［图四（a）］，该处的补丁印痕附近伴有小片颜料缺失［图四（b）］。因背面补丁的蜡粘接材料渗透所致，正面颜料层出现了一定程度的轻微变色。画面右下方有颜料层"泛白"现象［图四（c）］，造成了色彩关系改变。颜料层左下部有两处不明液体流淌痕迹，尺寸分别为长31cm、宽14cm和长50cm、宽7.14cm。画面中人物右手臂附近存在白色表面污渍，沿画布底部与外框条处存有污垢。原外框对颜料层的边缘造成局部磨损并留下部分金色面漆。

（a）白色填料覆盖颜料层　　　　　（b）小片颜料缺失　　　　　（c）颜料层"泛白"现象

图四　颜料层现状

4. 光油层

作品无光油保护涂层，画面表层呈现不均匀的亚光状态（图五）。

5. 辅助支撑（内框）

作品的辅助支撑是"双目式"木质可扩张型内框（图六），边条尺寸宽4.8cm、厚2cm。支撑条横向两根，纵向一根，尺寸均是宽4.8cm、厚1.8cm。框角结构为单木楔榫（榫卯）连接方式，仅可纵向扩张。画布固定方式为铁钉固定画布折边于内框侧面。内框背面右上部贴有纸质馆藏作品信息标签，中上部贴有圆形临时运输编号标签，左右中上部装有两个金属挂钩，各由两个螺丝固定。内框整体无平面变形，两根横向支撑条有细长裂纹。内框底部与左侧榫接处木料有缺失情况。

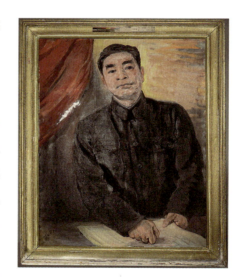

图五　反射光显示作品表面呈不均匀亚光状态

6. 外框

外框材料以木质结构为主，框条尺寸宽11cm、厚5.5cm，无衬框。框条正面石膏纹饰与金

图六 "双目式"木质可扩张型内框　　　　　　　　图七 外框现状

色漆层剥落严重，并有轻微变形和开裂，所有框角处都有缝隙，与内框结合不紧密，有松动。长边两侧有孔洞，保存状况较差（图七）。

五 测试分析

1. 颜料层对水的反应

水性清洗测试表明颜料层对水不敏感。

2. 颜料层对热量的反应

对撕裂口周围的颜料进行的加热测试表明颜料层对 70℃左右的温度不敏感。

3. 历史修复粘接材料测试

为了解前期历史修复粘接材料情况，采用布鲁克 ALPHA 型便携式红外光谱仪及安捷伦 7890A 5975C 型气质联用仪对其成分进行判断。图八（a）所示油画修补粘接剂在 2 916cm⁻¹、2 847cm⁻¹、1 732cm⁻¹、1 692cm⁻¹、1 459cm⁻¹、1 376cm⁻¹、1 241cm⁻¹、1 461cm⁻¹、1 380cm⁻¹、1 169cm⁻¹、718cm⁻¹ 处存在特征振动峰。其中 2 916cm⁻¹、2 847cm⁻¹ 来自甲基和亚甲基的伸缩振动 $\upsilon_{as}CH$、$\upsilon_{s}CH$，1 459cm⁻¹、1 376cm⁻¹ 来自甲基和亚甲基的剪式变形振动 $\delta_{as}CH$、$\delta_{s}CH$，1 732cm⁻¹、1 692cm⁻¹ 来自羰基的伸缩振动 $\upsilon C=O$，1 169cm⁻¹ 来自 $\upsilon C\text{-}O$，718cm⁻¹ 为饱和烷烃链段

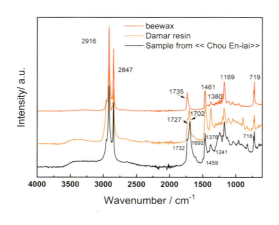
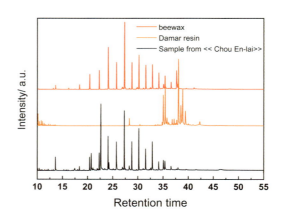

（a）红外光谱　　　　　　　　　　　（b）气相色谱总离子流图

图八　历史修复用的粘接材料

中（CH_2）$_n$（$n > 4$）的特征峰。该粘接剂的特征峰与达玛树脂和蜡的特征峰相似，因此初步判定其为蜡或者达玛树脂。图八（b）为油画修补粘接剂甲醇/甲苯混合溶剂提取液的气相色谱质谱联用技术所测得的总离子流图，与蜂蜡的标准物质相比，具有相似的指纹图谱，这些物质主要为蜂蜡中的饱和烷烃。综合红外光谱和气相色谱质谱的分析，可以判断该粘接剂为蜂蜡。

六　修复方案

油画《周恩来》是因历史修复干预导致受损的典型案例。本次修复在最小干预原则及可逆性原则前提下，对该油画的修复采取了传统工艺结合现代材料，辅以成熟安全的物理化学处理手段进行的干预过程。

1. 考虑因素

（1）因作品将于近期陈列展出，采取最少量和最必要的修复干预较为适合。但修复质量不能受到影响，也不能妨碍作品日后的保养维护工作。

（2）画面形象必须恢复完整和接近原作者意图，作品结构必须恢复稳定，符合保存与展览陈列的基本要求。

（3）作品修复时的工作环境、修复后的展陈环境和展后储藏环境可能不会完全一致，需保持一段时间的观察与监控。

2. 修复计划

根据作品受损状况并结合分析测试结果，拟订以下修复流程及所需材料工具，作为修复过程中的基本框架（表一）。

表一　修复流程及材料工具

次序	修复措施	材料 / 工具	备注
1	去除外框	起钉钳、金属隔离片	定制新外框
2	背面除尘	博物馆级吸尘器、笔刷	不能破坏背面历史信息
3	去除历史修复痕迹,包括填料、贴补织物及老化粘接剂	各种型号手术刀、电熨斗、电刮刀、涂硅膜、艺术家级白精油	渗入画布纤维的蜡不能被完全清除
4	平整画布	吸水卡纸、铜板、玻璃砖、重物	逐步分阶段进行
5	重新拼补并加固画布的撕裂口	织物熔接粉、熨斗、电刮刀、涂硅膜、Beva371 胶膜、聚酯薄膜	恢复画作的结构完整性和稳定性
6	重新绷紧画布	铜钉取代先前的铁钉	恢复画布张力
7	去除画面尘垢污渍	MCP 水性溶剂清洗配方	恢复原有画面色彩关系
8	填充颜料层的缺失与画面补色	Flügger 水性填料、A-81 乙醛树脂修复颜料、异丙醇	恢复画面形象的完整性和可读性
9	安装背板	聚酯瓦楞板	减少画布震荡和抵抗撞击
10	上光保护	碳氢化合树脂光油、乙醛树脂光油	统一画面光泽与保护画面
11	安装新外框	绒条、五金挂环	外框槽口加附绒条

七　主要修复过程

1. 去除外框与背面除尘

　　油画的外框多以实木结合石膏为主体材料，框条厚重，移动不便，一般在修复前会先将其卸除（图九）。由于外框与油画内框是直接连接固定的，去除外框时要注意对内框木材的保护。用斜口钳起钉子时要在下方衬垫金属隔离片，防止钳口压裂原作内框。

　　这幅作品的尘垢主要集中于画布背面，如不先进行除尘清洁，飘散到空气中的灰尘会对修复环境造成一定的污染。面对背面画布上的浮尘，先用专业吸尘器与软毛刷对油画整体进行深度清洁（图一〇），又将顽固污垢用无酸橡皮粉、手术刀等工具做进一步的物理清除。

2. 去除历史修复的织物补丁及粘接剂

　　因织物补丁与粘接剂均已老化僵硬，并与原作画布紧密黏连。从操作可行性上考虑，风险相对较低的揭除方式就是物理手段。先尝试从补丁与原作画布之间插入手术刀来寻找粘接剂的缝隙，试探性地横向移动分离织物补丁。因粘接剂过于坚固与厚重，一次性将织物补丁取下较为困难。去除时，采用局部边加热软化，边实施揭除的方法效果较为明显。从安全性与作品现状考虑，粘接剂物理清除到露出画布纹理后，再用白精油、丙酮对画布纤维中的蜡和树脂成分

图九　作品移出外框

图一〇　画布除尘

（a）揭取织物补丁

（b）去除老化粘接剂

图一一　去除历史修复痕迹

适当擦除即可（图一一）。

3. 去除撕裂口上的粉质填料

画面正面撕裂口处糙劣的填料已出现开
裂、粉化、脱落等状况。因背面粘接剂渗透
所致，撕裂口周围颜料层受蜡成分影响，已
出现轻微变色现象，清除时，先用手术刀剔
除白色填料（图一二），再用棉签蘸取白精
油进行擦拭，以最大程度恢复此区域的原始
色彩关系。

4. 平整画布

作品局部存在不同程度的平面变形，在
修复过程中根据实际需要，通过局部潮湿和压

图一二　清除历史修复填料

重吸干的方式分阶段进行软化压平。操作时，先把吸水卡纸用纯净水润潮，在变形区域潮压20分钟，然后换成干燥吸水卡纸压30分钟，再更换干燥吸水卡纸压2小时，最后换干燥吸水卡纸压过夜。压重时自下至上依次为吸水卡纸、铜板、玻璃砖、重物（图一三）。

图一三　压平画布

5. 拼补与加固画布撕裂口

清除粉质填料后的撕裂口边缘参差不齐，再次修复时要把经纬线重新梳理并拼接复位，使现有经纬线恢复成原始交织状。将撕裂口的正面用测试胶带临时性固定，然后开始对撕裂口背面位置进行加固。首先将作品背面朝上，把织物熔接粉点涂到撕裂口拼接区域，并覆盖上涂硅薄膜用电刮刀隔层加热，使之达到熔点后形成液化状态渗入画布纤维中（图一四）。待自然冷却凝固后，再用手术刀将撕裂口处多余熔接粉剔除干净。织物熔接粉作为加固剂使用，优势在于液化后无色，不易受微生物侵蚀，不会对画布形成表面压力及变形等。为了加强画布结构的稳定性，待熔接粉加固后在撕裂口背面用聚酯薄膜进行了间隔式搭接，以此来避免因应力变化造成新的开裂隐患。

6. 重新绷紧画布

重绷画布有两个目的，一是通过手动调节将原来松弛的画布重新回紧。二是考虑到原作画布的铁钉已出现氧化生锈现象，存在腐蚀污染画布纤维的隐患，长此以往还会使画布产生松脱。

（a）填充熔接粉　　　　　　　　　　　（b）加热施压

图一四　加固撕裂口

图一五　画布折边更换铜钉　　　　　　　图一六　清洗画面

因此，通过重绷画布过程将原有铁钉统一更换成了铜钉固定（图一五）。

7. 颜料层清洗

由于原作颜料上无光油层，并根据水性清洗测试结果显示，颜料层对水不敏感。使用经过酸碱调节和缓冲的水性试剂（盖蒂修复研究院水性清洗系统）清洗画面，可有效去除表层尘垢。清洗时，先用棉签蘸取工作溶剂（浓缩缓冲剂、柠檬酸、纯净水）在画面上滚动擦拭，再用棉签蘸漂洗水去除工作溶剂残留，整幅油画进行了两遍清洗过程（图一六）。

8. 填补画面缺失

填料重建缺失也是为补色环节制作的打底层，目的是将缺失部分与周边区域的表面肌理和厚度落差形成统一。填补过程必须把范围控制在缺失区域内进行，不能触及或覆盖原作颜料层。操作时，先把 Flügger 填料与纯净水稀释搅拌成糊状，用尖头画笔把缺失范围依次填充，并按周边颜料层的笔触肌理特点进行塑造，使填料与颜料层的形体关系和谐一致。如果填料过厚待干燥后可轻微打磨处理，缺失区域补充的填料始终不能高于原作颜料层（图一七）。

图一七　填充基底

9. 颜料层补色

补色又可称为"润饰"，目的是恢复作品色彩应有的完整性。这幅油画是采用直接画法创作的，笔触较为明显，颜料层厚度适中。补色区域主要集中在画面背景处，该区域形色关系显著，

（a）补色中 　　　　　　　　　　　　 （b）补色后

图一八　画面补色

为了最大程度还原作者意图，最终采取了模仿原作的补色方式，以此恢复缺失部分的形色关系。通过"由浅入深"的方法逐步刻画，描绘时切勿用笔刷大面积厚涂颜料，用小号画笔点涂为主且分层润饰，使点状造型在缺失区域中形成完整的色块。最后，用笔刷蘸少量亚光凝胶进行相关肌理修饰（图一八）。补色颜料的稀释剂为异丙醇，颜料主要由乙醛树脂、丙二醇甲醚及天然矿物质色粉组成。

10. 加固内框支撑条与安装背板

因内框上两条横向支撑条有细长裂纹，为了使整体内框支撑条间的结构穿插稳定，在横向与纵向支撑条相交位置加装了金属连接片予以固定［图一九（a）］。此外，从安全角度考虑，还为修复后的作品背面安装了保护板［图一九（b）］，目的是减少搬运过程中可能引起的画布震荡，同时还能防止外界硬物撞击画布的危险。

（a）金属片固定内框支撑条 　　　　　　　　 （b）安装背板

图一九　辅助保护

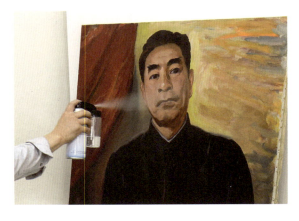

图二〇　喷涂光油　　　　　　　　　　　　图二一　外框槽口加装绒布条

11. 上光保护

原作颜料层表面此前未涂刷光油，致使画面整体光泽不够均匀，在作品修复后统一喷涂了两遍碳氢化合树脂光油（图二〇）。其作用主要包括：一是保护画面颜料层并隔绝空气中的灰尘；二是有助于颜料层抵挡轻微磨损及划伤；三是有利于统一画面的光泽度和色彩饱和度。

12. 安装新外框

原始外框现已无法达到展陈要求，因此，为修复后的作品重新定制安装了新外框，并在槽口位置加附了绒布条（图二一），可避免外框槽口磨损作品画面边缘。

八　结语

此次修复过程采取最少量和最必要的操作处理，通过去除先前填料、加固撕裂口、清洗颜料层、画布回平等干预过程，对馆藏油画《周恩来》的历史修复痕迹进行了相应纠正（图二二至图二六）。

历史修复导致的油画作品受损因素，主要是早期相关从业者对油画修复原理、修复材料、技术等方面缺乏认知所造成的。此类破坏比自然老化损坏更难保护与修正，甚至有的早已形成了不可逆态势。对于这类油画藏品应加快调查评估力度，并制定长远的保护修复规划，切不可等到保存状况出现异常或需要展览时再去"应急处理"，要做到防患于未然。

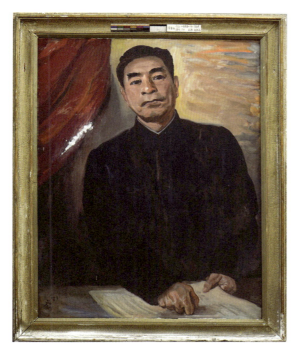

（a）修复前　　　　　　　　　　　　　　（b）修复后

图二二　油画《周恩来》正面修复前后对比

（a）修复前　　　　　　　　　　　　　　（b）修复后

图二三　油画《周恩来》背面修复前后对比

（a）撕裂口修复前 （b）撕裂口修复后

图二四　油画《周恩来》撕裂口修复前后局部对比

（a）颜料层"泛白"清洗前 （b）颜料层"泛白"清洗后

图二五　油画《周恩来》清洗前后局部对比

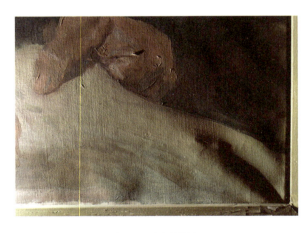

（a）画布回平前 （b）画布回平后

图二六　油画《周恩来》画布回平前后局部对比

馆藏文物复制

馆藏五代十国鎏金铜观音造像的复制

雷 磊

内容提要：本文介绍了中国国家博物馆藏五代十国鎏金铜观音造像的基本信息和复制背景，论述了铜器复制技术路线的选择并对鎏金观音造像的复制方案和复制流程进行详细描述，通过文物原件和复制件的比对，总结了此次鎏金观音造像复制成功的经验，对今后鎏金佛造像复制工作有重要的参考作用。

关键词：鎏金 观音 佛造像 复制

2016 年 10 月 10 日，中国国家博物馆收到国家文物局关于复制馆藏"鎏金铜观音造像"的批复函，同意为金华市博物馆复制所报"鎏金铜观音造像"（一级文物）1 件，用于相关展览展示。并要求严格遵照操作规范的规定和复制方案的要求开展复制工作，确保文物安全。

一 文物简介

鎏金铜观音造像（图一）制作于五代十国（吴越）时期，通高 53cm。观音束高发髻，缯带自然下垂，头戴高三叶宝冠，宝冠正中为化佛；观音头微低，面颊圆润，表情宁静安详；上身项饰披帛，璎珞严身，下身长裙；左腿垂下，右腿支起，右臂闲适地搭在右膝上，左臂撑岩，以游戏坐姿坐于山石形台座上，右脚山石上放置净瓶。背后有圆轮状的通身大背光，外缘上、左、右各饰一束镂空火焰纹。整体造型优美自然。鎏金铜观音造像 1957 年于浙江省金华市区（原金华县）密印塔寺万佛塔地宫出土，1959 年由浙江省博物馆划拨，为国家一级文物。

图一 鎏金铜观音造像

二 方案制订

五代十国鎏金铜观音造像复制方案的制订以《中华人民共和国文物保护法》《中华人民共和国文物保护法实施条例》《中华人民共和国文物复制暂行条例》为法律依据。建立在对复制文物原件进行全面风险评估的基础上，制订文物复制方案。履行严格的文物复制报批手续和库房文物提取手续。确保文物复制的安全性和可行性，复制中遵循最小干预原则，严格按照复制方案操作，保证文物原件的绝对安全。

鎏金铜观音造像的复制工作包括前期资料调研分析、翻模铸造、涂金（鎏金）处理、后期作旧四部分内容。

三 资料分析

文物相关文献资料的收集整理和信息建档记录是复制前期的重要工作。文献资料包括该文物的基本信息、考古报告、风险评估报告以及相关研究资料。对文物进行相关信息建档和记录，包括全面的、多角度的文物照片的拍摄，相关病害信息的记录等，这样有利于了解该文物的文化背景、器物特征、病害状况、造型风格等，有利于文物的复制。通过对文物相关资料的收集和整理，对待复制文物描述和分析如下。

1. 考古信息

有关鎏金铜观音造像的考古资料主要有《金华市万佛塔塔基清理简报》[1] 和《金华万佛塔出土文物》[2]，文字部分均由王士伦执笔，可见文物发掘出土时的相关信息。《金华万佛塔出土文物》中对鎏金铜观音造像的描述较为详细："铜造像大小共六十余尊。其中有一尊观音像甚精：他慈祥地坐在假山上，左腿下垂，右腿屈踏石上，左手微向后撑起，右手支在右腿上，那丰润的肌体，凝静、优美、自然的形象，使人感到亲切。""铜造像中，除用铜板雕刻的外，余都中空，花冠、头部、身体、四肢、座、焰等，大多分铸。翻范时有砂眼，所以在铸像的内部，多有后来补上去的金属小块。"

2. 历史背景

鎏金铜观音造像出自万佛塔地宫。万佛塔本名为密印寺塔，因塔身外壁上部每块塔砖都雕有佛像，故名万佛塔。《金华万佛塔出土文物》中，王士伦以康熙金华府志载"密印寺，在府治北百四十五步，旧名'永福'，吴越钱氏建，宋大中祥符间，更名'密印'。后废，改建分司。有塔九级，治平初建……"与地宫"龙宫"内刻经后的题记对比，认为万佛塔为北宋嘉祐年间僧居政募建的。

"万佛塔从始建到毁圮，一直是作为城市标志出现在金华历代城池古地图中，对于整体格局、景观风貌及形胜风水的重要地位不次于其宗教地位。在历史上金华府城有'大船、桅杆、跳板'的意象格局，万佛塔承担着'桅杆'的景观标志性作用。"[3]

3. 艺术风格

鎏金铜观音此种造型又称为水月观音。为中唐画家周昉创作，常见于石窟造像和石窟壁画，如敦煌莫高窟、安西榆林窟等石窟，保存有唐、五代、宋代、西夏时期的水月观音形象。竹林山石和大圆背光是水月观音的重要元素，一般认为水月观音形象出自《华严经·入法界品》，其中有善财童子到补怛洛迦参见观音菩萨的记载，而山石、树林、流水是对观音道场的表示和象征，大圆背光是水月观音特有的元素，如法国吉美博物馆藏 17775 号五代水月观音绢画的形象。此尊鎏金铜观音，游戏坐姿于山石台座，金属的质感与观音衣带飘逸，圆形火焰背光的动态与观音宁静安详的神态对比鲜明，更加传达出清净幽深、空明寂灭的意境。

4. 金涂工艺

鎏金，又称火镀金、汞镀金，唐宋多称金涂，是将金在高温下溶于水银中形成金汞齐，涂于铜胎上，经过高温烘烤使水银挥发，在器物表面形成一层黄金。朱凤瀚认为"鎏金器的出现已可能追溯到战国早期，而战国中晚期鎏金银已为多见"。[4] 可见鎏金工艺出现时间之早。此件鎏金铜观音造像，制作精美，色彩富丽，金光宝蕴。金层致密完整，除了局部有轻微脱落外，余保存较为完好。

5. 保存现状

观音造像为青铜铸造，通体鎏金。观音造像的底座凹面夹缝、背光后面、头部发丝缝隙、衣纹褶皱、璎珞串珠缝隙有较轻的锈蚀现象，底座为灰白、红褐色，其余大多为黑色、浅绿色、翠绿色锈蚀。鎏金器物的腐蚀情况比较复杂，大多为青铜胎基体的腐蚀。青铜胎基体的腐蚀，是在对铜胎鎏金操作时，水银挥发后所留下的空隙，再用玛瑙压光器物表面时，难免有一些部位存在死角或难以触及，这样从微观上形成了相互连接的金颗粒，而颗粒之间存在的微孔，与周围环境、缝隙中的落灰容易造成吸湿环境，微孔的存在使得铜基体与环境中的水或水汽产生电化学腐蚀，胎体发生腐蚀，锈蚀物出现在鎏金层上或夹杂其中。

四　翻模铸造

造像翻模铸造包括复制翻模、涮制蜡型、合金铸造、铸件加工等工艺。

1. 复制翻模

复制翻模是整个复制过程中最基础和重要的环节。一方面，这一环节与文物接触最为紧密，采用合理的翻模方法，对文物进行合理科学的分型，再加上规范的操作，可以保障文物自身的安全。另一方面，这一环节的翻模质量关系到后期蜡型的质量以及合金铸造时铸件的质量，是文物复制的基础。

（1）翻模方法

复制翻模有两种较为常用的方法，即石膏翻模和硅橡胶翻模。

石膏翻模是依据器物的外形，在器物上分块建立石膏模具并配合石膏套模的翻制技术。石膏翻模的不足之处在于依据器物外形的石膏分块操作难度较高，要求上下块翻制，操作耗时较长，出蜡型时有一定操作难度。其更适用于一些造型或装饰简单的小件文物的复制。

硅橡胶翻模是以硅橡胶替代石膏建立模具并使用石膏在硅橡胶外部做固定套模的技术。硅橡胶翻模对文物本体伤害小，分型便捷灵活，良好的复印性能使纹饰铭文表现清楚，后期利于文物表面清理，易于涮蜡出蜡型，使复制件作旧事半功倍。硅橡胶翻模的不足之处在于器物整体收缩问题。经过硅橡胶、蜡和铜液的三次收缩，铸件与原件相比会整体变小。

两种翻模技术各有优点，经比较，考虑到本次复制的鎏金观音造像器形较大，部件较多，造像头冠、发髻、五官、衣饰等细节表现要求清晰准确，在复制过程中要保证文物原件的安全，故采用硅橡胶翻模铸造法。另外在操作过程中，尽可能多地给予一定方法介入，扬长避短，尽量降低复制件的整体收缩问题。

（2）复制翻模

对比考古资料，该鎏金铜观音造像铸造工艺为分铸，经过对文物的观察，发现该观音造像分铸的宝冠、净瓶、底座、背光可取下，因此决定对观音造像的每一部分即观音塑身、宝冠、净瓶、底座、背光这几个部件分开单独翻模。

本次复制翻模在不锈钢工作台上操作，台面铺垫瓦楞纸板，准备材料和工具如下：油泥、擀杖、矩形短木棒、滑石粉、美工刀、面板、记号笔、石膏粉、塑料盆、去离子水、钳子、镊子、油画刀、硅橡胶和固化剂、毛刷、软皂、豆包布（纯棉白色单层纱布）、剪刀、铁丝、草绳、橡胶锤、热吹风机、自制的骨质、铜质、木质修刀、报纸、泡沫板和废料收集箱等。

（a）刷隔离

将观音塑身、宝冠、净瓶、底座、背光几个部件依次平置于台面之上并清理干净。选用软皂水为隔离剂，用羊毛刷将软皂水均匀地涂刷于文物表面，等软皂水干燥后，文物各部件表面就会形成一层保护膜，起到隔离硅橡胶和文物表面的作用，防止硅橡胶粘在文物表面难以揭下、发生粘连等。

（b）定分型

通过对鎏金铜造像各部件观察，确定其分型面。

将观音塑身平躺放置，以观音塑身上半身侧面二分之一处和下部正面衣裙为纵向分型面。用油泥将观音塑身上部身体垫平，用矩形短木棒在观音塑身右手屈膝侧面和底部搭高接近于正面高度的平面，再用油泥垫平。分型面的分界线一定要清楚，将多出来的油泥用修刀修齐，亏的地方用油泥补上并修齐。观音塑身右手在胸前，还需用油泥间隔，检查仔细后，用擀好的油泥将观音围起来，用油画笔的笔杆在油泥上压出小圆坑以形成硅橡胶的凸起，成为子母口（图二）。

山石型底座平置于台面上，用油泥将顶部开孔和山石卡槽位置填平，以底座背面中线为轴，形成分型面。用平整的油泥沿底座背部中线凹凸随形，竖立于台面，压出小圆坑，形成分型面，再用擀好的油泥条将胎座底部圈围起来，与分型油泥相接（图三）。

宝冠的分型面较简单，将宝冠有化佛的一面朝上置于平整的油泥块上，底部拱形用油泥填充，处

图二　观音塑身分型

图三　底座分型

图四　宝冠分型

图五　净瓶分型

图六　背光分型

理好镂空位置和边缘接触面，形成分型面（图四）。

净瓶的分型，将净瓶躺置于平整的油泥块上，以瓶底直径到瓶口直径为分型面，将净瓶一分为二，用油泥随形置于净瓶底部，形成灌注口，再用擀好的油泥条将净瓶围起来，留好子母口（图五）。

圆形背光的分型以背光底面为界，擀两片较大平整的油泥成圆形，将背光正面朝上放置于油泥上，背光左右上部的火焰纹向上弯曲翘起，用油泥随形填充平整，留出中空部位（图六）。

（c）上硅橡胶

在分好型的各部件分型面上刷硅橡胶。将硅橡胶和固化剂按照产品说明书规定的比例调和好，预先实验，确定硅橡胶的固化速度和成形效果，做到有把握后再涂刷于文物上，以保证文物安全。刷第一层硅橡胶时，由于这层硅橡胶是贴着各部件表面的，可以将固化剂减少一些，这样硅橡胶固化速度慢，流动性好，可反复用毛刷将硅橡胶刷到器物表面的每一道缝隙里，这也是保证翻模质量的关键。待第一遍硅橡胶即将固化时再上一遍硅橡胶，从而达到一定厚度。在刷涂过程中，由于文物每个位置的高低不平，硅橡胶总是从高的位置流向低的位置，形成薄厚不均的情况，所以要不断用笔刷调整。

观音塑身置于前胸的手臂，等硅橡胶将要固化时，将间隔的油泥去掉，在对应的位置涂刷隔离剂，将硅橡胶涂刷其上，形成对手臂的包裹。趁第二遍涂刷的硅橡胶还未固化，用剪刀将豆包布剪成相应的大小，贴敷于硅橡胶上，用毛刷排整齐，使其融为一体。在硅橡胶中间加一层豆包布的目的是为了增强硅橡胶整体的韧性，使其更耐拉扯，不易变形，然后在豆包布的上面再刷两三遍硅橡胶（图七）。

底座涂刷的硅橡胶固化后，将分型面竖块油泥去掉，然后在子母口的位置涂隔离剂，再上硅胶，形成对整个底座的包裹。同样将豆包布贴敷于底座表面，然后在豆包布上面再上两三遍硅橡胶（图八）。

净瓶和宝冠以同样的方法涂刷硅橡胶，由于部件较小，所以不用豆包布，大圆背光的操作需要加豆包布，操作不再赘述（图九、图一〇）。

图七　观音塑身上硅橡胶　　　　　　图八　底座上硅橡胶

图九　净瓶和宝冠上硅橡胶　　　　　　　　　　　图一〇　背光上硅橡胶

（d）做套模

石膏套模是指用石膏做模具套在硅橡胶模具的外侧，起到加固和拘束内部硅橡胶模具的作用。根据不同部件的形状特征，决定石膏分块的顺序、大小和数量。按照所需的量将石膏粉和水在盆中混合调好，堆抹到硅橡胶分型面的一侧，用修刀趁着石膏没有固化时抹好形状，等石膏固化后用木工扁铲修好形，按照确定好的顺序依次翻制，每一块石膏留好榫卯接口，大块的石膏嵌入铁丝做成的骨架以增加强度。宝冠和净瓶的石膏套模较简单，背光需要在石膏模具中加铁丝骨架，菩萨和底座因造型需要多分块且需要加固，观音塑身石膏分为4块，底座分为8块。最后在石膏分型面上用刀修出三角形榫卯口，方便石膏合范。完成后在石膏分型面上刷好软皂。

鎏金铜观音造像各部件一面翻制完毕后，将其翻转过来，对另外一面以同样的方法翻制（图一一），在此过程中要留好涮蜡孔腔。等石膏固化微微"发热出汗"时，开启石膏模具，用橡胶锤将石膏模具轻轻震开缝隙再打开，取下石膏模具后再取硅橡胶模具，将取下的硅橡胶模具套在石膏靠模内部，合好范，用绳索捆紧后放置在一边。

最后，一定要保证文物的安全，将鎏金铜观音造像各部件取出后，用温热的纯净水将脱离模具的各部件上的软皂清洗干净，将粘在各部件上的油泥清理干净并将其吹干，将文物原件组装好，及时送回恒温恒湿的安全环境中，之后还要注意观察。

图一一　另一面上硅橡胶合范

2. 涮制蜡型

涮蜡型是文物复制铸造中重要的环节。将蜡片加热熔化形成蜡汤，再将蜡汤倒入每个部件的模具中，并抱起模具来回左右均匀转动，让蜡在模具的每一个角落流动，再将多余的蜡汤倒出。模具中的蜡汤随着温度的降低会在模具中附着薄薄的一层。然后再舀蜡汤倒入模具，反复多次，模具内部会形成一定厚度的蜡型。蜡型就是将来铸造出来的复制件的基本形状。

修蜡型是指处理翻模过程中的缺陷，如硅橡胶的气泡破洞，就会在蜡型上留下蜡珠，还有模具分型面所形成的蜡痕。仔细检查蜡型，将蜡珠剔除，将花纹缺陷处用蜡修整好，用修刀将多余的蜡峰割掉。在阳光下观察，透光的地方就是蜡型较薄处，在修蜡型时这些地方也要注意和处理，同时接好冒口和气孔通道，保证出气顺畅，不"窝气"，最后将修好的蜡型放置在一边，以备合金铸造。

3. 合金铸造

合金铸造之前，先要做砂壳。做砂壳通过挂砂来完成，是指在蜡型上一层一层地挂上莫来石砂粉从而形成浇铸铜液的砂型模具。莫来石砂粉依据颗粒的粗细度分为不同的目数，挂砂从最细的目数开始。等挂好砂凝成坚固的外型后，采用热水将蜡熔掉，形成空的型壳，即熔模铸造。对鎏金铜观音造像的每个部件分别挂砂，形成砂壳。

在每个部件的铸造过程中，考虑到之后鎏金工艺对合金材质有较高的要求，为了提高后期鎏金的附着性和光亮度，对铜、铅、锡的比例做了相应的调整，降低合金的杂质。在铸造完成后，为保证复制件的唯一，淘汰熔化掉有铸造缺陷的部件，选取质量较好、纹饰清晰、形貌较好的铸件，作为鎏金的对象。

五 铸件鎏金

上金工艺有多种，历史时期有包金、贴金、鎏金等工艺，近现代发展为镀金，又分电镀金和化学镀金等。对比其他上金工艺，为了保证复制件金层在致密度、光泽度、厚度等方面与文物原件尽可能保持一致，提高复制件金层的耐久性和防腐蚀性，铜观音造像上金采用传统的鎏金工艺，由经验丰富的师傅操作。

1. 预处理

对铸件鎏金前的预处理，包括对铸件的打磨和去污清洗。将浇注口多余的部分切割掉，对铸件进行修整。仔细检查铸件表面，是否存在砂眼缩孔，如果存在砂眼缩孔，要对其进行处理。方法可采用扩孔之后用红铜丝嵌入锉平，之后对铸件进行打磨抛光。对需要鎏金的部位要打磨和抛光到位，不能留下死角，表面打磨抛光至光润平滑。抛光时要戴手套，防止汗渍体液对铸件的污染，最后对铸件进行去污清洗，材料为弱酸溶液，清洗后再将其反复冲洗干净。

2. 杀金

制备金汞齐，是为杀金。根据铸件的大小、表面积、鎏金层的厚度估算金的用量，根据业内惯例，按照金汞六比一的比例计算水银用量。杀金在通风的场所进行，操作人员做好防护，备风扇,背对风向。将金丝屑在坩埚中搅拌烧红,按比例倒入水银,用烧红的炭棍搅拌充分,掌握好时间和火候,防止金汞融合不够出现硬颗粒等情况,最后将其倒入清水盆中,清洗干净,得到银亮泥状物,即为金泥。

3. 涂金

采用专用工具金棍(铜扁铲状),蘸稀硝酸,将金泥涂抹于铸件表面,抹涂中要使金泥在胎体上附着均匀牢固,涂金要到位,尤其是观音造像的底座、背光的镂空、头部头发、身体和手臂以及衣褶等部位。待每个部件都涂抹完毕后,用热水洗掉残留于部件表面的硝酸盐,再用清水冲洗干净,这时每个部件都变成银灰色。

4. 烤黄

烤黄是将涂好金的部件在高温炉火中烘烤,使汞在高温中蒸发掉,金的颜色显露出来,在此过程中要使部件受热均匀,注意观察部件颜色变化,温度在300℃时部件表面开始变亮,在400℃左右渐渐变黄,之后将部件移出,待其冷却。

5. 刷洗

刷洗是将部件放入皂角水中,用细钢丝刷将部件表面的氧化汞白霜去除,操作过程中要注意不要破坏金层,观察颜色是否出现深浅不一的现象。对鎏金部件进行多次反复鎏金,以达到

图一二　鎏金完成正面　　　　　　　　图一三　鎏金完成背面

满意的效果。

6. 压光

为了使鎏金层更富有光泽，用玛瑙笔在部件表面蘸取皂角水均匀压划，使鎏金层致密（图一二、图一三）。

六　作旧

文物复制件的作旧有两种常用的方法。一种是比对文物原件进行作旧，另一种是在文物原件不允许的条件下，参照文物照片，对复制件进行作旧。比对文物作旧能够实时观察文物原件每个部位的细节，主要是锈蚀、刮蹭痕等的位置、形状和颜色，为复制作旧提供极大的便利。参照文物照片，要保证不同角度和方位的文物照片准备充分、照片的曝光和颜色要准确等，如遇到不确定的情况，要及时去展厅或库房查看文物原件进行确认。

由于复制件铸造鎏金时间较长，为了保障文物安全，文物原件在复制翻模清理干净后，已经及时送回适宜的温湿度环境中，本次作旧参照文物照片进行。对比事先准备好的鎏金铜观音造像的不同角度和细节的照片，准确把握文物的历史信息和风貌。一是对形貌的把握，二是对颜色的掌控。得益于硅橡胶良好的复印性能，文物原件表面所出现的孔洞、裂纹、剥落等信息均在坯体上呈现出来。针对此件文物，作旧的重点就在于颜色的掌控上。

作旧采用天然矿物颜料，如氧化铁红、钴蓝、钴绿、镉黄、群青、烟黑等。稀释剂为酒精，调和粘接剂为虫胶漆片。虫胶的主要成分为紫胶树脂，无毒无刺激，耐油性和耐酸性较好，兼有热塑性和热固性，粘接力强，光泽柔和，能溶于醇和碱，常用于铜器作旧。作旧手法采用点染、描绘、擦拭等。

在作旧过程中，先调整文物整体基调，再分别对背光、头冠、底座、净瓶和观音塑身作旧。经过鎏金的观音造像金光闪闪，而文物原件在历史岁月的沉淀下已经显得宝光内蕴，所以为了体现复制件的宝光，首先是对复制件进行杀光。用稀漆片汁调和黑褐色矿物颜料，对造像整体上色，使金色暗下来。在观音造像的璎珞纹串珠缝隙、手指缝、衣纹褶皱、脚趾缝、头发丝缝隙、头冠内凹部，可以形成长久以来落灰落尘的年代感；尊重铜器腐蚀规律，对器物的底座、佛像的背光等位置分层作色，形成自然的锈蚀生长纹理；在佛像一些突出的位置，或刮蹭、或磕碰，使得表面失去了镀金层，作旧时采用较浓的黑漆片汁，用棉布蹭出与文物原件接近的形状和蹭痕；在"落灰"的隙缝里，根据产生的白色、蓝色锈蚀，以及颗粒的大小形状，点出不同层次的锈蚀；模仿岩石底座流水的状况，在岩石底座的内凹部位，调和浅白色漆片汁，让其顺着山石自然流淌，形成水渍泛碱白色印迹。总之，分部件的作旧要准确到位，然后将所有部件组装好，再整体调整和衔接，目的还是为了使复制件在以后的环境中自然老化，做到整体风格与文物原件相似（图一四、图一五）。

图一四　复制件正面　　　　　　　　　　　图一五　复制件背面

七　总结

2017 年 3 月 23 日，鎏金铜观音造像完成复制件交接，复制时间 164 天，本次鎏金铜观音造像的复制，为今后铜鎏金器物、佛像的复制积累了宝贵的经验。

（1）部件拆分：此次鎏金铜观音造像从翻模复制、出蜡型、铸造到鎏金、作旧均是在部件拆分后完成，在尊重原文物部件分铸工艺的同时，也降低了复制难度。

（2）上金工艺：此次鎏金铜观音造像的上金工艺是复制的难点，采用传统金涂（鎏金）工艺，在操作过程中由有经验的师傅进行操作，取得较为理想的效果。

（3）造像作旧：此次复制件的作旧并没有过分地破坏鎏金层，而是尽可能通过矿物颜料调整，作旧效果较好。

参考文献：
[1] 王士伦：《金华市万佛塔塔基清理简报》，《文物参考资料》，1957 年第 5 期，第 41—47 页。
[2] 浙江省文物管理委员会：《金华万佛塔出土文物》，文物出版社，1958 年，第 5 页。
[3] 徐珂、田立强：《浙江金华万佛塔结构设计》，《建筑结构》，2019 年第 6 期。
[4] 朱凤瀚：《古代中国青铜器》，南开大学出版社，1995 年。

馆藏明万历云南布政使司上解金锭的复制

——兼论对铭文委官名字的考证

雷 磊

内容提要： 本文介绍了中国国家博物馆藏明万历云南布政使司上解金锭的基本信息和复制背景，论述了采用硅橡胶翻模法结合熔模精密铸造的方法复制云南布政使司上解金锭的技术路线，对金锭的复制方案和复制流程进行了详细描述。在操作过程中，丝纹是复制的难点，本文借鉴银锭丝纹形成原理，找到有效解决问题的方法。通过文物原件和复制件的比对，总结了此次明万历云南布政使司上解金锭复制成功的经验和存在的问题，对今后古代黄金货币的复制工作有重要的参考作用。另外，借助复制中与文物接触的机会，对尚未确定的铭文进行了推测论证。

关键词： 货币 复制工艺 金锭 布政司

2015 年 9 月，中国国家博物馆文保院（原文物科技保护部）接到复制任务，为北京税务博物馆复制馆藏明万历云南布政使司上解金锭一枚，以满足其相关展览展示需求。

一 文物信息

万历云南布政使司上解金锭，明万历四十二年（1614），长 6cm，一端宽 3.7cm，另一端宽 3.9cm，最厚处为 2cm，重 384.8g。神宗朱翊钧陵墓（北京明定陵）出土，1959 年由定陵博物馆调拨至中国国家博物馆（原中国历史博物馆）收藏。此金锭为船形，两端为圆弧形翘起，中部为束腰状，棱线分明，金锭正面中部微凹，周边分布有丝纹（又称水波纹）数层。金锭底面錾刻铭文四竖行共 31 字，为"雲南布政使司計解萬曆肆拾貳年分足色金重拾两計壹錠委官李锤□□□"（图一、图二）。

明代金锭尚少见。定陵共出土金锭 103 枚，此枚金锭为云南布政司上交 33 枚中的一枚。金锭铭文标明了省份、年代、成色、重量、委派官员、工匠等方面的信息。明代在地方设置三司，分别为都指挥使司（军政）、提刑按察使司（刑狱）和布政使司（民政），云南布政使司为全国设置的十三个布政使司之一。表明此枚金锭来自云南，由云南布政使司买办，拾两足色金，

图一　云南布政使司上解金锭

图二　金锭底面刻铭

委派官员为"李锺□□□"。

嘉靖七年奏准："云南年例金一千两，遵照原型勘合，将每年该征发银，照依时估，两平收买，真正成色金，每十两为一锭，于上錾凿官匠姓名，差委有职役人员。"[1]至神宗时期仍加倍增加。王裕巽等认为："这枚'计解年份'官铸金锭的公布，又一次扩展了此类名目的明代金锭存世实物之群体发现。"[2]并认为"'年例金'制度是'计解年份'金锭出现之本源，'计解年份'金锭的出现当是云南地方贯彻'年例金'制度的结果"。

二　方案制订

明万历云南布政使司上解金锭复制方案的制订以《中华人民共和国文物保护法》《中华人民共和国文物保护法实施条例》《中华人民共和国文物复制暂行条例》为法律依据。建立在对复制文物原件进行全面的风险评估的基础上，制订文物复制方案。履行严格的文物复制报批手续和库房文物提取手续。确保文物复制的安全性和可行性，复制中遵循最小干预原则，严格按照复制方案操作，保证文物原件的绝对安全。

明万历云南布政使司上解金锭为黄金质地，较小，束腰元宝形，金锭的珍贵不仅仅体现在黄金材质上，更在于金锭底面錾刻铭文的历史信息和研究价值，而金锭凹面的丝纹，如同投石入水泛起的涟漪，从边缘向中心逐渐消失、线条柔和流畅、层次立体分明、表面细腻光润，是本次复制的难点。选用何种复制方法再现丝纹轻浅又清晰的特点是复制的重点。

首先是建立在对丝纹形成原因了解的基础上。目前有关金锭丝纹形成原因的研究文献鲜有，故在金锭复制前期资料准备时，主要以银锭丝纹研究相关文献作为参考，至于金锭的丝纹是否与银锭丝纹形成原因相似，还有待相关专家学者进一步的对比实验研究。

银锭丝纹出现的解释："在冷却过程中，由于氧的逸出，银液会急剧收缩，冷却总是从外围向中心，这就出现丝纹，中心最后冷却点收缩最大，成为丝纹的中心，也就是凹点。"[3]周卫荣提出"古代银锭铸造中，自然冷却的银水往往是从锭之边缘到中心顺次凝固，形成向心的层层丝纹"[4]，他们认为丝纹的形成一方面与银料的纯度有关，还受冷凝过程中银液温度、环境温度、铁范壁厚、浇铸速度以及人工干预等因素的影响。以上银锭丝纹形成的原因是可以借鉴的内容。

其次是复制方法的选择。传统的复制方法可选用石膏翻模或硅橡胶翻模两种方法。鉴于本次复制对铭文和丝纹的再现有较高要求，经过对比后选用硅橡胶翻模和熔模铸造相结合的方法来实现金锭的铸造复制。但由于金锭丝纹过于细浅，即使采用硅橡胶翻模方法恐也难以达到预想的效果。经过查找文献资料，明代张应俞所撰《杜骗新书》第十四类"假银骗·冒州接着漂白镴"一节中在谈到假银锭的铸造方法时有涉及："画系（即'丝'，指银锭表面的丝纹）即水系泻出而无系，以铁画系于其上，曰画系。"[5] 所以在借鉴银锭"画系"作伪等的基础上，可在金锭复制中，采用硅橡胶翻模方法在出蜡型后，在蜡型修整的过程中对蜡型上的丝纹重新加刻，可以达到与原件接近的效果，保证复制品的造型准确，纹饰清晰，从而更好地用于展览展示。

最终，明万历云南布政使司上解金锭的复制采用硅橡胶翻模法翻模铸造，出蜡型后对丝纹部分进行干预，铸铜后采用鎏金工艺的复制方案。文物原件材质属贵金属，为钱币类文物，复制目的为满足相关展览展示需求，综合考虑材质、复制成本、复制用途、展览效果，决定采用铜代替金，铸铜后表面鎏金的复制方案。

三　翻模铸造

翻模铸造与鎏金处理、后期作旧构成金锭复制的全部过程，翻模铸造是基础，包括金锭翻模和熔模铸造两部分内容。

1. 金锭翻模

本次复制翻模在不锈钢工作台上操作，准备材料和工具如下：油泥、擀杖、滑石粉、美工刀、面板、记号笔、石膏粉、塑料盆、去离子水、钳子、镊子、油画刀、硅橡胶和固化剂、毛刷、软皂、剪刀、橡胶锤、热吹风机、自制的骨质、铜质、木质修刀、报纸、废料收集箱等。

（1）刷隔离

将金锭置于台面之上并清理干净。选用软皂水为隔离剂，用羊毛刷将软皂水均匀地涂刷于文物表面，等软皂水干燥后，金锭表面就会形成一层保护膜，起到隔离硅橡胶的作用，以防止硅橡胶粘在文物表面难以揭下、粘连等情况的发生。

（2）定分型

对金锭观察，确定其分型面。取一块瓷板，铺一块擀好的直径约18cm、厚度为1cm的圆

图三　确定分型面

形油泥放在瓷板上，将金锭扣放其上，以金锭束腰处内凹面为分型面，用油泥将金锭分型面周边填补后再用牛角抹刀修平。取油泥成圆柱形，置于竖行铭文底部成浇注孔。然后再用油泥条将金锭围起来，检查仔细后，用油画笔的笔杆在油泥上压出小圆坑以便形成硅橡胶的凸起，形成子母口（图三）。

（3）上硅橡胶

在分好型的金锭底面上硅橡胶。硅橡胶的固化速度和成型效果要有把握，将硅橡胶和固化剂按照产品说明书规定的比例调和好，确认后再涂刷于文物上，以保证文物安全。

分两遍上硅橡胶，第一遍上硅橡胶时，硅橡胶与金锭表面，特别是铭文部分最为紧密，可以将固化剂减少一些，这样硅橡胶固化速度慢，流动性好，可反复用毛刷将硅橡胶刷到金锭上表面铭文的每一道笔画中，这也是保证铭文翻模质量的关键。待第一遍硅橡胶即将固化时再上一遍，从而达到一定厚度。在刷涂过程中，由于文物每个位置的高低不平，硅橡胶总是从高的位置流向低的位置，形成薄厚不均的情况，需不断调整。待硅橡胶固化后，检查固化效果，用美工刀将多余的硅橡胶模外围割掉，为下一步做套模做好准备。

（4）做套模

用石膏做模具套在硅橡胶模具的外侧，起到加固和拘束内部硅橡胶模具的作用。按照所需的量将石膏粉和水在盆中混合和好，堆抹到硅橡胶分型面的一侧，用修刀趁着石膏尚未固化时抹好形状，等石膏固化后用木工扁铲修好型。在石膏分型面上用刀修出三角形榫卯口，方便石膏合范。

金锭铭文一面翻制完毕后，将其翻转过来（图四），在石膏分型面上刷好软皂，由于丝纹纹饰较浅，所以在上硅橡胶时，一定要减少气泡和保证硅橡胶复印到位，等硅橡胶固化后，以同样的方法翻制石膏套模。

图四　硅橡胶模和石膏套模

石膏固化完全后，开启石膏模具，取下石膏模具后再取硅橡胶模具，将取下的硅橡胶模具套在石膏靠模内部，合好范，用绳索捆紧后放置在一边。

要保证取出金锭的安全，将金锭取出后，脱离模具的金锭用温热的纯净水清洗，保证金锭表面的软皂被清洗干净，将粘在金锭上的油泥清理干净并将其吹干，及时将文物放回安全环境中，之后还要注意观察。

2. 涮制蜡型

蜡型的制备是金锭铸造重要的准备环节。出蜡型有两种方法，一种是涮蜡法，一种是充蜡法。

金锭套模出蜡型采用涮蜡法。将蜡片加热熔化形成蜡汤，灌入模具中，将模具来回左右均匀转动，让蜡在模具的每一个角落流动，再将多余的蜡汤倒出。第一遍涮蜡的温度稍高，保证蜡的流动性和填充性。再涮蜡可以降低一点温度，模具中的蜡汤随着温度的降低会在模具中附着薄薄的一层。反复多次，模具内部会形成一定厚度的蜡型。蜡型就是将来铸造出来的复制品的基本形状，下一步是对蜡型的修整。

修蜡型是指处理翻模过程中的缺陷，如硅橡胶的气泡破洞，就会在蜡型上留下蜡珠。还有模具分型面所形成的蜡痕。仔细检查蜡型，将蜡珠剔除，将花纹缺陷处用蜡修整好，用修刀将多出的披缝割掉。

考虑到金锭原件经过硅橡胶翻模、出蜡型、挂砂以及铸造鎏金等工艺流程处理，金锭复制件中部凹陷部位原本轻浅的丝纹难以复制得与原件一样清晰，所以在金锭修蜡型过程中给予干预，即制作小工具，对蜡型上的丝纹进行加深修整。最后，在蜡型上制作出浇口、浇道、出气口，将修好的蜡型放置在一边，以备合金铸造。

3. 熔模铸造

现代所谓的精密熔模铸造法，古代称之为失蜡法，又称蜡脱法。《天工开物》中明确记载了此种工艺。其原理是用蜡制作完成铸模，外部以造型材料成型，加热使蜡模熔化，形成带有造型空腔的范，用以浇注合金。现代精密熔模铸造的工艺流程如下（图五）。

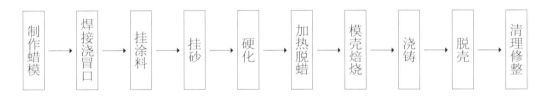

图五　精密熔模铸造工艺流程

熔模铸造之前，先要做砂壳。做砂壳通过挂砂来完成，是指在硬脂酸钠溶液清洗完毕的蜡型上一层一层地挂上莫来石砂粉从而形成浇注铜水的砂型模具。莫来石砂粉依据颗粒的粗细度分为不同的目数，挂砂从最细的目数开始。等挂好砂凝成坚固的外型后，通过加热将蜡熔掉，成为空腔，之后浇铸，即熔模铸造。

考虑到之后鎏金工艺对合金材质有较高的要求，为提高后期鎏金的附着性和光泽度，对铜、铅、锡的比例做了相应的调整，降低合金的杂质。在铸造完成后，选取铸造质量好、纹饰清晰的铸件，进行下一步鎏金。

四　鎏金

为了保证复制品金层在致密度、光泽度、厚度等方面与原件尽可能保持一致，提高复制件金层的耐久性和防腐蚀性，复制品采用传统的鎏金工艺。

首先对铸件进行鎏金前的预处理，包括对铸件的打磨和去污清洗，仔细检查铸件表面，对金锭铸件表面存在砂眼缩孔进行处理。在铸件打磨抛光中要戴手套，防止汗渍体液对铸件的污染，完成后对铸件进行去污酸洗，再将铸件反复冲洗干净。

其次是对铸件鎏金。提前杀金制备金汞齐，采用专用工具金棍蘸稀硝酸，将金泥涂抹于铸件表面，涂金要均匀到位，待涂抹完毕后，用热水洗掉残留于部件表面的硝酸盐，再用清水冲洗干净。将涂好金的部件在高温炉火中烘烤，使汞在高温中蒸发掉，金的颜色显露出来。

最后，将铸件放入皂角水中，用细钢丝刷洗，为了达到与原件近似厚度，对鎏金部件还要多次鎏金，之后用玛瑙笔在其表面蘸取皂角水均匀压划，使鎏金层致密并富有黄金光泽（图六、图七）。

图六　铜鎏金锭正面　　　　　　　　　　　　　图七　铜鎏金锭底面

五　作旧

作旧参照文物原件进行。作旧的重点有二，一是对形貌的把握，二是对颜色的掌控。得益于硅橡胶良好的复印性能，原件表面所出现的孔洞、裂纹、锈蚀等信息均已呈现出来。针对此件文物，作旧的重点就在于颜色的掌控上。

作旧采用天然矿物颜料，稀释剂为酒精，调和粘接剂为虫胶漆片。虫胶的主要成分为紫胶树脂，能溶于醇和碱，无毒无刺激，粘接力强，光泽柔和，常用于铜器作旧，作色采用点染、描绘、擦拭等技法。

此件金锭的作旧重点在于颜色的调整上。由于金锭复制采用铸铜鎏金的方案，所以形成的鎏金件和原件的足金存在光泽、色调、质地上的不同，例如鎏金件金光四射，光线强显得生硬，带有火气，而原件经过历史岁月的沉淀已经显得宝光内蕴。所以为了体现金锭的宝光，首先是对复制件进行杀光，通过将漆片稍微调稠一些，等漆片干后再上，多次对金锭复制件上色，用棉布在金锭表面擦揉出柔和的色泽，调和矿物颜料使复制件更接近赤金色。其次尊重腐蚀规律，

图八　复制件（右）与原件（左）正面对比　　　图九　复制件（右）与原件（左）底面对比

对金锭一点小的锈蚀分层作色，形成自然的锈蚀生长纹理。在此基础上，综合比对调整，达到与原件相像（图八、图九）。

六　研究

《中国国家博物馆百年收藏集萃》[6]、《中国古代钱币》[7]对金锭底面錾刻铭文表述为"云南布政使司计解万历四十贰年分足色金重拾两计壹锭委官李锺□□□"。此件金锭的铭文尚有不确定的地方，后三个字尚未定论，在此提出一点看法。

本次金锭的复制，笔者有机会近距离仔细观察文物原件，特别是经过对金锭原件翻模后硅橡胶的复印字迹和复制件的对比，后三个字的笔画并不难辨认，目前较为确定的是后两个字为"黄纲"，难点在于倒数第三个字的确认。该字的笔画为双人旁，上面"山"字，下面"言"字，右边为"攵"。王裕巽等[2]在其文章中对此件金锭的铭文表述为"云南布政使（何）司计解万历四十贰年分足色金重拾两，计壹锭，委官李锺山，（衙）黄（纲）"，将第三个字一分为二，认为是两个字。一个是"山"字，一个是"衙"字。

此种金锭在定陵中出土数量为103枚，云南布政司上解数量为33枚，笔者认为可在文献资料和考古资料中对万历四十二年云南布政使司上解金锭铭文进行资料整理和解读。

十三陵特区办事处王秀玲[8]在其文章《明定陵出土金、银锭铭文》中不仅总结了委官的常见的名字，如：委官有魏元勋、包一新、李绍傅、李锺薇、余应贤。还列出了出土金、银锭铭文等详细信息列表，为此字的求证提供了可靠的考古资料，与万历四十二年有关的云南布政使司金锭如下。

W198器号，Ⅱ型1式，长5.8cm，腰宽2.9cm，厚1.5cm，底部铭文为："云南布政使司计解万历肆拾贰年分足色金重拾两计壹锭委官李锺□金匠沈教金户黄梧"，重387g，出土于万历帝棺内西端北侧。

W202器号，Ⅱ型1式，长6cm，腰宽2.8cm，厚1.4cm，底部铭文为："云南布政使司计解万历肆拾贰年分足色金重拾两计壹锭委官李锺□黄□"，重 385g，出土于万历帝棺内西端北侧。

W204 器号，Ⅱ型 1 式，长 5.7cm，腰宽 2.9cm，厚 1.5cm，底部铭文为："云南布政使司计解万历肆拾贰年分足色金重拾两计壹锭委官李锺□金匠沈教金户叶文林"，重 384g，出土于万历帝棺内中部北侧。

王裕巽等引用的《古今银文字存》（万历《明会典》卷三七，《金银诸课》）一书中，有万历年份金锭全拓七图。第五锭："云南布政司计解万历肆拾贰年份，足色重拾两，计壹锭，委官李锺徽，金匠沈教，金户峨文林。"[2]

综上，万历四十二年云南布政使司委官都有"李锺□"的人名，王秀玲认为是"李锺薇"，王裕巽等认为是"李锺山"，（衙）黄（纲），在其文章中，著录第五锭金锭（W204）为"李锺徽"。

笔者认为万历四十二年云南布政司上解金锭"李锺□"为同一个人。王裕巽等将倒数第三个字拆解成两个字，一个为"山"字，另一个字为"衙"字。经比对原件笔画，笔者不认可此种解读。一是将一个字拆成两个字来解读显得不妥，二是衙字作为姓氏的可能性较小，三是衙字的笔画与铭文笔画不符；故《金银诸课》中著录为"李锺徽"和王秀玲认为等"李锺薇"均不妥。

笔者认为此字推测为"薇"字的可能性较大。委官"李锺薇"，在金锭刻铭时，将薇字中间的"山"刻在了整个字上部。而下面的"言"字，与"薇"和"徽"不符。事实上，以"薇"字为例，褚遂良《雁塔圣教序》中写成"徽"，而颜真卿《自书告身帖》中，写成"薇"字。

因此，此枚金锭铭文为："云南布政使司计解万历肆拾贰年分足色金重拾两计壹锭委官李锺薇黄纲。"即云南布政司计解，年份为万历四十二年，足色重拾两，计一锭，委官"李锺薇、黄纲"。

七 总结

本次金锭复制选用硅橡胶翻模与熔模铸造相结合的方法完成。在材质上，采用铸铜和鎏金代替了纯金铸造，在综合考虑材质、复制成本、复制用途、展览效果的基础上，尽可能保证复制品与原件在体量、形制、铭文、纹饰、质地等方面相似，完成了此件金锭的复制，符合《中华人民共和国文物复制暂行条例》的相关规定。

金锭丝纹的复制是难点。通过对银锭丝纹形成原因的资料分析，以及对相关文献资料调研，借鉴明代张应俞所撰《杜骗新书》第十四类"假银骗·冒州接着漂白锉"一节中谈到的假银锭的铸造方法，在金锭复制中，通过出蜡型后在蜡型修整的过程中，制作金属小工具，对蜡型上的丝纹重新加刻，以达到表现丝纹与原件接近的效果，较好地解决了问题。

在金锭复制过程中，通过对铭文笔画的观察和相关文献分析，以实物资料为参考，对铭文中委官名字进行考证，认为铭文应为："云南布政使司计解万历四十贰年分足色金重拾两计壹锭委官李锺微黄纲。"

  总之，本次明万历云南布政使司上解金锭的复制，积累了丰富的经验，对以后贵金属货币的复制有重要的借鉴意义。

参考文献：

[1] 申时行等修：《明会典（万历朝重修本）》，中华书局，1989 年，卷三七《金银诸课》，第 266 页。

[2] 王裕巽、翁志伟：《明万历"计解年份"金锭考》，《钱币博览》，2005 年第 2 期。

[3] 汤国彦：《中国历史银锭》，云南人民出版社，1993 年，第 69—75 页。

[4] 周卫荣、杨君、黄维等：《中国古代银锭铸造工艺研究》，《中国钱币》，2013 年第 4 期。

[5] 黄维、杨君、周卫荣：《中国古代银锭制作技术考述》，《中国钱币》，2012 年第 3 期。

[6] 吕章申：《中国国家博物馆百年收藏集萃》，安徽美术出版社，2014 年，第 738 页。

[7] 吕章申：《中国古代钱币》，中国社会科学出版社，2011 年，第 187 页。

[8] 王秀玲：《明定陵出土金、银锭铭文》，《明清皇家陵寝保护与发展论文集》，燕山出版社，2006 年。

3D 打印复制鎏金"中国大宁"铜镜报告

张鹏宇

内容提要：2019 年 8 月，新疆维吾尔自治区博物馆请中国国家博物馆为其复制馆藏一级文物鎏金"中国大宁"铜镜。由于这面铜镜出土后进行过粘接修复，不适宜采用传统翻模工艺进行复制。依托馆藏文物三维数字化信息采集工作，采用 3D 打印结合传统随色作旧工艺完成了鎏金"中国大宁"铜镜的复制。这种创新的复制工艺更加模块化、机械化和精确化，大大减化了复仿制人员的动手操作，具有几乎与文物零接触、还原度高、耗时少等优点，既保证了文物本体几乎不受影响，也在一定程度上解决了馆藏文物不适宜采用传统翻模工艺进行复制的难题。

关键词：鎏金"中国大宁"铜镜　3D 打印　复制

一　复制背景

2019 年 8 月，新疆维吾尔自治区博物馆为提升其展览完整性，请中国国家博物馆为其复制馆藏一级文物鎏金"中国大宁"铜镜。鎏金"中国大宁"铜镜在出土时碎裂为多块，出土后经保护修复人员拼对粘接为整体，并进行了简单的随色作旧，入藏中国国家博物馆后，仍保留原粘接修复痕迹。鉴于这面铜镜曾进行过粘接修复，面临粘接剂老化等问题，出于对文物安全性的考虑，加上我馆馆藏文物三维数字化信息采集工作正在有序地进行，结合藏品保管部、文保院、数据管理与分析中心有关专家的意见，馆领导审议通过了采用 3D 打印结合传统随色作旧对其进行复制的决定。采用 3D 打印工艺进行的文物"复制"行为虽然不符合《文物复制暂行管理办法》中对"文物复制"的定义，未采用原工艺进行复制活动，应称为仿制，但从最终制品的体量、形制、纹饰等效果看，又达到了文物复制的效果，因此，还是应称其为新工艺下的文物"复制"。

二　文物基本信息

鎏金"中国大宁"铜镜（图一），直径 18.6cm，缘厚 0.6cm，钮高 0.7cm。铜镜背面表面鎏金，圆钮，柿蒂纹钮座，柿蒂纹间各有一兽头，外围双线方栏，方栏外饰博局纹，间饰鸟兽纹饰，构图繁复细致，流畅生动，是汉代规矩纹铜镜中的精品。镜外缘与鸟兽纹饰之间铸铭文一圈52字："圣人之作镜兮，取气于五行。生于道康兮，咸有文章。光象日月，其质清刚。以视玉容兮，辟去不羊（祥）。中国大宁，子孙益昌。黄常（裳）元吉，有纪刚（纲）。"这段话可译为："圣贤冶铸铜镜啊，吸取金木水火土之精气。在博大的'道'中产生，包含了所有的奇妙图文。镜子光明如日月，它的质地清脆刚硬。用它照视你的玉颜啊，可以驱除不吉祥的东西。祈盼中国和平与安宁啊，世世代代日益昌盛。遵守自然秩序大吉大利啊，世界万物都有纲常规律。"汉代阴阳五行学说的盛行，在铜镜上

图一　鎏金"中国大宁"铜镜

得到了体现，同时也表达了对国家、子孙的祝福祈愿，反映出希望国家统一、安宁与繁荣的愿望。

鎏金"中国大宁"铜镜是 1951 年 10 月 18 日至 1952 年 2 月 7 日期间，由夏鼐、安志敏等七人组成的考古工作队在长沙近郊伍家岭地区一座汉代晚期的墓葬 M211（《长沙发掘报告》编号为 211 墓）中发现的[1]。

铜镜在出土时碎裂为多块，出土后经保护修复，将碎片拼接在一起，并用粘接剂进行了粘接，粘接后对粘接的缝隙进行了简单的随色作旧，但粘接痕迹依然比较明显，镜面粘接裂缝呈现黑绿色，镜背粘接裂缝呈现黄色和暗黄色。铜镜镜面不见原始光亮平滑的表面，布满白色、绿色和黄绿色的锈蚀产物。铜镜背面鎏金层虽然略显斑驳，但整体保存相对较好，整体色泽也偏暗，呈暗赤金色，部分鎏金层脱落的区域有黑绿色锈蚀物。铜镜柿蒂纹钮座和边缘一周遍布黄绿色锈蚀外，在镜背零星有少量黄绿色锈蚀。

三　复制难点

从技术和工艺角度出发，采用 3D 打印技术结合传统随色作旧工艺对鎏金"中国大宁"铜镜进行复制的难点主要有以下几点：其一，铜镜的三维数字化信息采集和建模，铜镜镜背遍布非常繁复精细的纹饰且保留大量鎏金层，能否通过三维扫描设备采集到铜镜高精度完整的三维数据信息并完成三维建模是一大考验；其二，在获得铜镜高精度的三维模型后，现有的 3D 打印机能否打印复原出铜镜表面精细的纹饰、铭文等是一大考验；其三，在打印好的铜镜树脂模型上，采用传统工艺进行随色作旧，精确地复制出鎏金"中国大宁"铜镜原形貌特点是最后一大考验。

四 复制实践

1. 三维数字化信息采集与建模

鎏金"中国大宁"铜镜的三维数字化信息采集工作是由我馆数据管理与分析中心的同事负责完成。在此之前，我馆数据管理与分析中心已经完成了馆藏 300 面铜镜的数据采集工作，并通过专家验收。在积累了大量经验的基础上，对这面铜镜进行了三维数字化信息采集。为了使三维模型数据能真实地反映文物细节，选择采用目前行业内采集精度最高的 Zeiss COMET L3D 8M 结构光三维扫描仪进行数据采集，以 150 测量场进行三维数据采集，三维点间距为 42μm。由于铜镜表面纹理非常繁复精细，部分鎏金层也比较亮，需要通过文物转盘，对铜镜进行多角度的信息采集，获得了铜镜完整的点云数据。在此基础上，通过专业的三维建模软件，对原始数据进行一系列的处理，最终完成了鎏金"中国大宁"铜镜的三维建模工作，获得了高精度的三维模型数据。

2. 模型的 3D 打印

模型的 3D 打印工作使用我馆购买的 Objet 500 connex1 3D 打印机进行打印。这台打印机以光敏树脂为打印材料，采用的是多喷头打印技术，建模尺寸 490mm×390mm×200mm，可以根据打印材料的不同，单层层厚 32μm，最小层厚可至 16μm（VeroClear 打印材料），全尺寸精度达到 200μm。配套软件为 Objet studio，打印文件的格式为 stl，在该软件中，可对打印模型的尺寸、数量、打印模式（High Quality、High Speed、Digital Material）、模型摆放形式（可每个模型单独设置）、模型表面形貌（Glossy、Matte）（可每个模型单独设置）等参数进行设置。其中打印模式、模型摆放形式对模型的打印效果和打印效率起着至关重要的作用。High Quality 模式为高质量模式，打印单层层厚为 16μm，打印质量高，细节清晰，适于小型模型的打印；High Speed 模式为高速模式，打印层厚为 32μm，适用于较大模型的打印。对同一模型，采用 High Quality 模式所用的时间几乎是 High Speed 模式打印所用时间的两倍。鎏金"中国大宁"铜镜模型的 3D 打印工作，选择使用配套安装的刚性半透明光敏树脂 FC720（RGD720）为打印材料，SUP705 树脂为支撑材料。

由于鎏金"中国大宁"铜镜原始的三维模型数据较大（1.44GB），需要一台高配置专业的图形工作站才能在打印机配套的 Objet studio 软件中导入该数据。导入数据后，首先在软件中对打印的参数信息进行设置，选择"High Quality"打印模式，模型表面形貌选择"Glossy"等参数。随后对模型的摆放方式也进行了设置，鉴于鎏金"中国大宁"铜镜镜背鎏金，镜面满是锈蚀物，固定设置了镜背向上的摆放方式，这样镜背呈光滑表面，利于后期随色作旧时做出光滑的鎏金层，镜面磨砂面也与锈蚀形貌相似。

参数设定完成后，准备进行打印时，出现了新问题。由于 3D 打印机配套的 Objet studio 软件具有一定的局限性，铜镜原始三维模型数据较大，超出了其运算处理能力，无法对模型数据进行分层切片并导入 3D 打印机中进行打印。在无法对软件进行升级处理的情况下，只能通过采用 GeoMagic studio 软件中的多边形简化命令对原始三维模型数据按 95%、90%、85%、80%……依次递减进行简化尝试。最终，原始数据简化为 70% 的三维模型数据（0.99GB）时，软件能够进行处理，并以该数据完成了铜镜模型的打印。虽然对原模型数据进行了简化处理，取出打印好的鎏金"中国大宁"铜镜树脂模型（图二），冲洗掉支撑材料，获得淡黄色半透明的树脂模型（图三），透过灯光观察，铜镜模型纹饰依然非常精细清晰，铭文清楚（图四）。

3. 树脂模型的随色作旧

在对鎏金"中国大宁"铜镜进行三维数字化信息采集的同时，也利用摄影测量的方法，采

图二　打印完成的树脂模型

图三　去掉支撑材料后的树脂模型

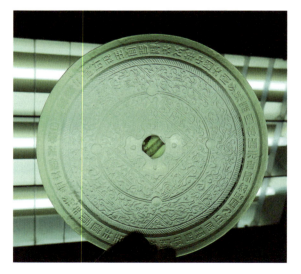

图四　灯光下清晰的树脂模型

用 5000 万像素的数码相机对铜镜进行了多角度、多细节的图像采集，并在专业的三维处理软件中对原始模型进行三维重建得到简单的带有纹理的三维模型。将带有纹理的三维模型进行映射，采用矢量贴图的方式，在铜镜的三维模型上进行贴图，得到带有彩色图像且精准还原铜镜形貌细节的三维立体影像模型。通过三维可视软件，可以将该模型任意旋转角度观看，也可调节铜镜模型的大小，观看铜镜的细节信息。相较于观看铜镜原件需要进行多角度的翻转，观看细节需要放大镜，观看三维立体影像模型更加安全、方便。

鎏金"中国大宁"铜镜的随色作旧，是对照该铜镜的三维立体影像模型，直接在 3D 打印的树脂模型上按照传统复制的随色作旧工艺进行的。首先，用浓度较高的酒精漆片调和金粉、土黄，涂刷整个铜镜表面，形成类似青铜质地的淡金黄色效果［图五（a）］，也利于后续矿物颜料的附着。然后，用浓度较小的酒精漆片调和金粉做出鎏金层。在此基础上，采用点泥做锈的工艺，用浓度较小的酒精漆片调和矿物颜料，采用崩、弹、蘸、点等方式对照影像模型做出柿蒂纹钮座区域的淡黄绿色锈蚀、鎏金层脱落的黑绿色锈蚀以及鎏金层零星的绿色锈蚀使鎏金层呈现出原始的斑驳质感。最后，再做出粘接缝隙处的暗黄色，铜镜镜背的随色作旧完成［图五（b）］。铜镜镜面的随色作旧与镜背基本相同，随色完成后，即完成了鎏金"中国大宁"铜镜的复制。

五　总结

1. 鎏金"中国大宁"铜镜的复制实践是现代科技与传统工艺结合在文物复制应用的成功案例，是新形势下的创新复制工艺。相较于传统的翻模浇铸（注）获得复制品模型工艺，依托于高新科技，通过高精度的文物三维数字化信息采集、建模和 3D 打印的新工艺，更加模块化、

（a）青铜淡金色效果图　　　　　　　　　　　（b）镜背随色做旧完成效果图

图五　铜镜树脂模型随色作旧

机械化和精确化，大大减少了复仿制人员的动手操作。整套工艺流程中，除在数据采集时将文物置于无酸纸衬垫的采集平台，并由文物保管人员正常移动文物外，其他环节文物几乎不与其他材料接触。因此，这一新工艺具有几乎与文物零接触、还原度高、耗时少等优点，既保证了文物本体几乎不受影响，也在一定程度上，解决了部分馆藏文物不适宜采用传统翻模工艺进行复制的难题。

2. 由于直接在 3D 打印的树脂模型上进行随色作旧，导致复制品的质量比原件轻很多，但从复制品的形貌、细节效果看，完全满足展览和教育大众的需求。

3. 3D 打印与传统复制工艺结合的创新工艺，文物三维数字化信息采集与建模是复制实践的前提，通过高精度的 3D 打印获得复制品模型是复制实践的基础，在此基础上对其进行传统的随色作旧以还原其原貌则是关键。

参考文献：

[1] 中国科学院考古研究所：《中国田野考古报告集——长沙发掘报告》，科学出版社，1957 年 8 月，第 116 页。

馆藏汉归义羌长印与李崇之印复制报告

张鹏宇

内容提要： 2018 年和 2019 年中国国家博物馆先后应新疆维吾尔自治区博物馆和阿克苏博物馆请求，两次复制馆藏汉归义羌长印和李崇之印。两次复制分别采用传统翻模复制和 3D 打印两种工艺，通过这两次复制实践，对两种不同的复制工艺进行了总结和对比。传统翻模浇铸（注）复制工艺更接近原件的铸造工艺，但工序较复杂，尤其是复制结构复杂或李崇之印这类纹饰较浅的文物。3D 打印结合传统随色作旧的复制工艺具有与文物零接触、工序简单、打印精度高、模型还原度高等优点。

关键词： 汉归义羌长印　李崇之印　翻模复制　3D 打印

一　复制背景

汉归义羌长印和李崇之印这两枚印章均为新疆维吾尔自治区出土的汉代重要文物，对于记述新疆地区汉代的历史至关重要，是汉代中央政权对西域管辖的最好物证，出土后辗转入藏中国国家博物馆。新疆维吾尔自治区博物馆和阿克苏博物馆为了提升其展览的完整性和加强教育效果，分别于 2018 年 6 月和 2019 年 8 月来函请中国国家博物馆为其复制这两件珍贵的文物。2018 年采用传统翻模复制方法完成了这两枚印章的复制，2019 年则尝试使用 3D 打印与传统随色作旧相结合的方式完成了这两枚印章的复制。本报告对这两次不同复制工艺进行对比和总结。

二　文物基本信息

1. 汉归义羌长印

汉归义羌长印材质为铜，印面正方形，卧羊钮，钮与印之间有一圆形孔，应为穿绶佩戴之用。印通高 3.5cm，印面边长 2.3cm，印面阴刻篆书"汉归义羌长"（图一）。铜印铜质保存非常好，卧羊钮的耳部及凸出部位、方印的四面及印面均可见金属光泽。

《沙雅县志》正文记为"在玉奇喀特古城（今属新和）出土"，出土时间为 1958 年[1]。《新和县志》图注为"玉奇喀特古城出土的汉归义羌长印"，没有记出土时间[2]。《新疆通志·文物志》

则称"沙雅县裕勒都斯巴克出土",出土时间记为 1953 年[3]。从目前掌握的资料看,该印最有可能是 1953~1954 年新疆文物普查时由自治区文物普查队于 1953 年在沙雅县的玉奇喀特古城一带发现的[4]。

该印为汉政府发给沙雅地区羌族首领的官印,印文中的"羌",是指羌族,现为生活在新疆维吾尔自治区南部的羌人,西汉时归西域都护管辖。印文中的"归义"两字是汉朝中央政府赐予归降的边疆少数民族首领的一种封号。

从卧羊钮的外形纹理及印章的体量上看,汉归义羌长印应是采用失蜡法铸造完成。

 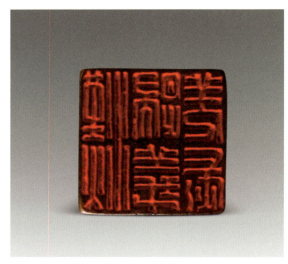

（a）外观 　　　　　　　　　　　　　　　　　（b）印面

图一　汉归义羌长印

2. 李崇之印

1958 年,黄文弼先生在《塔里木盆地考古记》中,对他 1928~1929 年在塔里木盆地进行的田野考古做了详尽的考察报告。在第二部分的"遗物说明"中,关于李崇之印（图二）做了记述:"约 1.3cm 见方,厚 7mm。钮作半圆形,孔径 6mm。底镌篆书阴文共六字,可识者'李崇之印'四字,余二字不明。李崇不知是否即王莽时西域都护李崇?"后来学者对"不明"二字有了进一步的释读,为"信"字。由此,将此印释读为"李崇之印信",并逐渐被认为是汉代西域都护李崇的私印。

2013 年朱玉麒先生通过观察比较清晰的钤记,对比现存汉代印章汇集到的汉印"忠""崇"字迹,得出此印应释读为"李忠之印信",而非"李崇之印信",为新莽时期五字印式,具有新莽时期私印的瓦钮钮边增厚、钮面增宽、穿孔近圆形的典型特点。

印文释读的改订,并未影响其作为汉代中央政权对西域管辖的最好物证,相反,由于李忠不见于传世典籍的记载,作为一般的将士具有如此规范的私印,充分说明了汉代以印章为凭信的文化对西域少数民族的影响。

| （a）外观 | （b）印面 | （c）印文 |

图二　李崇之印及其印文

鉴于我馆馆藏系统中文物的名称为"李崇之印"，报告中沿用此文物名称。

三　复制的难点

1. 传统翻模复制的难点

鉴于博物馆不具备浇铸铜合金进行复制的条件，因此这两枚印章复制时可以选择石膏翻模浇铸铅锡合金或硅橡胶翻模浇注树脂填料两种方式。

汉归义羌长印的印章部分非常方正，结构简单，加上印面印文非常清晰，采用石膏翻模相对比较简单。难点在于卧羊钮的翻模，卧羊钮形状不规则，加上突出的羊耳和凹凸有致、方向各异的表面纹理，不适宜采用石膏进行翻模，采用硅橡胶翻模则会简单很多。因此在石膏翻制印模的基础上，用硅橡胶翻制卧羊钮的范成为最好的解决方案。可尝试直接浇铸铅锡合金整体复制，也可浇铸铅锡合金复制出印章的下半部分，浇注树脂填料复制出卧羊钮和印章的上表面，最后将两部分结合到一起。难点就在于后期随色作旧中还原出原件那种若隐若现的金属光泽。

由于李崇之印非常小，印面的阴文印文非常浅，比较模糊，加之阴文印文中还存有印泥，那么选择何种翻模材料，如何能清晰地翻出印文并在此基础上浇铸（注）出具有清晰印文的印章则成为最大的难题，如果翻模浇铸（注）出的印章印文不清晰，在此基础上进行錾刻还原也会是一大难题。

2. 3D 打印结合传统随色复制的难点

（1）三维数据采集与建模

3D 打印的前提就是要获取两枚印章的高精度三维数据模型，汉归义羌长印的纹理、印文都比较清晰，采用目前三维扫描仪中最高精度的结构光扫描仪很容易获取高精度的三维数据模型。李崇之印的难点依然是印文部分，在最高精度的数据采集模式下，能否获得纹理结构清晰的三维数据模型；如果受限于印泥的影响，无法获得清晰的印文三维数据模型，对照原印章印面，能否通过后期的数据处理获得印文纹理清晰的三维数据模型。

（2）3D打印技术的壁垒

目前三维数据采集的精度高于3D打印的精度，这就导致获取的高精度三维模型数据在3D打印时，精度会不可避免地降低。另外，3D打印能否最大程度地体现印章原件的细节纹理等信息，与3D打印机本身的性能、配套软件有很大关系，与打印尺寸、打印精度、单层层厚、模型的摆放方式等参数的选择也有很大的关系。打印精度越高，打印的模型越精细，还原度就越高。单层层厚的大小最终会在模型的层纹中体现，层厚越小，层纹越不明显，层厚越大，层纹越明显。3D打印又称增材打印，存在打印材料和支撑材料，模型的摆放方式则决定了哪些面会与支撑材料接触，与支撑材料接触的面会呈磨砂状，精细的纹理有可能无法呈现。因此，这两枚印章采用3D打印的方法进行复制，首先就要考验3D打印机的打印精度；其次，由于必然会存在磨砂、精细度较差的表面，如何选择这个面以及这个表面会呈现出怎样的效果也是未知的；最后，打印完成后，在可处理的层面上如何处理磨砂表面令其变得光滑也是问题。

四 复制实践

带着上述的问题，秉承着实践得真知的理念，先后采用传统翻模和3D打印两种工艺对这两枚印章进行复制。

1. 传统翻模复制实践

（1）汉归义羌长印的复制

按照最初设想的方案选择石膏与硅橡胶相结合的方法进行翻模。将印章倒置，并用油泥支撑垫平至印上表面位置，做出围挡并留出浇铸口，涂刷软皂水，干燥后，浇注石膏翻制，直接翻制出带有印面及四侧面的完整石膏范，待其固化后，用铲刀将表面修平，并做出卯孔。将印

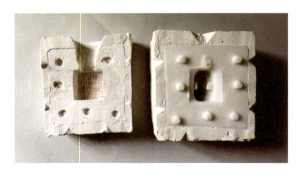 

（a）印面石膏范与印钮硅胶套范　　　　　　　　（b）印文清晰的石膏范

图三　汉归义羌长印的整套范

章翻转，卧羊钮向上，用少量油泥封堵在印、钮之间的圆孔中部，在四周做出围挡，涂刷软皂隔离剂后，涂刷硅橡胶翻制出卧羊钮及印面表面的硅胶范，并在硅胶范外翻制出石膏套范。至此，汉归义羌长印的一整套模范翻制完成（图三）。

将石膏范和硅胶范依次取下，用高温蒸汽清洗机配合软毛刷和牙签彻底清洗印章原件。用恒温箱彻底烘干印的石膏范，首先尝试将整套模范扣合进行整体浇铸铅锡合金。或许由于铅锡合金液体和硅橡胶的浸润性较差，浇铸出的整体模型卧羊钮部分有缺陷，印的部分效果较好，印文非常清晰。鉴于硅胶范和石膏套范未有损伤，尝试用树脂填粉的方式复制出卧羊钮部分。将硅胶范和石膏套范扣合好，将调好固化剂的环氧树脂溶液浇注到模范一半位置，缓慢向内填注青铜粉，青铜粉密度大，逐渐沉入溶液底部，待青铜粉到溶液表面位置时，再次少量浇注调好的环氧树脂溶液，并填注青铜粉，直至范口位置。待环氧树脂彻底固化后，浇注口打磨平整后获得卧羊钮的模型（图四）。锯掉之前浇铸铅锡合金失败的印章卧羊钮部分，并打磨平整，将卧羊钮模型和印两块模型用环氧树脂胶采用钻孔加芯子的方式粘接到一起，就形成了汉归义羌长印的完整模型。

用酒精漆片调和金粉和土黄做出印章的金属色泽，在此基础上，再用酒精漆片调和黑、绿、

图四　卧羊钮树脂填料模型　　　　　　　　图五　汉归义羌长印复制品

黄、红等各色颜料，通过描、弹、拍拓及点泥做锈等手法，对照印章原件的锈色形貌对印章模型进行随色作旧，完成汉归义羌长印的复制（图五）。

（2）李崇之印的复制

整体翻模的手法与汉归义羌长印的翻模方式一致，印的范采用石膏翻制，印钮的范采用硅橡胶翻制。由于印章半圆形钮孔外侧生长有锈蚀产物，印钮部分如果采用石膏进行翻模，需要制作石膏活块，在翻制外范时嵌到其中，但印章钮孔太小，制作的活块很难完整脱模，加之方

形印章的上表面略小于印面，最终采用硅橡胶翻制印钮部分连带印章上部的范，采用石膏翻制印面及印章下部分的范。在翻制印章上部分的硅胶范时预留了一个浇口，并用石膏翻制固定硅胶范的套范。李崇之印的完整模具（图六）翻制完成后，在恒温箱中彻底烘干。然后沿模范的浇口浇铸铅锡合金，形成印章的铅锡合金模型。浇铸的印章合金模型器型完整，但印面部分比较模糊，印文缺失较多（图七）。模型的印面印文凹凸不平，加上铅锡合金比较软滑，后期无法进行錾刻修整。

在采用传统的石膏翻模、浇铸铅锡合金的方式无法完成李崇之印的复制后，选择采用硅橡胶

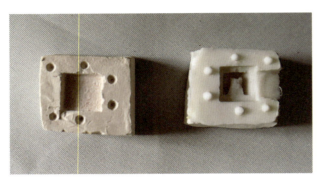

（a）印面石膏范与印钮硅胶套范　　　　　　　　（b）带有印文的印面石膏范

图六　李崇之印的模范

图七　李崇之印铅锡合金模型印文（左）　　　图八　李崇之印树脂模型印文（左）
　　　与原印文（右）对比图　　　　　　　　　　与原印文（右）对比图

翻模、浇注环氧树脂和填料的方式进行复制。依托上述翻制好的上半部分硅胶模，翻制出带有清晰印文的硅胶模和石膏套模。待模具固化后，向硅胶模内浇注调好的透明环氧树脂和青铜粉填料，形成印章的树脂模型，树脂模型印面比较清晰，印文除个别部位，已经与原件基本一致。采用刻刀和手术刀对印面印文部位稍稍进行修整后，最终做到与原件印文一致（图八）。最后，采用传统复制的随色作旧工艺，对照印章原件，用酒精漆片调和矿物颜料对印章树脂模型进行随色作旧，完成了李崇之印的复制（图九）。

图九 李崇之印原件（左）与复制件（右）对比图

（3）小结

经过多次翻模浇铸（注）实践尝试，两枚印章最终均采用传统翻模复制工艺完成了复制，复制效果良好。传统的石膏翻模，既不适宜翻制类似汉归义羌长印卧羊钮这种形状不规则、纹理方向各异的文物，也不适宜翻制类似李崇之印这种纹饰非常浅的文物。硅橡胶翻模复制工艺在一定程度上克服了石膏翻模的种种缺点，但对于李崇之印这类纹饰非常浅的器物，后期依然需要对模型进行修整。

2. 3D 打印复制实践

（1）汉归义羌长印的复制

（a）三维数字化采集及建模

汉归义羌长印的三维数字化采集工作主要依托我馆数据管理与分析中心开展的文物三维数字化信息采集工作，由数据管理与分析中心的同事负责完成三维数据的采集与建模。为了使三维模型数据更真实地反映文物细节，采用采集精度最高的 Zeiss COMET L3D 8M 结构光三维扫描仪，选择了测量场 150 进行三维数据采集，三维点间距为 42μm。鉴于钮与印之间圆孔内部部分区域结构光无法扫描到，需要配合 ZEISS colin3D 专业数据处理软件，对获得的点云数据进行处理、拟合填补，获取汉归义羌长印的三维模型文件。

（b）3D 打印模型

模型的 3D 打印工作使用我馆购买的 Stratasys 公司生产的 Objet 500 connex1 3D 打印机进行打印。这台打印机以光敏树脂为打印材料，采用的是多喷头打印技术，建模尺寸 490mm×390mm×200mm，可以根据打印材料的不同，单层层厚 32μm，最小层厚可至 16μm（选择 VeroClear 打印材料），全尺寸精度达到 200μm。配套软件为 Objet studio，打印文件的格式为 stl，在该软件中，可对打印模型的尺寸、数量、打印模式（高速、高精度）、模型摆放形式（可每个模型单独设置）、模型表面形貌（粗糙、光滑）（可每个模型单独设置）等参数进行设置。

由于我们购买打印机时，配套安装的打印材料为刚性半透明树脂 FC720（RGD720），支撑材料为 SUP705 树脂。遂使用这套材料进行打印尝试。将汉归义羌长印的三维模型文件导入 Objet studio 软件中，复制出两个相同模型，将这三个模型分别按照不同摆放形式（印文向上、印文向下、印文侧向）进行设置，统一设置打印参数为高精度、表面光滑，进行打印。

三个模型打印完成后，清洗掉支撑材料，可以看出每枚印章模型均存在一定的缺陷：印文向上打印的模型，印面光滑，印文清晰，但整个卧羊钮表面粗糙，粗糙的表面侧向有比较细的横纹；印文向下打印的模型，整体表面光滑，卧羊钮的颈部表面粗糙，印面较粗糙；印文侧向打印的模型，整个印章以卧羊钮中线为界，一侧表面光滑，另一侧较粗糙，光滑的一侧稍高于粗糙的一侧，粗糙的表面纵向有较细的纹理，印文较粗糙，有明显的纹理。将三枚印章模型分别蘸印泥，钤盖在宣纸上获得印文，如图一○所示。

（a）印文向上打印模型　　　　（b）印文向下打印模型　　　　（c）印文侧向打印模型

图一○　三枚印章模型的印文图

鉴于这三枚印章模型均存在一定的缺陷，考虑到后期修整的难易程度，选择保留印文向上和印文向下打印的两枚模型进行修整（对印文侧向打印的模型也进行了处理尝试，用砂纸打磨印面去掉纹理后，印章印文明显变细了很多，考虑到后期修整会比较费时费力，因此选择放弃该模型）。

（c）随色作旧

在随色作旧前，需要对这两枚树脂模型进行相应的处理，消除缺陷。印文向上打印的模型，印面无需做任何修整，需要先用稠酒精漆片溶液调和矿物颜料，涂刷在卧羊钮表面，彻底干燥后，用细砂纸打磨光滑以去掉表面的纹理。印文向下打印的模型，卧羊钮无需处理，印面需用细砂纸稍做打磨，并用刻刀略做修整。在对两件模型处理后，后续的步骤与传统的复制随色作旧工艺基本一致，表面都先涂刷一薄层稠酒精漆片以利于后续上色，然后对照原件按照传统的方法做出底色，并一层一层完成随色作旧，完成印章的复制。

（2）李崇之印的复制

（a）三维数字化采集及建模

李崇之印的三维数字采集工作与汉归义羌长印是同时进行的，三维扫描仪一样，但参数选择了 75 测试场，三维点间距达 24μm，最大限度地获取印章的点云数据，并在此基础上完成三维建模。在建模软件中发现，由于残存的印泥填充在印文中，导致该三维模型印文部分的凹凸感依然不是很明显，考虑到 3D 打印在一定程度上会降低精度，印文将很难呈现。因此，我们对照印章原件，在软件中对三维模型的印文进行修整，使印文部分稍稍凹陷，获得印文清晰的三维模型。

（b）3D 打印模型

与汉归义羌长印一样，使用我馆购买的 Stratasys 公司生产的 Objet 500 connex1 3D 打印机，采用刚性半透明树脂 FC720（RGD720）为打印材料，支撑材料为 SUP705 树脂，选择印文向上、印文向下和印文侧向三种方式进行打印。打印完成后，可以明显看出：印面向上打印的印章模型，印文光滑，印文比较清晰，印钮表面呈磨砂质感；印面向下打印的印章模型，印面呈磨砂质感，印文稍显模糊；印面侧向打印的印章，印文部分非常模糊，近乎消失。用这三个模型分别蘸印

（a）印文向上打印模型　　　　（b）印文向下打印模型　　　　（c）印文侧向打印模型

图一一　三枚印章模型的印文图

泥钤盖在宣纸上，效果如图一一所示。

（c）随色作旧

三个模型中，最终只选择了印文向上打印的模型进行随色作旧，需要先用稠酒精漆片溶液调和矿物颜料，涂刷在印钮表面，彻底干燥后，用细砂纸打磨光滑以去掉表面的纹理。然后对照原件按照传统的方法做出底色，并一层一层完成随色作旧，完成印章的复制。

（3）小结

通过三维信息采集获得两枚印章的高精度模型数据，并用高精度 3D 打印机打印出纹理精细的模型，采用传统工艺进行最终的随色作旧，完成了两枚印章的复制，效果良好。

五　总结

采用传统翻模浇铸（注）工艺对印章的复制更接近原件的铸造工艺，需要分型分范，工序较为复杂，对动手能力要求较高，尤其对于结构复杂、纹理各向异性或纹饰较浅的文物；翻制的硅胶范、浇铸（注）的模在固化时均有一定的收缩，造成最终的复制件比原件体量小，对于体量较小的文物并不明显，但对于体量稍大的文物，这一问题十分明显。

采用 3D 打印结合传统随色作旧对两枚印章的复制，这一新方法的应用前提是获取文物高精度的三维模型数据，并通过高精度的 3D 打印机打印出高精度的模型，复制成功的关键是后续对其进行传统的随色作旧。该方法具有与文物零接触、工序简单、打印精度高、模型还原度高等优点。缺点是复制品为树脂材质，质量较轻。

3D 打印与传统工艺结合在文物复制中的应用后续还需进行更多的实践尝试，如在打印出的高精度模型上进行传统的翻模复制，从而克服其质量轻等缺点。

参考文献：

[1] 沙雅县史志编纂委员会：《沙雅县志》，新疆人民出版社，1995 年。

[2] 新和县地方编纂委员会：《新和县志》，新疆人民出版社，1997 年。

[3] 新疆维吾尔自治区地方志编纂委员会、《新疆通志·文物志》编纂委员会：《新疆通志·文物志》，新疆人民出版社，2007 年。

[4] 赵燕秋：《从三部志书记述两枚古印谈第二轮修志的资料考证》，《中国地方志》，2009 年第 1 期。

馆藏龙虎纹青铜尊的复制

晏德付

内容提要：龙虎纹青铜尊出土于安徽省阜南地区，现藏中国国家博物馆，为商代淮夷地区出土的代表性器物。因异地展陈需制作复制品。此次采用硅橡胶翻制模具，外套石膏模以支撑固定，最后运用现代熔模精密铸造技术制作完成复制品。实践证明，相较于技术要求较高的石膏制模法，硅橡胶翻制模具结合熔模精密铸造的方法非常实用，且简单易学，同时能够降低对文物的损伤，经仿古作旧后呈现较好的复制效果。

关键词：龙虎尊　硅橡胶制模　熔模精密铸造　文物复制

一　引言

文物复制通常有以下两方面原因：一是替代原件用于异地展出，二是文物本身异常脆弱，不再适合长期展出，出于保护需要用复制品来替代。复制工作可以使有限的文物资源发挥最大的社会效益，是博物馆文物保护工作的一个重要环节。

龙虎纹青铜尊（简称龙虎尊），1957年出土于安徽省阜南县，随后入藏安徽省博物馆（今安徽博物院），1959年调入中国历史博物馆（今中国国家博物馆）。2013年阜南县人民政府来函提出复制需求，经国家文物局批准，中国国家博物馆复制龙虎尊一件用于异地展出。在综合评估文物器型、结构及复制要求的基础上，选择以硅橡胶和石膏为材料制作模具，并运用熔模精密铸造技术来制作复制品。

图一　龙虎纹青铜尊

二　文物基本信息

龙虎纹青铜尊（图一），商代，高50.5cm，口径 44.9cm，足径 24cm，重 26.2kg。器型完整，敞口，折肩，高颈，下腹稍内收，高圈足。颈饰三道弦纹，肩部饰三条曲身龙纹，龙首探出肩外；腹部有三道扉棱，以云雷纹为地，装饰三组虎食人纹；圈足饰三个十字镂孔，下饰兽面纹。龙虎纹青铜尊工艺精湛，纹饰线条洗练，其形制、纹饰深受中原商文化的影响，是商代淮夷地区青铜器中的精品。

三　青铜器复制的常用方法

传统的青铜器复制需要在文物表面翻制模具，再利用模具制作复制品。目前博物馆中常用的模具材料主要有石膏和硅橡胶两种[1]。

早期模具翻制大多使用石膏。石膏成本较低，常配合浇铸低温锡铅合金或者树脂类材料，操作起来较为方便，制作出来的复制品质感较好[2]。同时这种方法与古代青铜器的块范铸造工艺较为接近，复制过程不仅能够很好地锻炼动手能力，也可以加深对古代青铜铸造工艺的认识。但是石膏质地较硬，缺乏弹性，分模不当极易造成脱模困难，因此劳动强度大，技术要求高，对精细纹饰复制效果不太好。此外，石膏材料也极易残留于文物表面，尤其翻制一些表面氧化疏松、脆弱的器物，石膏翻模有潜在风险。

20 世纪 80 年代，新型模具材料硅橡胶的普及应用，改进了石膏制作模具的不足之处，被越来越多地应用于文物复制工作当中。硅橡胶材料具有良好的流动性，固化后柔韧性好，易脱模，简化了石膏翻模的工艺程序，复制品纹饰较为细腻。硅橡胶制模有以下几个优点[3]：对金属文物的伤害小；翻制的纹饰清晰度高；工艺更简单，容易掌握；更耐用。

无论石膏还是硅橡胶材料，都需要在文物表面进行模具的翻制，难免会有材料残留。因而业界也在逐渐探索如何能在不接触文物的情况下完成复制工作，目前应用较多的是 3D 打印技术。3D 打印快速成型是利用激光三维扫描仪对原件进行扫描，获取三维数据，建立器物的三维模型，再利用 3D 打印机打印出器物。由于打印材料的不同，后续的复制处理工艺也有所区别，目前较成熟的工艺可细分为两种。一种是打印高分子树脂材料，打印出的器物会明显比原件轻，质感稍差，有时需要在打印的器物上再进行传统的翻模铸造；另一种是直接打印蜡模，再熔模铸造。3D 打印复制技术最大的优点是在不接触文物的情况下就可以完成复制工作，尤其适用于表面锈蚀复杂、带有镶嵌或者比较脆弱的文物，不会在表面残留翻模材料，不会对文物造成损伤。目前 3D 打印技术已在博物馆陶瓷[4]、青铜[5]、象牙[6]等文物的修复及复制中进行了尝试和探索。

四　龙虎尊的复制流程

龙虎尊纹饰复杂且精细，尤其突出的龙首和虎首构造独特，如制作传统的石膏模具，块范组装会非常繁琐，难度较大。为了简化工艺流程，同时使得铸件纹饰更加细致清晰，减少石膏残留对文物的损伤，我们用硅橡胶翻制模具，运用现代熔模精密铸造的方法制作复制品。

1. 制作硅橡胶模

确定分型面。其原则一是分型块数尽量少；二是脱模顺畅；三是操作简便易行。分型时参考龙虎尊的铸造结构，器体对称翻制两块范，龙首和虎首考虑到脱模顺畅，单独翻制。

制作硅橡胶模具。先在文物表面刷软皂作脱模剂，起到隔绝翻模材料和器物的作用，方便后期脱模。首先圈好油泥作围挡，再上硅橡胶。刷涂第一遍尤其重要，需不断赶压，防止硅橡胶起泡。为了增加硅橡胶的强度和韧性，减少收缩，通常还需要加衬纱布以提高胶模的抗撕裂强度。

制作石膏套模。硅橡胶较软，为了控制硅橡胶模在灌注蜡料时的弹性变形，必须在硅橡胶模外侧增加一定厚度的石膏套模，起支撑和固定作用，最后将硅橡胶模和石膏套模组合，即制作完成硅橡胶成型模具。通常为了使翻制的两面模具更好地组合，会在硅橡胶和石膏的对合面制作定位榫卯，确保最终合范时能严丝合缝。

清洗。硅橡胶带有油性物质，软皂虽有助于脱模，但无法完全隔离，油性物质极易残留于文物表面，因此模具制作完成后要及时对文物表面进行清洗。

2. 制作蜡胎

涮蜡胎。将熔化的蜡液（石蜡 + 硬脂酸）倒入硅橡胶成型模具内，不断均匀摇动，控制时间，凝固一层，将剩余蜡料倒出。第一遍称之为烫蜡，需要用较高温度的蜡液（约 70~80℃）反复涮，以保证纹饰的精细。第二遍开始用稍低温度的蜡液进行挂蜡，文物器壁厚度决定挂蜡次数。

修蜡胎。对蜡胎表面气泡、缺失、蜡珠、接缝、多余蜡料进行精细修刮，然后将分块修好的蜡胎组合完整，焊上合理的浇注系统（即铜水注入的通道）。

清洗脱脂。由于蜡胎所用材料以石蜡等含油脂的原材料为主，而且制模时刷涂的脱模剂也可能黏附在蜡胎表面，它们都具有憎水性，影响后续浆料对蜡胎的润湿性和涂挂性，因此需要将蜡胎用中性肥皂水、表面活性剂或乙醇洗涤，并冲洗干净。

3. 型壳的制作

蜡胎表面要进行挂砂以制作型壳。先将蜡胎放在浆料中浸泡，浆料由水玻璃和莫来石组成，取出立即撒砂，然后再放入硬化剂（常用氨水或氯化铝水溶液）中硬化，取出吹干，即完成一遍挂砂。第一遍挂砂要保证纹饰的清晰度，使用的浆料要较为细腻，同时适当用毛刷赶压浆料以排出气泡。然后调整浆料中砂石粗细比例，反复多次进行挂砂操作，直到型壳厚度达到要求为止。

4. 熔蜡、浇铸

将制作完成的型壳加温，蜡胎受热后流出形成空腔。型壳经焙烧，除去水分、残留蜡料和有机物，并通过烧结作用，使型壳具有可靠的强度和较好的透气性。但温度不能过高，否则型壳强度会下降。

将型壳埋入砂土中夯实，露出浇冒口，保证受热均匀，即可浇注铜水。浇注一般在焙烧后进行，型壳保持一定温度有利于铜水充填型腔，使得铸件纹饰精细，尺寸精准。浇注完成后去掉型壳和浇冒口得铸件。

5. 作旧

作旧是文物复制最后一步，也是技术含量非常高的一个环节，直接影响复制品的效果。一般选择光线较好的晴天进行，这样可尽可能减小色差。观察龙虎尊的锈蚀特点，分步骤对铸件表面进行着色。

修胎。作旧前需修胎，有缩孔的地方用原子灰填补平整，最后整体打磨光滑平整。

化学咬旧。在铸件表面刷涂化学试剂（130B 仿古铜发黑剂），将光亮的金属表面氧化腐蚀，去除光泽，呈现古旧观感，方便后续着色。咬旧后化学试剂需清洗干净。

做底色。首先在表面刷涂一层虫胶漆片，目的是增加颜料与表面的附着力。龙虎尊的底色略显灰色，为了着色更为均匀，采用喷涂的方式着色。将虫胶漆调矿物颜料至合适的色泽（颜色可较文物底色略浅），用喷枪连接气泵，对表面进行喷涂，尽量均匀（图二）。喷涂过程中，观察着色效果，不断调整。上色后用细砂纸不断打磨，反复多次，直至达到较为理想的效果。如果打磨过程中露出铜基体，可用化学试剂使表面氧化变暗。

做层次色。根据龙虎尊的锈蚀分布特点，我们在表面逐层添加枣皮红、绿色、黄色等颜料（图三）。添加颜料时如出现颜料斑点明显，还需对斑点进行着色掩盖，使其更加自然。为了形成表面光亮的效果，可调较稀的漆片喷在表面，然后用纱布反复揉搓拓蹭。

图二　做底色

图三　做层次色

五　总结

复制品制作完成后，达到"远观一致，近看有别"的效果（图四）。质地上，复制品为黄铜，与文物的青铜成分有所区别；尺寸上，复制过程历经硅橡胶模、蜡胎和铜水浇注三次收缩，复制品较原件缩小；外观上，虽整体色泽较为相似，但细节处还是有明显区别。这种细节的差异，既不影响整体的观赏效果，又不至于造成误导。当然，在有条件的情况下，最好能在不起眼的地方加上复制标识，也能达到区别原件的目的。

复制品验收合格后，移交给当地文博部门供展陈使用。制作过程中的模具应妥善处置。

硅橡胶翻模制范结合熔模精密铸造工艺复制青铜文物，方法实用简单，制作出的复制品纹饰较为清晰，经作旧后呈现效果较为理想。但需注意的是，硅橡胶的油性物质不可避免会残留于文物表面，因此及时清洗显得尤为重要。在越来越重视文物安全的今天，如何在最大限度地降低复制工作对文物影响的同时，保证复制品的精准性，还需要对工艺进行不断摸索和完善。另外，伴随 3D 打印等现代新技术的快速发展，如何将其有效应用于文物复制工作也是今后努力探索的方向。

图四　龙虎尊复制品

后记：龙虎纹青铜尊复制在赵家英先生的指导下完成，张鹏宇、雷磊也共同参与了复制工作。

参考文献：

[1] 宋颖、王际：《青铜器翻模技术的研究》，中国文物保护技术协会编：《中国文物保护技术协会第六次学术年会论文集》，2009 年，第 25—30 页。

[2] 肖岗：《青铜器复制琐谈》，《文物世界》，2002 年第 2 期，第 60—61 页。

[3] 李其亮：《文物复制中的硅橡胶制模技术刍议》，中国社会科学院考古研究所文化遗产保护研究中心编：《文物保护修复理论与实践——金石匠学之路》，2014 年，第 237—245 页。

[4] 杨蕴：《浅谈 3D 打印技术在陶瓷类文物修复和复制中的应用》，《文物保护与考古科学》，2015 年第 2 期，第 110—113 页。

[5] 刘亮、李园、吴小燕：《3D打印技术在文物修复上的应用和探讨——以鹊尾炉修复为例》，《湖南省博物馆馆刊》，2018年，第580—584页。

[6] 陆耀辉：《3D打印技术在有机质文物复制中的应用——以福泉山遗址象牙器的复制为例》，《都会遗踪》，2019年第1期，第142—149页。

馆藏玉卷龙复制报告

雷　磊

内容提要： 本文介绍了中国国家博物馆藏玉卷龙的基本信息和复制背景，论述了玉器复制的几种技术路线，并对玉卷龙的复制方案和复制流程进行详细描述，通过文物原件和复制件的比对，总结了此次玉卷龙复制成功的经验和存在的不足，对今后玉器复制工作有重要的借鉴意义。

关键词： 玉器　复制工艺　玉卷龙

文物复制是文物保护的重要手段，有利于文物原件的保存。文物复制品可用于陈列展览、科学研究、考古发掘品移交等用途。用于陈列展览时，文物复制能够满足不同地域受众与文物近距离交流的需求，作为展览主题表达的物质载体，复制品亦能够有效补充和完善展览大纲，使展览在结构和内容上得以完整表达。

2018年下半年，中国国家博物馆文保院接到复制任务，为长春博物馆复制馆藏文物玉卷龙一件，以满足展览陈列等相关需求。

一　玉卷龙简介

玉卷龙（图一），又名石质兽形玦、曲体石龙、玦形龙。通高4.4cm，宽3.8cm，厚1.1cm，此件玉卷龙龙首较小，头顶双耳、双眼、嘴部突出。1985年出土于吉林农安左家山，随后作为当地考古学文化特征代表器物调拨至中国国家博物馆（原中国历史博物馆），为馆藏国家一级文物。1989年陈全家、赵宾福[1]在《考古学报》发表的《农安左家山新时期时代遗址》考古报告中，指出该文物出土于左家山遗址第二期文化遗存。描述为石龙一件，灰白色霏细岩雕制而成，呈卷曲状，首尾连接处石料未被完全切开，头部有凸起的五官，周身光滑无纹，背部偏上有穿。

玉卷龙是红山文化玉器造型中较多的一

图一　中国国家博物馆藏玉卷龙

种，头部有大小之分，缺口处有断开未断开之别，大多为岫岩玉材质。在红山文化大墓中，卷龙多位于墓主的身躯上面，可能穿绳佩于胸前，应是当时的一种礼仪用玉和宗教用器。此件玉卷龙材质不是岫岩玉而是霏细岩，在造型和风格上与其他岫岩玉龙近似。

二　复制方案制订

玉卷龙复制方案的制订以《中华人民共和国文物保护法》《中华人民共和国文物保护法实施条例》《中华人民共和国文物复制暂行条例》为法律依据，履行严格的文物复制报批手续和库房文物提取手续。建立于对待复制文物进行全面的风险评估的基础上，制订文物复制方案。确保文物复制的安全性和可行性，复制中遵循最小干预原则，严格按照复制方案操作，保证文物原件的绝对安全。

三　复制方法选定

现代复仿制玉器的方法，主要有雕琢仿制、人工合成、有机合成三种。

1. 雕琢仿制

雕琢仿制是模拟该件玉器所在时期的生产工艺，属于工艺复原研究范畴。首先要拣选玉料，选取与文物原件颜色、纹理、质地相同或近似的玉料。再运用近似原文物制作工艺，经过刻、碾、琢、磨、钻等多道工序，表现出与文物原件相同的造型和纹饰。在此基础上对其进行打磨抛光，呈现出表面的光润质感。最后采用物理的、化学的方法，对完成的玉件进行作旧，达到仿制的目的，完成玉器的仿制。由于选材、做工等方面不可能与文物原件完全相似，仿制品在材料和风格上都会与文物原件存在差异。

2. 人工合成

人工合成是指根据玉石的矿物结构、化学成分和性质，通过模拟其在自然界中形成的物化条件，采用化学的方法，通过熔融、高温加压或冷却的方式，重新合成玉石，使其晶体结构和化学属性与原玉石相同。近些年比较成功地应用于珠宝的人工合成方面，如翡翠。人工合成的特点是合成条件要求较高，成本高。

3. 有机合成

有机合成通常以高分子树脂材料为基体，以填充材料和颜料为补充来合成玉石，必要时还要加入添加剂，如增韧剂、固化剂等。有机合成的树脂材料一般有环氧树脂、丙烯酸树脂、不饱和聚酯树脂等，填充材料有滑石粉、大理石粉、石英粉、玛瑙粉、莹石粉、氢氧化铝粉、纳米二氧化硅等，填充材料有粗细之分，根据实际要求选取。颜料分为有机颜料和无机颜料，无机颜料是有色金属的氧化物或一些不溶性的金属盐，合成中应用较多为天然矿物颜料。目前随着树脂材料、填料和颜料的生产品质不断提升，市场上优质的材料选择较多，应用较为成熟，在流动复印性、折光率、硬度、韧度、粘接度、光泽度以及防湿热、耐高低温、阻燃、抗紫外抗老化和抗污染等物化性能方面都能够得到较好的保障。所以在玉石质文物的复制方面，有机合成的方法采用较多。

本次玉卷龙复制件的用途是陈列展览，综合考虑后决定采用有机合成的方法。即在玉卷龙原件上翻制模具，在常温常压下采用高分子树脂材料与补充材料按比例混合填充，脱模后依照文物的体量、形制、纹饰、质地，重点突出复制文物的造型、颜色、光泽、纹理、质感，尽可能地将文物原件的历史信息再现于复制件上，做到形神兼备。

四　玉卷龙复制

本次玉卷龙的复制流程主要为前期信息收集和记录、翻制模具、填料合成、脱模修整、后期作旧等。

1. 信息收集

复制前要对文物相关资料进行收集整理，包括文物的基本信息、考古资料信息、复制风险评估报告等方面的内容。还要对文物进行相关信息建档和记录，包括全面的、多角度的文物照片的拍摄，相关病害信息的记录等，这样有利于了解该文物的文化背景、器物特征、病害状况，有利于文物的复制。

2. 翻制模具

文物的翻制模具（古代铸造工艺称之为"范"）依据材料可分为石膏翻模和硅橡胶翻模两种技术。

石膏翻模依据器物外形，在器物上分块建立石膏模具并配合石膏套模。石膏翻模的不足之处在于外形复杂的器物石膏分块操作难度较高；在分型操作时石膏凝固修整后再继续下一块的翻制，耗时较长。硅橡胶翻模以硅橡胶替代石膏建立模具并使用石膏在硅橡胶外部做固定硅橡胶套模。分型便捷灵活，良好的复印性能使表面纹饰纹理表现清楚，后期利于文物表面清理，使复制件作旧事半功倍。

本次复制的文物玉卷龙，高 4.4cm，宽 3.8cm，厚 1.1cm，器物较小，头顶双耳、双眼、嘴部突出的部位和首尾相接处都有不同夹角和弧度，卷龙身上有大小两孔，大孔为曲体形成的空间，小孔为穿。这些因素不适宜采用石膏翻模，而硅橡胶翻模能跨越较大的弧度和夹角，分型较为简单，易于操作，因此，玉卷龙的复制采用硅橡胶翻模技术。

（1）翻模准备

本次复制玉卷龙需要准备材料和工具如下：雕塑泥、擀杖、滑石粉、美工刀、面板、记号笔、石膏粉、塑料盆、去离子水、钳子、镊子、抹刀、条刀、手术刀、硅橡胶和固化剂、毛刷、油画笔、软皂、剪刀、热吹风机、绳子、自制的骨质、铜质、木质修刀、废料收集箱等。另外考虑到玉卷龙的大小和硬度，复制工作选择在平整的实木台面上进行。

（2）翻模流程

将玉卷龙表面用去离子水清理干净后放置于工作台上。

第一步，刷隔离剂。

选用软皂水作为隔离剂，用羊毛刷将软皂水轻轻地、均匀地涂刷于玉卷龙表面，等待软皂水干燥后，玉卷龙表面就会形成一层隔膜，起到隔离硅橡胶和卷龙表面的作用，防止硅橡胶粘在卷龙表面难以揭下、发生粘连等。

第二步，确立分型面。

玉卷龙整件器物较小，选取分型面应尽可能避开弧度和夹角较大的部位，因此以玉卷龙曲体一周、其厚度的一半处为分型面，即将玉卷龙在侧面中间的位置分成两半，分别进行翻模，这样形成的模具由 AB 两面构成，较简单。

操作如下：选取雕塑泥一块，将其擀制成厚度为 0.8cm，裁取边长 14cm 的方形薄片。将玉卷龙头和尾部一侧朝右放置在方泥片的中间部位，在玉卷龙的底部分别用雕塑泥做出浇注口和排气孔两部分，浇注口较大，呈漏斗形，排气孔相对较小，再用雕塑泥将卷龙周围填平至厚度的一半，然后抹平整个平面，卷龙穿部也填至一半位置。

取雕塑泥将其擀成条状，厚度为 1cm，将玉卷龙围起来，在雕塑泥上压出小圆坑以便形成硅橡胶的凸起，形成子母口。

第三步，刷硅橡胶。

将硅橡胶与固化剂按比例调试好，先倒在一边的纸上观察其固化速度和成型效果。必须先试好做到有把握后再涂刷于文物上，以保证文物安全。刷第一层硅橡胶时，由于这层硅橡胶是贴着玉卷龙表面的，可以将固化剂减少一些，这样硅橡胶固化速度慢，流动性好，可反复用毛刷将硅橡胶刷到器物表面的每一道缝隙里，这也是保证翻模质量的关键。待第一遍硅橡胶即将完全固化时再上一遍硅橡胶，从而达到一定厚度。等硅橡胶干后，撤掉雕塑泥，在硅橡胶层上再上和好的石膏，形成石膏套模，待石膏固化快干时，用木工扁铲将石膏修整成型。

第四步，另一面翻模。

将带有硅橡胶模具和石膏套模的文物翻过来，在石膏面上留好榫口，涂好隔离剂，待干燥后，用雕塑泥沿着石膏边缘围起来，上硅橡胶后再以同样的方法做好石膏套模并修整成型。

第五步，取出文物。

将石膏模具轻轻震开缝隙后打开，将文物

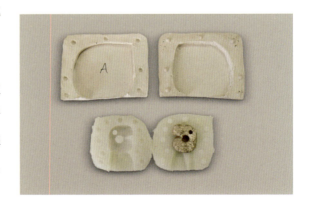

图二　取出文物

取出后（图二），再将硅橡胶模具套在石膏靠模内部，合好模具，用绳索捆紧后放置在一边。

用温热的纯净水将脱模后的玉卷龙上的软皂清洗干净，将粘在玉卷龙上的泥渣清理干净并将文物吹干，保持文物的清洁，及时送回恒温恒湿的安全环境中，之后还要注意观察。

3. 合成浇注

玉卷龙的材质为霏细岩，属于无斑或少斑的隐晶质流纹岩，斑晶主要为正长石、石英或斜长石，卷龙身上穿部附近有细小空洞，有可能为云母、角闪石的晶洞。仔细观察玉卷龙的颜色，主色为灰白色，在玉卷龙左侧（头朝右）带一点黄绿色，根据出土地点和红山文化玉龙大多使用岫岩材质的情况，推测呈黄绿色可能与侵入辉绿岩有关。在玉卷龙器身还有一些类似于黑色杂质的斑点，推测为含铁或含锰的矿物，如黑云母、角闪石以及少量的辉石。

综上分析，本次浇注合成的基体材料选择快干型透明环氧树脂胶，具有耐水、耐油性、耐高温（110℃）的特点，填料选择包含霏细岩主要矿物成分长石和石英的大理石颗粒（花岗岩），细度为150目，在重量、硬度和折光率、矿物晶体等方面尽可能地与文物原件接近，在颜色方面，以灰白主色为参考，填料部分选择添加白色的滑石粉和钛白粉，添加剂为环氧树脂固化剂。

在操作时，参考玉卷龙的重量，将环氧树脂和填料按一定比例混合，从模具的浇口注入（图三）。浇注完毕后，让混合在环氧树脂中的气泡尽可能地排出，可选用震动和抽真空的方式。等浇注体完全固化后，打开模具，将浇注好的胚体取出。仔细检查浇注件的质感、表面的光滑度，有无浇注缺陷如大的气泡造成的基体亏损，特别是在首尾相接容易形成死角的部位，与原件相比有没有变形，原件信息呈现有无遗漏，在重量上与原件的差距，以及手感等。经过多次调整比例和浇注（图四），择优选取，准备后期处理与作旧。

4. 胎体修整

对选取的浇注好的胎体进行修整，是复制流程中重要的步骤（图五）。首先将浇注口和冒

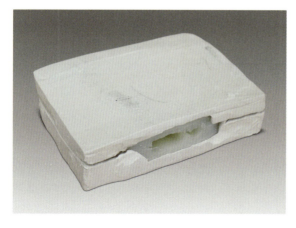

图三　合模具　　　　　　　　　　　图四　未填料（左）和填料（右）对比

口多出的基体锯掉，比对文物造型，将此部分锉磨至与原件一致。其次检查胎体表面，如有气泡形成的细小凹坑，可采用环氧树脂加滑石粉调和，将其填补平整。再次，将合模具浇注后形成的披缝用砂纸打磨掉，使其自然一体。

图五　修整后的胎体（左）与文物原件（右）对比

5. 作旧

作旧的要求是如旧，与原件比对，如实反映文物的历史信息和风貌。可分为两部分，一是对形貌的把握，二是对颜色的掌控。得益于硅橡胶良好的复印性能，玉卷龙原件表面所出现的孔洞、裂纹、剥落等信息均在胎体上呈现出来。针对此件文物，作旧的重点就在于颜色的掌控上。本次作旧大多采用天然矿物颜料，如氧化铁红、钴蓝、钴绿、镉黄、群青、烟黑等，稀释剂为酒精，调和粘接剂为虫胶漆片。作色手法采用点染、描绘和擦拭，先做出相应部位的主色调灰白色，再比对原件位置点出黑色点状杂质，局部突出，整体调整，达到与原件形貌一致（图六）。

（a）正面

（b）侧面

图六　玉卷龙原件（左）与复制件（右）对比

五　总结

玉卷龙作为红山文化的代表器物，大多为岫岩玉雕制而成，此件玉卷龙材质为霏细岩。对此类材质文物的复制，积累了一定的经验，同时也存在一些需要改进的地方，现将经验与反思总结如下。

1. 前期对文物的复制风险评估是文物复制安全性与可行性的重要保证

复制风险评估是对文物本身的病害、材质、结构、老化程度的重新认识，考虑到可能进行的复制操作方法以及复制过程中所用工具、材料对文物本体的干预，明确该件文物薄弱点以及在复制过程中可能出现的风险点，对一些要特别注意的地方，做好充足的准备，以便全面、客观地保障文物复制的安全性、可行性。

2. 对所复制文物相关资料的收集和记录是文物成功复制的必要条件

此件玉卷龙文物相关资料的收集、对材质特征和结构、矿物晶体形成原因分析，为了解此件文物的造型特征、时代特征、玉石材料特点提供了充分的条件，尤其是在文物原件不允许检测分析的基础上，可根据原材料的物理特征和化学成分有效和科学选择填充材料，使复制件表现出与原件材料相似的特征，同时，为后期文物的作旧提供了便利，这些是文物成功复制的必要条件。

3. 复制方法选择了较为成熟的有机合成方法，未来或可尝试进行 3D 打印复制

相较于雕琢仿制、人工合成等方法，综合考虑后，玉卷龙的复制选择了有机合成的方法，较为可行和安全，也是应用较成熟的一种方法。目前，3D 打印复制文物也在不断成熟。我馆使用的 Objet 500 connex1 3D 打印机以光敏树脂为打印材料，采用三重喷射技术和多喷头打印，可选择打印速度、打印质量和精度。其打印方法从模型底部开始逐层加高，固定的打印顺序生成特定的纹理并依据打印精细度呈现，会形成一定的纹理风格。3D 打印在某些方面有一定优势，如不接触原件的扫描建模，可解决因文物自身条件不能与文物原件接触的复制情境下的矛盾。但是在玉卷龙的复制方案选择中，考虑到打印件所带有的纹理和树脂材料的透光性，即使后期作旧也难以实现玉石质效果，所以未选择 3D 打印方法。在以后的文物复制中，可尝试通过三维扫描与原件无接触建模打印，再在打印件上通过传统方法翻模复制。

4. 硅橡胶翻模时的收缩问题应该得到充分的考虑

硅橡胶翻模的收缩问题不可避免，在硅橡胶选择方面要尽量选择收缩率低的产品。另外在填充材料的介入下，对硅橡胶的收缩有一定的影响，以后在浇注基体材料的选择方面，还应探索和尝试更多的材料。

5. 文物原件颜色问题

文物原件经过清理、翻模、清洗之后，会比复制之前显得"新"一些，实际上是去除了长时间在库房或展厅中积累的表面附着物和污垢，属于有积极作用的"干预"现象，对此应有客观的认识。

总之，充分了解文物内涵和工艺，优选复制方法，选择高性能材料，探索新的复制方法并不断实践，有利于提高玉石质文物的复制水平。

参考文献：

[1] 陈全家、赵宾福：《农安左家山新石器时代遗址》，《考古学报》，1989 年第 2 期，第 187—212 页，第 263—264 页。

馆藏孙中山墨迹信札的复制

吕雪菲

内容提要：2018 年，中国国家博物馆文保院为孙中山故居纪念馆复制了馆藏《孙中山对程天斗贪污案的批复信》《有孙中山批复的魏邦平请示信》《孙中山给青云旅长的信》三封孙中山先生的亲笔书信，复制过程遵循"原材料、原形制、原工艺"的"三原原则"，主要采用的是传统手工复制技艺，配合数字修版技术完成。本文对复制过程进行了详细阐述，对手工复制技艺和数字技术在文献复制中的结合应用提供了参考。

关键词：材料遴选　数字技术　传统印刷　染色仿旧　临摹复制

博物馆文物复制的主要目的，一是可以弥补馆藏文物的不足；二是替代文物原件展出，避免珍贵文物在长期陈列展示中受到侵害；三是回馈文物捐赠单位或个人，为文物征集工作提供技术支持；四是进行馆际交流，扩大受众群体。国家文物局对文物复制的定义是：文物复制是指依照文物的体量、形制、纹饰、质地等，基本采用原制作工艺复制与原文物相同的制品的活动。也就是说，文物复制一定要遵循"原材料、原形制、原工艺"的"三原原则"，才可以称为严格意义上的复制。中国国家博物馆文保院书画文献修复研究所文献复制工作，一直以"三原原则"为基准，2018 年，文保院书画文献修复研究所为孙中山故居纪念馆复制的中国国家博物馆藏《孙中山对程天斗贪污案的批复信》《有孙中山批复的魏邦平请示信》《孙中山给青云旅长的信》三封孙中山先生的亲笔书信，就是"三原原则"的很好体现，复制过程主要采用的是传统手工复制技艺，配合数字修版技术完成，复制效果比较理想。

一　文物基本信息

《孙中山对程天斗贪污案的批复信》（图一）、《有孙中山批复的魏邦平请示信》（图二）是有关民国政要程天斗贪污案的信件。1922 年 4 月，程天斗被孙中山任命为广东省财政厅厅长兼省立银行行长。5 月，孙中山派广东省财政厅厅长兼省立银行行长程天斗为中央银行筹备员，负责中央银行的筹备工作。程天斗在任广东省立银行行长期间，趁陈炯明叛变时，徇私舞弊，吞没纸币并私自在香港九龙仓提取银票一箱，共约 237 万元，又私提银行库存现金 150 余万元，

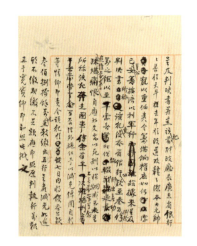

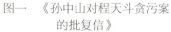

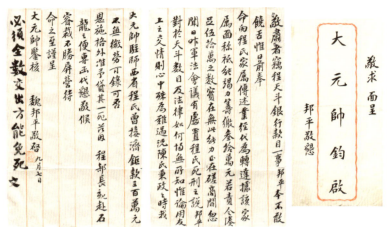

图一　《孙中山对程天斗贪污案
的批复信》

图二　《有孙中山批复的魏邦平请示信》

合计侵吞公款 380 余万元。另外，程天斗还亏空公款 1038 余万元，造成国库空虚。1923 年 7 月，广州市公安局逮捕了程天斗，孙中山指定由胡汉民、程潜、罗翼群组成特别法庭进行会审。由于程天斗贪污罪行情节严重，特别法庭依法判处其死刑，呈请孙中山批准。经许多要员说情，孙中山批示交出全部侵吞款项方可免死。程天斗贪污案的相关文献资料现藏于中国国家博物馆，有着重要的历史价值。《孙中山对程天斗贪污案的批复信》，纵 25.5cm，横 23cm，毛边纸书写，毛笔墨迹，保存完好无破损。

《有孙中山批复的魏邦平请示信》，2 页，每页纵 24.5cm，横 15.5cm，信封纵 22cm，横 10cm，宣纸信笺纸书写，毛笔墨迹，保存基本完好，边缘有破损，纸张有折痕。

《孙中山给青云旅长的信》（图三），是 1924 年 9 月 20 日孙中山就当地人民报告青云旅长部队囚禁妇女一事给青云旅长的信，要求其立即放人。信件为宣纸信笺纸书写，2 页，每页纵 32cm，横 21cm。

图三　《孙中山给青云旅长的信》

二　复制材料与工具的选择

选取和原件材质、厚度、表面肌理纹路基本吻合的毛边纸和宣纸用于复制。裁成合适的大小备用，一般都比原件尺寸大，留出足够的方裁空间。

《孙中山对程天斗贪污案的批复信》，纸质为淡黄色毛边纸，印有桔红色边栏与界线。原件字迹每字高 0.4cm 左右，笔力遒劲，线条方笔较多，粗细变化明显，线质比较光滑，判断其

图四　选择的毛笔（从左往右依次为狼毫小楷笔、
兼毫毛笔、"小大由之"毛笔）

使用的为狼毫小楷笔，因此选用笔锋为 1cm 长的狼毫小楷笔书写。

《有孙中山批复的魏邦平请示信》，纸质为呈黄褐色的旧色宣纸，印有桔红色界线。原件字迹为两人的笔迹，魏邦平的字迹，起笔多有牵丝引带，起笔与转折处多为方笔，粗细变化明显，判断其使用的是狼毫小楷笔，因此选用笔锋为 1cm 长的狼毫小楷笔书写；孙中山在文末的批复，线条中锋较多，起笔与转折处多为圆笔，线条粗细变化小，从干笔锋处能看出来书写时毛笔不是很聚锋，判断其使用的是兼毫毛笔，因此，选用笔锋为 1.5cm 长的兼毫毛笔书写。

《孙中山给青云旅长的信》，纸质为宣纸，印有朱红色边栏、界线和"大本营公用牋"等字样。原件字迹起笔与转折处方中带圆，收笔处有的聚锋，有的不聚锋，牵丝引带较细，判断其使用的是笔锋比较短的兼毫毛笔，笔根处笔毛多能储墨，笔尖处笔毛少，笔锋尖，因此，选用"小大由之"毛笔书写（图四）。

三　数字修版技术的应用

这三件文物都是使用印有线格的信笺纸书写，我们在复制时按照原材料、原形制、原工艺的复制理念，边栏与界格线采用传统印刷方法印制，字迹采用手工临摹的方式复制。复制用信笺纸印制之前，需要利用数字技术获取印刷和临摹用的墨稿电子文件。应用数字技术为传统印刷服务，主要就是制作用于晒制印版的胶片墨稿，"把传统工艺中的照相、冲洗、修片、拼版等工作，通过数字扫描、计算机处理，提前到出片之前完成，使修版更加快捷、准确"[1]。

1. 使用无接触式扫描仪扫描原件

将信札的信封、信件内容页分别平放在扫描仪工作台上，将扫描仪分辨率设置为 300dpi，色彩类型为 RGB 色彩模式，文件的缩放比设定为 100%，进行扫描。将扫描完成后的文件存储在设定好的文件夹中。

2. 使用 Photoshop 软件修版

原件信纸上的字迹将部分线格遮住，对印刷前的分版工作造成一定的困难，需要使用

Photoshop 软件将文字去除，只保留完整的线格。操作时，在 Photoshop 软件中将信笺的电子文本放大，先用"铅笔"工具将被字迹遮挡的线格描摹、连接好，将其他没有遮挡到图案的字迹去除掉，通过"通道"将其去色，然后再用"调整—曲线"等功能将其变成黑色的墨稿，最后用激光打印机将修好的黑白墨稿打印到打印纸上。

3. 制作印版用胶片

将采用激光打印机打印制作出的黑白稿件，用复印机复印在透明的软片上，透明软片上的图文是阳图文（图五）。

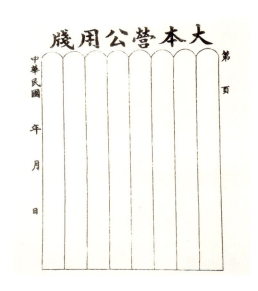

图五　制作好的透明软片

4. 制作复制临摹用字迹底稿

使用 Photoshop 软件，通过"通道"将原件电子文本去色，通过"曲线"功能将其变成黑色的墨稿，黑白对比度适当调高，然后用激光打印机将墨稿打印到打印纸上，摹写使用的底稿就制作完成了。

四　传统印刷工艺印制信笺纸

现代科技快速发展，石印、油印、铅印等传统印刷技术现已基本被淘汰，但我们在复制时，仍坚持采用原工艺的复制方法，使用与原件相对应的传统印刷技术，这样能更好地还原原件的时代特色。这三件文物的信笺纸采用平版印刷技术印制而成。我们在制作信笺纸时，选用了石印机来印制。石印技术是平版印刷的一种，在清晚期传入中国，准确地说叫石版印刷，是以石板为版材，将图文直接用脂肪性物质书写、描绘在石板之上，或通过照相、转写纸、转写墨等方法，将图文间接转印于石板之上进行印刷的工艺技术。我们在复制时，是用已经制作好的胶片墨稿制作 PS（预涂感光版）印版，然后借助石印机，应用 PS 版印制技术复制信笺纸。

1. 晒版

把透明胶片图文墨稿放到事先裁好的 PS 印版上，注意软片图文正面要扣 PS 印版正面，也就是有药膜的面，然后把它们一起放到定好曝光时间的紫外线晒版机玻璃下，打开碘镓灯紫外光源曝光晒版。

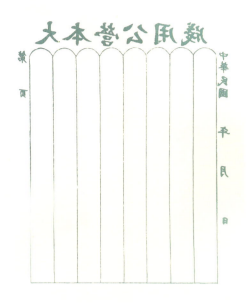

图六　制作好的 PS 印版　　　　　　　　　图七　印制完成的信笺纸

2. 显影、定影

晒版完毕，将晒好的图文 PS 印版通过显影、定影、修版等工序，完成 PS 印版的制作（图六）。

3. 印刷

印版制好后，把印版放到石印机的石板上，用少许的水将印版固定，在石板上调配和原件线格颜色相同的胶印油墨，然后上水、走墨、续纸，覆上压力胶垫，摇动压力辊，开始印刷，将印版上的油墨转印到复制用纸上（图七）。

五　信笺纸的染色仿旧

古旧墨迹文物由于历时久远，纸张"受风尘烟熏侵蚀，泛成各种不同的古旧气色，或似茶绿，或近鹅黄，或带淡赭，或呈灰褐" [2]，要掌握调色原则，对纸张进行染色处理，保留旧气。染旧也是对文献实体的复制，在复制品整个制作过程中有画龙点睛的作用。

《孙中山对程天斗贪污案的批复信》的纸张在毛边纸原有色调的基础上呈灰褐色，作旧采用的是红茶汁加少许墨汁染色；《有孙中山批复的魏邦平请示信》的纸张在宣纸原有色调的基础上呈黄褐色，作旧采用的是红茶汁加国画颜料藤黄调配染色；《孙中山给青云旅长的信》的纸张在宣纸原有色调的基础上呈灰色，作旧采用的是淡墨染色。染色时，为避免纸张正面损坏，将纸张正面朝下放在裱画案上，用排笔蘸取染液，将复制用纸刷染均匀，着色仿旧。

六　手工临摹复制

1. 字迹分析

在摹写前，对原件笔法、笔势、笔意、墨法上的个性化特点，以及字体、流派、风格进行全面分析，有利于对原件书写者的传统书法修养形成初始印象和初步的适应，进而在摹写中能够形成对应的可加以掌控的摹字技法或技巧。这三件信件均为毛笔墨迹，行书字体。孙中山先生的字书法功底较好，书法用笔受苏东坡影响，又有唐人写经笔意，起笔处方中带圆，多为藏锋起笔，收笔有回锋动作。因为书写速度快，干笔锋较多，字迹线条利落有力，墨色浓淡变化自然。魏邦平的字起笔藏锋较少，字形瘦长向右上方倾斜，墨色浓、重、黑。

2. 摹写

传统的"摹"主要有双钩法和一笔书。双钩即用纸"蒙在原迹上面，以淡墨作细线、依笔法勾出一个轮廓来，然后取下，以浓淡干湿墨填空成字"[3]，也有"先勾淡墨廓后，再用一笔在廓中摹写（有异于不见笔法的填墨），碰到虚燥笔锋处才略为填作"[3]。这种方法易得墨迹位置，但往往会因操作拘谨而产生堆墨现象，致使笔意尽失，使做出来的字迹呆板而没有生气。传统的摹写也有用一笔摹写法的，但方法很单一，草率摹写而没有附加处置方式，其结果只能基本做到形似，神态不足，非严格意义上的复制。我们在复制时，采用的是直接摹写为主、工艺化修整为辅的合成效果法来摹写，即把纸蒙在打印出来的墨稿字影上，在拷贝台上直接摹写，然后再通过补笔补墨的方式进行修整，通过灵活组织步骤技巧，最终实现复制品的精细化。因为小字墨迹变化连贯，笔墨细腻，"一次成字，比之向揭法的两次成字，显然有着更多的可操作性"[4]。

直接摹写，是以接近"一笔书"的操作，再现原字的用笔形态，在没有双钩线定位下做到这点非常难，毛笔在拷贝台上的字影中运行，如何同时兼顾墨色变化与四周边沿的位置变化，这涉及"对边影中的实线定位、笔的软硬、纸的薄厚、墨的浓淡、笔势关系、笔力虚实等一系列分寸的综合把握"[4]，要想解决这些问题，摹者需进入主动临摹状态，主动临摹是能自觉驾驭原件字迹用笔的一种高级技术状态。其特点是能综合把握原迹特点，用兼顾性的用笔，一笔准确摹写出原迹的笔道形状，并同时自然带出相应的墨色变化。主动临摹状态的进入，是通过反复的试临摹形成的对笔意的定格。也就是说，先要对临原件，熟悉用笔习惯，这相当于书法学习中的临帖；然后再在拷贝台上试临摹，刚开始会将较多的注意力放在字影的字形和笔画的粗细上，反复练习到一定阶段，书写形成一种惯性，主要精力自然会转到用笔上，也就是说形成了笔意的定格。当对笔、墨、纸的特性能熟悉应用，摹写笔画和原件基本一致，这时候就进入了主动临摹，可以正式摹写了。

这三封信件中可以看出孙中山是在比较气愤与激动的情绪下书写，笔速较快，下笔有力，笔画之间的连带也较多，摹写时，调整好情绪，书写速度也要略微变快，在上一笔写到收笔之际，

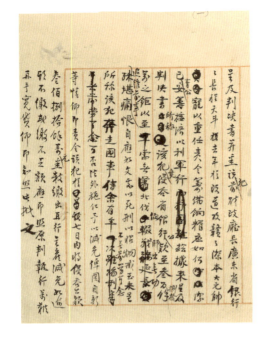 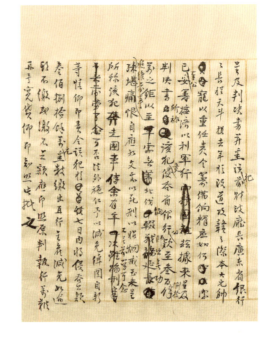

（a）原件　　　　　　　　　　　　　　　（b）复制件

图八　《孙中山对程天斗贪污案的批复信》原件和复制件对比

把目光提前移向字影的下一个笔画。这样，摹写更自如，笔画之间的衔接引带也非常自然（图八）。

　　需要注意的是，《有孙中山批复的魏邦平请示信》中分别有魏邦平和孙中山两人的笔迹，手迹类复制临摹工作需要临摹的字迹种类多种多样，不同的书家拥有多样化的书写习惯和书风，这就意味着摹者面对多样化的用笔方式都要轻松自如。在摹写时，一旦加入自己的用笔习惯，多种字体摹写出来就很容易看出来是一个人书写，因此，一定要注意不同人书写时用笔和笔力的不同，做到完全对应原件书写者的书写技巧（图九）。

3. 修整

　　原迹中，补笔现象非常少见，因为作者在书写时根本无暇顾及，而手工的复制描摹再精细，由于工具材料的限制和当时书写者偶然因素所产生的效果，很难做到笔笔到位，因此补笔补墨是不可缺少的工艺性方法。

　　在第一遍摹写后，需要逐字比对原件，把之前书写时暂不能顾及的部分补完整。补笔主要以点墨法为主，墨色宜淡不宜浓，用细小的笔触逐渐完成线条形状的补全；补墨用于调整墨色深度，也就是全色，即用全色的方法在已摹写出的笔道上补足前面的欠缺。墨色不够的地方，用小笔触、小覆盖，由浅入深地逐渐调整，"全"出一笔书的效果。注意这里的补笔补墨修整，只是通过细微的笔触对线条做补充和调整，字的主体形态和用笔、气息方面的面貌，仍需要在第一遍摹写时就体现出来，不可本末倒置（图一〇）。

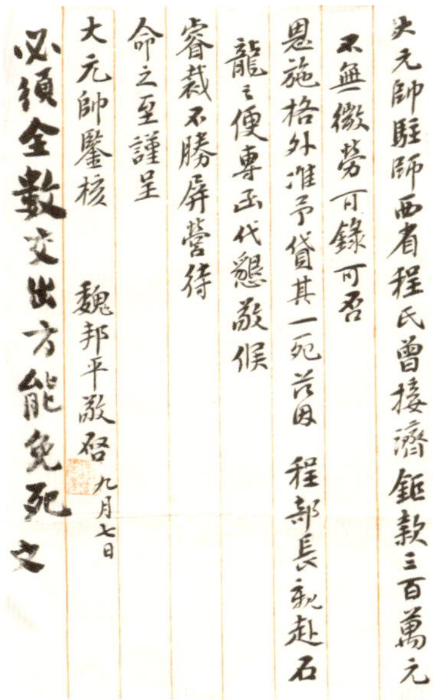
大元帥駐師西省程氏曾接濟鉅款三百萬元
不無微勞可錄可否
恩施格外准予貸其一死並由　程部長親赴石
龍之便專函代懇敬候
睿裁不勝屏營待
命之至謹呈
大元帥鑒核　　魏邦平敬啓　九月七日
必須全數交出方能免死之

（a）原件局部

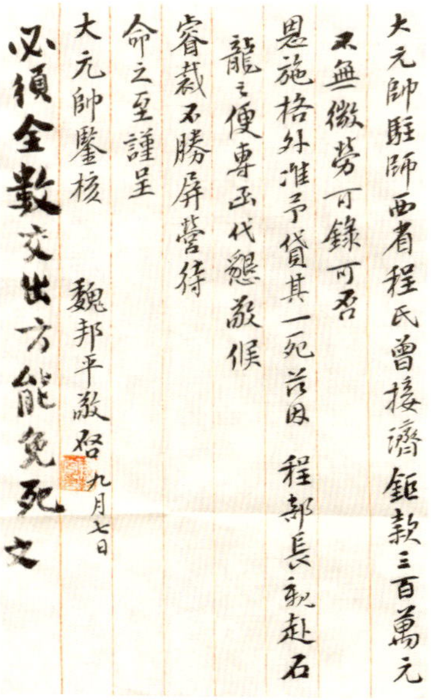
大元帥駐師西省程氏曾接濟鉅款三百萬元
不無微勞可錄可否
恩施格外准予貸其一死並由　程部長親赴石
龍之便專函代懇敬候
睿裁不勝屏營待
命之至謹呈
大元帥鑒核　　魏邦平敬啓　九月七日
必須全數交出方能免死之

（b）复制件局部

图九　《有孙中山批复的魏邦平请示信》原件和复制件对比

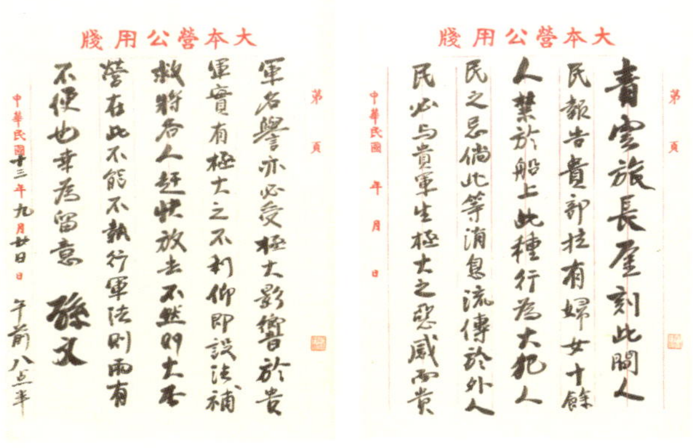
大本營公用牋
第　頁
青雲旅長屋刻此間人民報告貴部拉有婦女十餘人禁於船上此種行為大犯人民之忌倘此等消息流傳於外人民必與貴軍生極大之惡感而貴
中華民國　年　月　日
大本營公用牋
第　頁
軍名譽亦必受極大影響於貴軍實有極大之不利仰即設法補救將各人赶快放去不然則大本營在此不能不執行軍法則而有不便也幸為留意　孫文
中華民國十三年九月廿日　午前八点半

（a）原件

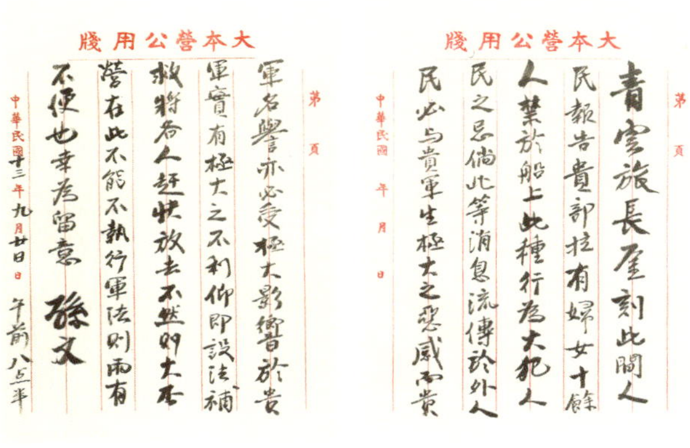
大本營公用牋
第　頁
軍名譽亦必受極大影響於貴軍實有極大之不利仰即設法補救將各人赶快放去不然則大本營在此不能不執行軍法則而有不便也幸為留意　孫文
中華民國十三年九月廿日　午前八点半
大本營公用牋
第　頁
青雲旅長屋刻此間人民報告貴部拉有婦女十餘人禁於船上此種行為大犯人民之忌倘此等消息流傳於外人民必與貴軍生極大之惡感而貴
中華民國　年　月　日

（b）复制件

图一〇　《孙中山给青云旅长的信》原件和复制件对比

七　后期处理

摹写完成后，文献主体部分的复制基本完成。最后，需要将复制件对照原件尺寸进行裁切，把打印出的与原件同大的底稿放在拷贝台上，复制件放置于底稿上，透过拷贝台的灯光确定好大小位置，用针锥扎孔，然后用裁纸刀按照扎好的孔裁切。信封也按照原件信封的尺寸折成同样大小。有折痕的部位，按照原件折痕进行折叠。

八 结语

　　文物复制是文物保护工作的重要手段，文物复制不论是从技术手法，还是从保护角度来讲，都是文物保护修复工作的延续，它是一种更深层次的文物保护修复技艺。优秀文物复制作品不论是外观，还是内在细节上都经得住审视与推敲，它同样能够给观众带来启迪与感染，也是保护文物原件最好最有效的方法之一。随着科技的快速发展，数字技术越来越多地应用于复制品的制作中，但没有遵循"三原原则"的复制，最多只能称为仿制。特别是手迹文物特有的书写感和时代感，只有通过手工的制作与临摹，才能真实地再现。随着时代的发展，如何借助数字技术让手工的复制工序更加精准快捷，也是我们工作中面临和需要思考的问题。通过不断的实践与探索，相信文献的复制方法会更科学、更好地应用于文物保护。

　　致谢：中国国家博物馆文保院副研究馆员崔雪祯、副研究馆员贾治安、馆员孟硕共同参与了孙中山三件墨迹信札的复制工作，中国国家博物馆文保院研究馆员马海鹏对文章的写作提供了指导修改，在此一并感谢。

参考文献：
[1] 马海鹏：《楮墨文昌——文献修复复制的理论与实践》，山西科学技术出版社，2019年，第321页。
[2] 杜秉庄、杜子熊：《书画装裱技艺辑释》，上海书画出版社，1993年，第71页。
[3] 徐邦达：《五谈古书画鉴别》，《故宫博物院院刊》，1981年第2期，第56页。
[4] 王秋仲：《小字墨迹复制摹写技术探讨》，《中国国家博物馆馆刊》，2014年第7期，第149页。

新中国第 10001 号博士学位证书的复制

吕雪菲

内容提要：2018 年 6 月 1 日，我国著名理论物理学家马中骐教授将其 1982 年获得的新中国第 10001 号博士学位证书等相关文物文献捐赠给中国国家博物馆，2019 年，文保院完成了证书等相关三件文物的复制，用于回馈捐赠者和作为替代展出的备份保存。复制过程主要采用了数字技术和传统手工复制技艺相结合的方式，力求真实地还原文物信息。本文对文物的基本信息和复制过程作了详细的记录和阐释。

关键词：学位证书　数字技术　传统印刷　手工摹写　复制制作

一　引言

马中骐教授是我国著名的理论物理学家，是中国科学院高能物理研究所资深教授，同时也是新中国首批十八名博士学位获得者之一。2018 年 5 月 16 日，马中骐教授表示希望将自己1982 年获得的第 10001 号博士学位证书等相关实物捐赠给中国国家博物馆，由国家来永久保存这些见证历史的代表物证。2018 年 6 月 1 日，王春法馆长代表中国国家博物馆接受马中骐教授捐赠的博士学位证书等相关文物文献。

1978 年改革开放后，教育部决定在中国科学院、复旦大学等高校设立博士试点，同年举行全国研究生招生考试，马中骐先生以优异的成绩考入中科院高能物理研究所，成为著名物理学家胡宁教授的博士研究生。1982 年 3 月 4 日，马中骐取得了由时任中国科学院学部主任钱三强院士签署、编号为 10001 的博士学位证书，成为新中国博士学位制度创立以来第一位毕业的博士。1983 年，党和国家领导人在人民大会堂接见了新中国首批十八位博士学位获得者，马中骐作为第 10001 号博士学位获得者，代表十八位博士在人民大会堂主席台发言。

2018 年是我国改革开放四十周年，新中国第 10001 号博士学位证书及相关文物的入藏，在一定程度上丰富了中国国家博物馆反映改革开放以来中国教育领域发展成果方面的收藏，作为新中国科学技术发展辉煌历程的重要物证，这件博士学位证书同样具有标志性意义。

2019 年中国国家博物馆完成了对《马中骐获得的新中国第 10001 号博士学位证书》（以下简称"证书"）、《人民大会堂博士和硕士学士学位授予大会请柬》（以下简称"请柬"）、

《授予大会结束后的电影票》（以下简称"电影票"）三件文物的复制，用于回馈捐赠者和作为替代展出的备份保存。复制过程主要采用了现代数字技术和传统手工复制技艺相结合的方式，力求真实地再现文物原件上承载的历史信息和岁月痕迹。

二　文物基本信息

证书内页为卡片纸，尺寸为纵 27cm，横 38cm，对开内页左边为国徽和烫金字迹，右边有毛笔墨迹手写字迹、黑色印刷字体、蓝色编号等戳迹、蓝紫色手写签名章印迹（图一）。

请柬由两张纸组合而成，印有座位号的胶版纸，粘贴在一张黄色书皮纸上，胶版纸尺寸

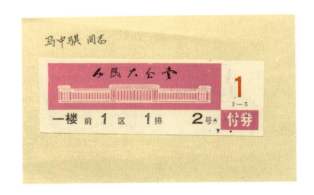

图一　马中骐获得的新中国第 10001 号博士学位证书　　图二　人民大会堂博士和硕士学士学位授予大会请柬

图三　授予大会结束后的电影票

为纵 4.5cm，横 12.5cm，书皮纸尺寸为纵 10cm，横 16cm，书皮纸上写有蓝黑色钢笔字迹（图二）。

电影票为胶版纸印制，尺寸为纵 4.5cm，横 12.5cm，上面写有蓝色圆珠笔字迹（图三）。

三　复制方案的制订

根据"原材料、原形制、原工艺"的复制原则，依照原件的基本特征，决定对证书、请柬和电影票采用数字技术与传统平版印刷相结合的方式印制，数字技术用来制作印版用的胶片，省去了传统印刷照相、修片、拼版的复杂步骤，提高了复制工作的效率和精准度。证书的烫金部分使用烫金机制作，原件上所有的手写字迹均采用手工临摹来完成。证书上的钢印如果制作一枚同样的钢印钤盖的话，花费的时间和成本较高，我们目前也没有制作钢印的条件，因此，决定制作正像字迹铜版，再使用铅印机印出钢印的特殊效果。

四　复制材料和工具的选择

纸张选用和原件纸质、厚薄、纹路相近，尺寸大于原件的 230 克卡片纸、60 克胶版纸、120 克书皮纸。

证书上的毛笔字迹粗细变化明显，提按顿挫明显，选择"写卷"小楷笔书写；此外，根据请柬和电影票上的字迹准备笔尖宽度约为 0.2mm 的钢笔、蓝黑钢笔水和笔尖宽度为 0.2mm 的圆珠笔（图四）。

五　证书的印制

1. 数字扫描获取电子文本

图四　选择的笔具（从左到右依次为"写卷"毛笔、钢笔、圆珠笔）

打开扫描软件，将扫描类型设为 CMKY 彩色印刷模式，分辨率设为 300dpi，缩放比例设为 100%，存储格式定为 JPG。设置完成后根据软件操作提示进行扫描，获取证书的电子文本。

2. 制作分色图层墨稿

证书内页需要印刷的元素分为六个部分：黑色印刷字体、蓝紫色印刷字体、浅蓝色数字、黄色底纹、烫金字体、烫金国徽，因此需要使用 Photoshop 软件分别修出六个单独的黑白墨稿用于印刷。具体步骤为：① 用 Photoshop 打开电子图像，在"图层"面板点击"创建新图层"选项，创建六个新图层，并将新图层分别命名为"黑色字体""蓝紫色字体""浅蓝色数字""黄色底纹""烫金字""国徽"。② 将文件图像分别粘贴到六个图层中，用"裁剪""橡皮擦""多边形套锁"等工具分别去除与该图层无关的图像内容。"黄色底纹"图层把黑色字迹去除后，底纹图案会不完整，可以把没有被遮挡的图案利用复制图层的功能拼接成完整的图案。③ 用"去色""曲线"功能分别将六个图层的彩色稿转为黑白墨稿。

3. 制作印版用胶片

将 Photoshop 软件制作好的六个图层的黑白墨稿使用激光打印机分别打印到打印纸上，再用数码复印机转印成胶片墨稿。

4. 晒制印版与分色套印

将胶片墨稿覆盖在 PS（预涂感光版）版材上，放到晒版机里曝光。晒版完毕，将晒好的图文 PS 版，通过显影、定影、修版等工序，完成印版的制作。原件中每一个颜色的胶片晒制一个印版，一共有五张印版。印制时，采用分色套印的方式，即每次将一块印版放到石印机的石板上，用少许的水固定好印版，调配相对应的黑色、蓝紫色、淡蓝色、红色、黄色胶印油墨分色套印。分色套印时，一般按照原件中不同颜色所占的比例大小，先印颜色占比较大的主色调，待先印的墨迹彻底干透后再印下一个颜色。

5. 烫金部分的印制

① 利用 Photoshop 制作出的黑白墨稿，烂制铜锌凸印版。② 寻找、配置颜色相近的电化铝专用烫金纸。③ 使用烫金机，固定好凸印版，续上颜色及光亮度与原件字迹相近的电化铝专用烫金纸和复制用纸，开机印制。

6. 钢印的印制

① 原件钢印印痕直径为 4.5cm，字迹较模糊，为了制作清晰的印迹，需要使用签字笔，用点墨法来手绘印章的墨稿，再将手绘稿扫描成电子文件，使用 Photoshop 软件"去色""曲线"功能将手绘稿转为黑白对比度清晰的电子图像。② 烂制正像字铜锌凸印版，修整成形。③ 使用铅印机，将印版固定在铅印机上（图五），放置好复制用纸，复制用纸的背面朝向印版，确定好印章的钤盖位置后，借助铅印机的压力获取证书上的钢印痕迹（图六、图七）。

图五　固定在铅印机上的印版　　　　图六　使用铅印机印制钢印痕

六　请柬与电影票的印制

请柬与电影票的印制过程和证书的印制类似，通过扫描仪获取原件电子文本后，使用 Photoshop 软件将原件不同的颜色对应分为不同的图层，原件有四个颜色：黑色字体、粉色图案、

博士学位证书

系　　　　人，
一九　　年　　月　　日生。在
我系部已通过博士学位的课程考
试和论文答辩，成绩合格。根据
《中华人民共和国学位条例》的
规定，授予　　　博士学位。

证书编号 10001　　一九八二年　　月　　日

图七　印制完成的证书

朱砂红数字、黑灰色数字，因此需要分成四个图层，每一图层变为黑白稿后，将打印出的黑白墨稿用数码复印机转印成胶片墨稿；通过晒版、显影、定影、冲洗、晾干等工序分别制作四张PS印版；将选配好的纸张使用平版印刷机分四色套版印制。

七　字迹的临摹复制

1. 证书中毛笔墨迹的摹写

① 获取摹写用字影底稿。用数码复印机复印证书内页，设置成黑白模式，明暗度调整成中度，选择 A3 打印纸，设置好后按操作提示复印。② 字影底稿的处理。证书的纸张较厚，底稿放在拷贝台上覆上复制用纸，如果底稿的字黑度不够，透过复制用纸会非常模糊，影响摹写的精准度，因此，需要对复印出来的字影底稿，用黑色签字笔沿着原字迹的笔画再描摹一遍，经过黑色签字笔描摹后的字迹才能透过拷贝台灯光清晰可见。描摹时选择笔尖较细的签字笔，注意笔画粗细的变化。③ 试临摹。原件的字迹为行书，书写者有较好的书法功底，起笔以方笔为主，收笔多有回锋动作，转折以圆转居多，粗细提按变化多，牵丝引带较多。在正式摹写前，首先是依照原件反复对临，参照原件字迹的结体姿态、笔势、笔法以临仿的方式进行试临摹，熟悉原件字迹的书写用笔。随着试临摹次数的增多，驾驭字形与用笔笔势逐步熟练后，原件的书写特征会转化为一种个人自然的书写习惯，达到了背临程度，即可开始正式摹写。④ 正式摹写。采用直接摹写加修整的合成效果法进行摹写。把复制用纸蒙在字影底稿上，打开拷贝台灯光，在拷贝台上直接摹写。证书上的小字墨迹变化连贯，笔墨细腻，因为书写在卡片纸上，线条墨色的

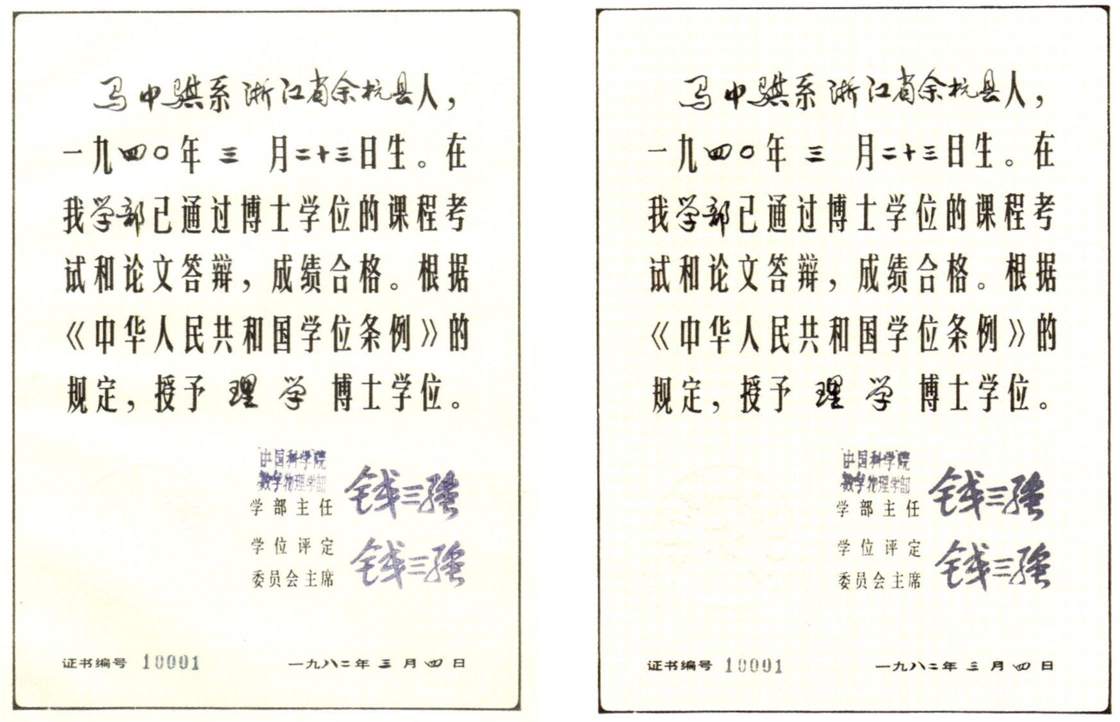

马中骐系浙江省余杭县人，
一九四〇年三月二十三日生。在
我学部已通过博士学位的课程考
试和论文答辩，成绩合格。根据
《中华人民共和国学位条例》的
规定，授予理学博士学位。

中国科学院数学物理学部
学部主任 钱三强
学位评定委员会主席 钱三强

证书编号 10001 一九八二年三月四日

（a）原件　　（b）复制件

图八　有毛笔墨迹的证书内页原件和复制件对比

浓淡变化清晰可见，在摹写时用笔一定要和原件一致，一气呵成，墨色变化和用笔轨迹才能呈现出和原件一样的效果。在第一遍摹写后，需要逐字比对原件，通过点墨法把之前书写时暂不能顾及的部分补完整。补笔补墨颜色要淡，通过细微的笔触将笔画补全。书写在卡片纸上的字迹，如果有复笔很容易看出笔画叠加的痕迹，因此第一遍临摹时要尽量做到一笔到位，减少补笔的情况发生，字迹的主体形态和用笔、气息方面的面貌，需要在第一遍摹写时就体现出来（图八）。

2. 请柬中钢笔字迹的摹写

① 选笔与调配墨水。钢笔字迹的摹写关键在于工具的选择和墨水的调配，这是直接影响字的结体线性以及描摹准确度的两个因素。原件钢笔字迹线条宽度约为 0.1mm，选取笔尖宽度合适的钢笔。钢笔手迹文献，由于纸张和墨水材质自身的特性，字迹或多或少都会出现变色，如直接选用市面上生产的蓝黑色钢笔墨水，很难和原件墨色保持一致。因此，墨水需要调配，调配时，根据原件墨色，使用滴管吸取适量蓝黑色墨水至容器内，再吸取少量纯蓝色墨水至同一容器内进行配制。② 试临摹。以原迹为规范，反复揣摩其在线条的起行收上所能反映出来的执笔方式及特点，通过调整执笔的垂直角度、手指力度搭配、支点变位，做到笔力准确，方圆、虚实、起收、轻重合度。通过反复的试临摹，对“马中骐同志”这五个字的写法谙熟于心时，

就可以正式摹写了。③ 正式摹写。采用的是直接摹写为主的摹写方法。即在拷贝台上，拓着字影底稿直接在复制用纸上摹写，基本做到笔笔到位。线形的起止转换、边廓变化、转折方式、点画呼应、速度与节奏等都要准确摹写出来（图九）。

图九　请柬复制件

3. 电影票中圆珠笔字迹的摹写

　　圆珠笔字迹摹写和钢笔摹写类似，选择工具和颜色很重要。选择和原件粗细、颜色一致的圆珠笔，通过反复的试临摹，练习原件书写者的行笔方式和力度变化，掌握后，使用拷贝台，拓着字影在复制用纸上正式摹写。圆珠笔字迹的摹写，后期基本没有修整余地，摹写时要尽量做到一笔到位（图一〇）。

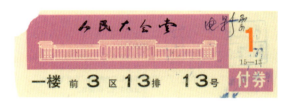
（a）原件

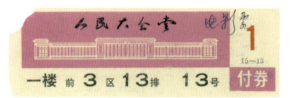
（b）复制件

图一〇　电影票原件和复制件对比

八　后期处理

　　按照原件的旧气旧色，调配染旧用颜色水，对复制件进行刷染仿旧。然后根据原件尺寸、形制分别对证书、请柬、电影票进行裁剪，并将请柬的两张纸比照原件位置粘贴在一起。电影票原件有残缺，使用针锥划割、砂纸打磨的方法对复制件作残，真实再现文物流传过程中的历史痕迹。

九　结语

　　文献复制是一项工艺化、精细化的技术，想要达到原件的效果，需要通过材料准备、处理、数字修版、印刷、临摹、染旧作残等一系列环节去实现，其中每一个环节的制作过程自始至终都在精细化操作技艺境界中进行，每一道工序都是为下一步工作做准备，通过对每一个细节的严格把控，才能最终实现复制品的"真"，达到可以比对原件的程度。在复制过程中，我们始终坚持对应制作对应表现的理念，力求真实地还原文物特征。由于时代的发展，复制材料和方法并不能完全和文物所处的历史时期一致，只有灵活运用"原材料、原形制、原工艺"的基本原则，用替代方法无限接近原件，同时在继承和发扬传统工艺的基础上，将传统工艺和现代科学技术结合起来，才能更好地提升文献复制件的品质，促进文献复制技术的不断传承与发展。

致谢：中国国家博物馆文保院副研究馆员贾治安、副研究馆员崔雪祯、馆员孟硕共同参与了马中骐教授相关文物的复制工作，中国国家博物馆文保院研究馆员马海鹏对文章的写作提供了指导修改，在此一并感谢。

馆藏大型油画现代复制工艺研究

颜　宇　赵丹丹　马腾飞　董　帅

内容提要：本文基于《开国大典》和《北平解放》两幅油画藏品的复制实践，梳理了馆藏大型油画复制工作的基本流程，分别为作品基本信息收集、图像数据采集、图像输出、表面处理和装裱，并详细说明了各操作步骤的注意事项。综合来说，大型油画的复制工艺是现代科技与手工技艺的结合，复制各步骤相互影响，特别是色彩管理应从图像采集延续到图像输出，表面处理应基于对作品基本信息的解读。相比于小型油画，大型油画复制的技术难点主要集中在图像采集、图像输出和表面处理三个方面，复制流程的细节应根据油画尺幅进行相应的调整。

关键词：油画复制　图像采集　UV 油墨　表面处理

一　引言

中国国家博物馆在大型革命历史题材油画收藏领域拥有丰厚资源，其前身中国革命博物馆和中国历史博物馆曾在 20 世纪 50~70 年代，先后组织四次大规模历史题材的美术创作，因而保存下来大批经典油画作品 [1]。这些作品大部分紧密围绕相关的时代和展览需求展开，尺幅往往有明确规定，以大型油画为主（以 1961 年馆藏新增美术作品目录为例，其中近九成油画尺幅逾 200cm，最大作品达 200cm×460cm）[2]。由于藏品创作年代久远，有些原作保存状况不佳，已不适宜展陈。复制品可以替代作品原件进行陈列，以减少原件在展览中受到光照、灰尘、温湿度变化等影响。人工临摹复制大型油画在时效性、复原完整性等方面受到限制，伴随着图像采集和印刷技术的发展，现代复制工艺在博物馆油画藏品的复制工作中扮演越来越重要的角色。

最初，国内油画复制工艺是以学习或谋生为目的的手工临摹，起源于清末广州地区外销画家对欧洲油画的复制，20 世纪初，中国艺术家也曾临摹过大量欧洲名家的油画作品，如徐悲鸿、冯法祀、林岗等。1972 年，中国革命博物馆委托靳尚谊、赵域复制馆藏油画《开国大典》，是较为典型的由博物馆机构组织的大型油画复制工作。当时的复制并非本貌还原，而是结合特殊历史时期和人物要求进行了局部修改，靳尚谊、赵域并未在董希文的原作上覆盖重绘，复制工作本身也体现了对原作的尊重。现代的油画复制工艺，是现代科技、数字设备与手工技艺的有机集成，复制目的以延续珍贵藏品生命、替代原件展出、满足社会文化教育需求为主 [3]。目前，

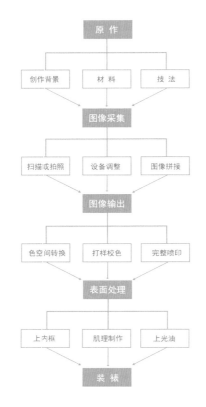

原作

创作背景　材料　技法

图像采集

扫描或拍照　设备调整　图像拼接

图像输出

色空间转换　打样校色　完整喷印

表面处理

上内框　肌理制作　上光油

装裱

图一　复制流程图

国内现代油画复制工艺仍处于起步阶段，缺乏规范的行业标准。

国内对于现代油画复制工艺的研究方向有三类。一、聚焦于油画复制工艺中的某个环节。如，王宏宇（2014）探讨了实现油画立体复制的 UV 油墨配比 [4]；陈晨（2016）对油画的三维数字化复制技术进行了从三维建模到 3D 喷印的实验论证 [5]；殷幼芳（2006）详细总结了扫描喷印时对色彩、清晰度的处理方法 [6]。二、概述不同油画复制工艺的整体特点。如，连文华（2007）论述了不同油画复制工艺的优缺点 [7]；赖罗春（2013）介绍了丝网印刷复制油画的技术难点 [8]。三、考察油画复制工艺生态。如，殷双喜（2011）讨论了复制性油画对于现代社会的文化价值及市场前景 [9]。以往的相关研究，缺乏在具体实例基础上，对完整复制工艺流程的总结性论述。

本文以中国国家博物馆藏油画《开国大典》和《北平解放》的复制过程为例，梳理现代油画复制工艺的完整流程（图一），总结大型油画复制工作在作品基本信息收集、图像数据采集、图像输出、表面处理与装裱四个步骤中的技术难点和处理方法。此研究对于博物馆大型油画藏品的复制工作具有参考意义，也为国内尚处起步阶段的油画复制领域提供行业规范参考。

二　《开国大典》与《北平解放》基本信息

作品的基本信息，是制订油画藏品复制方案的基础。中国国家博物馆文保院油画修复研究所受中国人民抗日战争纪念馆委托，复制《开国大典》与《北平解放》两幅大型馆藏油画作品。复制件用于香山革命纪念馆为庆祝新中国成立 70 周年举办的"为新中国奠基——中共中央在香山"主题展览。

《开国大典》（1979 年复制修改版本，图二）为布面油画，高 231cm，宽 401cm，原作者董希文，创作于 1953 年，是 1952 年中国革命博物馆委托中央美术学院创作的大型命题油画。1972 年由靳尚谊、赵域临摹复制，1979 年由阎振铎、叶武林修改。作品描绘了 1949 年 10 月 1 日，毛泽东主席在天安门城楼宣告中华人民共和国成立的历史性场景。董希文以写实的造型手法塑造了领袖和开国元勋的精神风采，又用写意的笔法表现了广场人群，辅以蓝天白云。造型方面

图二 《开国大典》（1979 年复制修改版本）

图三 《北平解放》

吸收了中国画线描技巧，色彩方面继承了唐代装饰壁画风采 [10]。作品单线平涂设色与扎实的块面造型融为一体，是新中国美术史上具有民族风格的典范之作。

《北平解放》（图三）为布面油画，高 150cm，宽 320cm，作者秦岭、高潮，创作于 1959 年。作品描绘了 1949 年 1 月 31 日，中国人民解放军举行入城仪式，市民涌向街头欢庆北平和平解放的场景。北平解放前夕，中共中央和中央军委力争以和平方式解放北平，最终与国民党傅作义部签订《关于和平解决北平问题的协议》，为新中国的成立奠定了重要基石。作品采用直接画法，对角线行进式透视构图，酣畅淋漓地描绘了这一热烈场景，色彩以灰黄色调为主，温暖和谐，给人以美好时代即将来临的希冀。

三 图像数据采集

1. 图像数据采集技术对比

目前，应用于博物馆的油画图像数据采集方式主要分为数码相机拍摄和高精度扫描技术。数码相机拍摄速度快、方便携带、可移动到现场进行直接采集；但色彩受环境光源影响较大、分辨率有限，图像较原稿而言，真实细腻程度也会受到影响。高精度扫描仪的采集方式比数码相机更加稳定，所得图像数据质量更高。目前，市场上已经出现三维数字化扫描仪，能更真实地体现油画的凹凸感；但油画一般需要放置在固定场所，对大幅面油画数据采集也有一定的局限性。两种图像采集技术在尺寸还原、像素大小、扫描尺幅、分辨率、色彩管理等方面各有优势。以中国国家博物馆采购的某款大幅面平台扫描仪和现有数码相机技术参数为例，其参数指标对比如下（表一）。

表一　图像数据采集技术对比

参数指标	大幅面平台扫描仪	数码相机
采集方式	光电图像传感器线扫描方式，线的累积形成图像，采集过程只使用镜头中间一线部分，而不是使用镜头全域，无尺寸畸变	CMOS 使用镜头全域曝光方式，有尺寸畸变
光电图像传感器	42×10^8ppi	10^8ppi
单次扫描/拍摄原稿尺寸	150cm×250cm	依据设备精度而定
最大分辨率	4 000dpi	600dpi
色彩深度	48bit	16bit
光源	稳定 LED 光源只负责扫描一线的照明，布光均匀	需要布光整个拍摄范围，照明很难完全均匀
可变光源功能	可以随意调节 LED 灯光的开闭组合、角度组合、远近组合以改变光源强度及照射角度，从而得到多种光源效果，利于油画表面笔触的立体再现	只能将全部光源打开，尽量避免光线不均造成色差
对焦模式	自动对焦（可变分辨率范围内）	手动对焦（固定分辨率）
色彩管理	专业 ICC Profile，稳定的颜色还原	自带白平衡程序，依赖环境光源
可变角度扫描（光电图像传感器偏移技术）	有，此功能用于扫描原稿中的反光色，例如金、银、珠光等	无
LAD 定向光源	有，这种定向光源导光装置将光源角度导向 45°，可以有效增强立体效果	无
单独文件大小	24bit 时 20GB（最大）	24bit 时 1GB

实际工作中，应依据文物特征和场馆条件，选择合适的图像数据采集技术。结合本次工作中油画幅面大、画面脆弱、有不稳定性病害的特殊性，以及工期紧、场地空间有限等条件限制，油画复制采用数码相机区域性拼接拍摄技术，在保证藏品安全的条件下，完成数据采集工作。《开国大典》作品图像直接从本馆数据中心调取，拍摄时间为 2009 年，使用相机为 Phase One P65+，光圈值 11，曝光时间 5s，感光度 100，焦距 80mm，分辨率 290dpi，像素 45 669×26 602ppi。《北平解放》由于没有相关图像数据信息，对其进行现场图像采集。

2. 拍摄场景搭建

拍摄时需要根据空间实际情况，搭建拍摄场地。相机要安装在稳固、灵活、高度适宜的大型立柱架上。布光时应避免点光源，因为点光源中心光照强于四周。柔光箱属于面光源，灯前柔光布能够创造柔和均匀的光线，因此成为拍摄平面艺术品的理想选择。布光时应尽量减少周围环境光的干扰，可以用黑布对地面及其他反光物体进行遮挡。拍摄时，画作前两侧各垂直放置两个 100cm×100cm 的柔光箱，距离画面 1~2m，以保证光照面大于拍摄面。两处光源呈完全对称摆放，并用测光表测试画面各点照度是否一致，以使画面受光均匀。光线常与画面呈 45°，有利于呈现油画的细腻凹凸质感。

3. 拍摄设备调整

图像采集时，应使用定焦头相机，防止画面畸变。拍摄使用相机品牌为 Sinar，大画幅相机，后背为 Sinar back eVolution 86。拍摄前，用标尺确认是否为 1:1 等比例大小；过程中所有拍摄参数的设定，都要根据不同拍摄现场的实际光照强度与油画色调的明度来确定。以此次图像采集为例，由于现场补光充足，感光度设为 100，无需过高，光圈大小为 16 左右，小光圈有利于平面艺术品的清晰拍摄，闪光灯数值设置在 5~7 之间，可依据画面色调明度进行调整，曝光时间为 1/125s，焦距 100mm，图像分辨率 300dpi，像素 8 000×6 000ppi。拍摄时画面完全垂直于水平面，拍摄镜头面与画面保持平行，防止畸变。大幅面油画拍摄无法单次覆盖全幅，拍摄时相邻画面重复面积应大于 30%，以满足后期数字图像拼接要求。照片保存为 RAW 格式，便于后期软件处理各项图片参数。

4. 后期图像处理

（1）图像色彩管理

拍摄时，将孟塞尔国际 24 色标准色卡（图四）摆放在现场原作环境中进行图像采集。后期处理前，把色卡信息植入 Adobe Photoshop

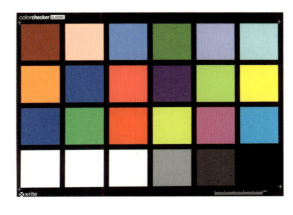

图四　色卡

软件进行画面的还原校色，并根据原作风格和作画特点进行图像还原，如适当增强色调对比、笔触锐度、明暗层次等。

（2）图像拼接

在采集大型油画作品图像时，只要两次扫描之间图像重复面积大于 30%，即可满足数字图像拼接软件进行自动拼接的要求。《北平解放》采用 Adobe Photoshop 的自动拼接功能，由 57 张采集图片拼接而成。

四 图像输出

1. 设备与材料

（1）UV 油墨喷印

图像输出采用喷墨打印技术。常用于油画复制的喷印用墨分为油性墨和水性墨两种，目前国内水性墨喷印机喷印宽幅为 140cm，油性墨喷印机为 340cm。考虑到拼接会破坏作品完整性，宽幅超过 140cm 的大型油画复制应选择后者。

油画复制对油墨的材料附着力、颜色表现力、光照温湿耐度及化学稳定性均有较高要求。此次复制工作使用的喷印机器为 Swiss Qprint UV 油墨喷印机。其工作媒介为 UV 油墨。UV 油墨也称为紫外干燥墨，需要紫外线对打印到基质上的墨进行干燥。相较普通油墨而言，UV 油墨有诸多优势。首先，喷印效率高，干燥速度快，在一定波长紫外光照下，油墨内黏合剂发生反应，从液态转为固态，一般只需几十微秒彻底固化，减少了油墨向画布的渗透与横向扩散，保证了油画复制的颜色饱和度与图像清晰度；其次，它的适应性广，可在棉、麻油画布上进行喷印；且固化后油膜光泽度大，能够还原油画本体的光泽度；牢度高、耐摩擦、耐溶剂（大部分的有机溶剂和酸），不与后期涂刷的光油媒介剂发生化学反应；最后，UV 油墨印刷环保，VOC 排放几乎为零，保证了展陈环境的空气质量[11]。

（2）承印画布

承印基质的选择应依据原作画布材质，同时考虑其对喷印效果的影响。因为画布的材质种类、纤维长度、底料层质感直接关系到油墨色彩与光泽度的表现，故在选择时，要排除混纺、短纤维、粗细不均、结节较多、底料层粗糙的布种。此次复制两幅油画使用了粗纹纯亚麻成品画布，画布每平方厘米的纬线数量为 11 根、经线数量为 8 根，平纹机制，背面色泽为冷灰色，正面为白色成品底料层。

2. 打样

大型油画的完整喷印耗时较长，因此，局部打样对于大型油画复制效果的把控非常重要。图像输出是决定油画复制还原程度的关键步骤。

打样前要对图像进行基于 ICC 特性文件的图像色空间转换，也就是将图像从采集设备色空间（RGB）转换到输出设备色空间（CMYK）[12]。这一过程关系到输出图像色彩的准确性。首先，确定 Profile 连接色空间（CIEXYZ 或 CIELAB）作为参照；其次，利用标准色卡为采集设备和输出设备建立各自的特性文件，特性文件中记录了设备色彩空间与参照色空间的对应关系[13]；最后，打开采集好的数字图像，加载输出设备的特性文件进行色空间转换。对于输出设备而言，承印基质的差异、墨水的不同会影响真实喷印色彩的呈现，制作输出设备的特性文件时，应考虑所用的亚麻布与 UV 油墨的特殊组合，调整输出设备的色彩管理系统。

色彩管理完成后，打样检测之前的调试工作。此时，借助分光测色仪（Konica Minolta CM-2600d）可以辅助判断输出色彩偏差。通过将原作的取点测色值与打样品做色差对比，可以得出 ΔE（总色差大小）、ΔL（明度差）、Δa（红/绿差异）和 Δb（黄/蓝差异）数值，以帮助调整图像输出设备的色彩管理系统参数，达到与原作的色彩明度和色彩倾向的统一。

3. 喷印

印前将画布上的布头、灰尘清除，防止残留物遮盖喷印区域。将图像文件传送到 UV 油墨喷印机控制系统中，机器输出等待打印。在系统显示的打印范围内进行电脑定位，图像居于中央，边距预留 25~30cm 的绷框空间，将画布水平对准在打印定位线上。开始喷印，喷印中随时记录机器各项参数设置值，以待出现问题时进行优化。喷印中要及时将喷印好的画布拉平，防止出现皱褶。喷印图像结束位置要往后留出至少 200cm 的空白画布，尽可能避开喷印至画布尾端的情况，否则画布前端会因重力对末端进行拉扯，使喷印图像不连续。

五　表面处理与装裱

1. 表面处理前上内框

表面处理前要将喷印好的画布紧绷在内框上，因为表面处理涉及肌理制作和喷涂光油两部分，肌理凝胶干燥后会造成画布的略微收缩，使画布和内框尺寸产生误差，光油均匀干燥也需要水平表面。大型油画内框须进行加厚加固，防止形变。此次复制油画采用松木内框，厚度 6cm，斜坡面 15°（以防止画面长期存放留下框印），加固支撑条间距为 20~30cm。大型油画绷框存在技术难度，绷布环境应湿度适宜且温暖，使画布处在较低张力状态[14]，这样可以降低画布日后在温湿度变化下出现松懈的几

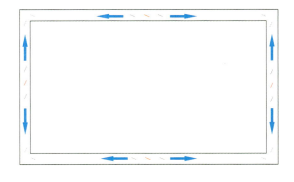

图五　绷布示意图

率。绷布时将画布正面朝下平铺在水平台上，内框定位在画布中心，先用虚钉确定画布与四角的位置（图五），实钉从四边的中心位置开始，同步逐渐向四角扩散，以保证画布均匀受力，不会起皱，四角画布固定处布层较厚，要适当增加钉子数量，确保画布稳固。

2. 肌理制作

肌理制作取决于原作的技法特征与艺术风格。从两幅原作中选取相同元素区域进行比对（图

（a）《开国大典》　　　　　　　　　　　　　（b）《北平解放》

图六　花丛绘制技法对比

（a）《开国大典》　　　　　　　　　　　　　（b）《北平解放》

图七　衣纹绘制技法对比

六、图七），可以发现两幅作品的技法差异。《北平解放》采用直接画法，画面局部有厚堆肌理，肌理制作有助于还原画面的笔触感（图八），《开国大典》亦采用直接画法，但作者融入了平涂设色的民族艺术风格，画面较平滑，肌理制作会破坏原作的风格特点和庄严意境（图九），且原作由于创作年代较久远，整个画面颜料层分布着细密龟裂纹，肌理制作无法与龟裂质感衔

图八　《北平解放》肌理制作前后局部对比

图九　《开国大典》肌理制作前后局部对比

接统一。经过技术对比，决定为《北平解放》制作肌理，《开国大典》保留原始喷印质感，不制作肌理。

肌理材料采用透明绘画肌理凝胶，成分为丙烯树脂、固形材料等，可为喷印图像增加油画笔触与肌理厚度。肌理凝胶涂刷时厚度会略微收缩，两次叠加才能达到笔触层叠的理想效果。薄涂凝胶表面干燥一般仅需半小时，但重复涂刷会掀起未完全干燥的肌理层，《北平解放》两次肌理制作时间间隔 24 小时。未干燥的凝胶溶于水，涂刷前笔刷保持干燥。笔根处用强力胶固定，防止掉毛。

3. 涂刷光油

光油能起到统一画面光泽、保护画面的作用。光油的良好流动性对于大画幅油画的上光非常重要，稀释后的光油涂刷起来薄而均匀，可为大面积涂刷预留充分的笔刷衔接时间。达玛树脂光油质地黏稠，与白精油稀释调和后增加了流动性。毛刷顶端用强力胶固定，减少掉毛。涂刷过程中保持空间无尘，画作水平放置，避免光油流淌，过程中从不同光线角度检查涂刷区域是否有遗漏，并使用镊子与放大镜，随时去除画面上残留的少量笔毛、异物。

4. 装裱外框

依据中国人民抗日战争纪念馆的布展要求，外框统一形制为暖金色雕花。外框由实木与表层石膏雕花构成，宽度 15cm。

六 结论

馆藏大型油画复制是现代科技和手工技艺的结合，图像采集与图像输出环节主要运用现代化数字设备，表面处理与后期装裱需借助手工技艺。

复制工艺的各个步骤环环相扣。作品信息分析是制订复制方案的基础，表面处理应基于原作的材料技法和创作意图；图像采集和图像输出两个环节同时决定了油画色彩的还原程度，其中设备的色彩管理非常关键，应从图像采集开始，一直持续到图像输出。

区别于小型油画，大型油画藏品复制存在技术难点，主要为大尺幅采集图像拼接、设备输出的图像尺寸限制、喷印操作细节、上内框工序和光油涂刷处理。在实际工作中，根据实际作品尺幅，需对以上几个环节提出相应的解决办法。

做好油画藏品的复制工作，对于满足珍贵藏品的保护、展览需要，弘扬优秀文化艺术有着重要意义。基于《开国大典》和《北平解放》两幅藏品的复制实践，大型油画的复制工序、技术难点得到了阶段性梳理，随着现代科技的发展，油画复制工艺还有广阔的发展空间，需要在未来的工作中进一步探索并完善。

参考文献：

[1] 李冠燕：《红色年代的经典图像》，中国艺术研究院博士学位论文，2013 年，第 1 页。

[2]《一九六一年中国革命博物馆新增美术作品题目及尺寸》，《中国国家博物馆馆藏档案》，1961 年 1 月 16 日。

[3] 李雨芊：《我国国有馆藏文物利用的法律规制》，首都经济贸易大学硕士学位论文，2018 年，第 21 页。

[4] 王宏宇：《基于油画复制的 UV 喷墨油墨研制》，天津科技大学硕士学位论文， 2014 年。

[5] 陈晨：《油画的三维数字化及 3D 打印复制研究》，华南理工大学博士学位论文，2016 年。

[6] 殷幼芳：《论油画的特点和复制规律》，《印刷技术》，2006 年第 6 期，第 40—43 页。

[7] 连文华：《油画复制与艺术微喷》，《印刷技术》，2007 年第 4 期，第 53—54 页。

[8] 赖罗春：《丝网复制艺术研究——以复制当代油画为例》，《新视觉艺术》，2013 年第 4 期，第 59—60 页。

[9] 殷双喜：《复制性艺术与深圳文化产业——关于大芬油画村的一些思考》，《中国美术》，2011 年第 2 期，第 9—11 页。

[10] 艾中信：《油画〈开国大典〉的成功与蒙难》，《董希文研究文集》，文化艺术出版社，2009 年，第 12 页。

[11] 王宏宇：《基于油画复制的 UV 喷墨油墨研制》，天津科技大学硕士学位论文，2014 年，第 15 页。

[12] 孙鹏、梁金星：《文物艺术品数字化复制流程概述（一）：基于色度学方法》，《广东印刷》，2015 年第 2 期，第 31—34 页。

[13] 朴识：《浅谈首都博物馆影像组对平面文物复制的色彩管理》，《首都博物馆论丛》，2012 年第 26 辑，第 418—420 页。

[14] Berger G A, Russell W H. Interaction between canvas and paint film in response to environmental changes. *Studies in Conservation*, 1994, 39(2): 73.

博物馆环境监控

中国国家博物馆西大厅日光直射区域光环境模拟研究

唐　铭

内容提要： 博物馆的光环境要兼顾藏品保护和展陈效果，为定量评价自然光对博物馆建筑内光环境的影响，采用基于建筑物理光学理论的计算机建模分析方法，结合博物馆建筑幕墙材料实测数据，确定自然光对室内环境的动态影响过程，得到自然光的影响范围、时间和强度等结论，并对博物馆中自然光利用的相关问题进行了探讨。

关键词： 博物馆　日光　模拟分析　藏品保护

一　引言

中国国家博物馆西大厅是观众进出博物馆的重要集散场所，也是重要的公共区域。西大厅除不定期举办开幕式等活动以外，部分墙面和地面区域还用于藏品的展陈。西大厅西侧立面是玻璃幕墙，自然光为西大厅提供采光的同时，自然光直射也可能对展品造成损害。为定量分析西大厅自然光环境现状，更加合理利用自然光，2017 年起我们开始了对博物馆自然光环境的研究工作，其中重点开展了日光直射区域的自然光模拟研究。

二　研究方法

本研究采取现场实测与计算机模拟相结合的方法，通过现场调研明确分析对象和光环境需求；通过实测自然光照度和幕墙材料的光热学性能等，获得计算机模拟所需的参数；结合西大厅的光环境需求，利用专业光环境分析软件[1]，建立计算机模型，对太阳直射光对西大厅全年的影响范围和时间进行模拟，最终得到相关数据和结论。

三　太阳直射光的影响分析

1. 建立模型

西大厅内可以作为藏品展陈使用的区域主要是一层和二层平台的部分墙面及沿墙区域，因

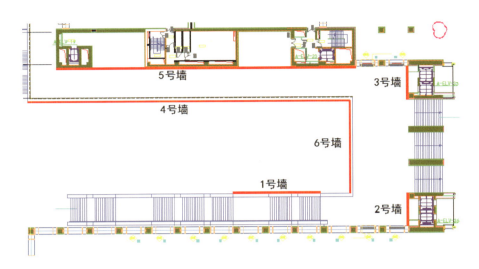

图一　南区待分析墙面平面示意图（北区对称）

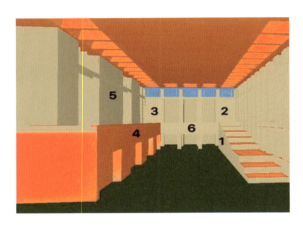

（a）空间分布示意图　　　　　　　　　　　　（b）空间分布实际情况

图二　南区待分析墙面空间分布示意图及实际情况（北区对称）

此，本研究选择主要的几个墙面区域进行太阳直射光的影响分析，分别是南区1~6号墙面、北区1~6号墙面。图一为南区待分析墙面平面示意图，图二为南区待分析墙面空间示意图，北区与南区建筑结构完全对称。

西大厅幕墙朝向为正西，午后直射日光进入西大厅的情况较为常见，而日光一年四季又处于变化之中，为了综合评价直射日光对西大厅，特别是展陈立面的影响，本研究对全年直射日光的光影变化进行模拟分析。模拟计算分为两个阶段：（1）选择一年中的典型日（春分、夏至、秋分、冬至），对太阳直射光在西大厅主要墙面上形成的光斑范围和影响时间进行分析；（2）选择典型日，对透过不同区域幕墙的日影影响范围进行逐时分析。分析时，考虑建筑和构件的遮挡影响。

（a）正视　　　　　　　　　　　（b）侧视

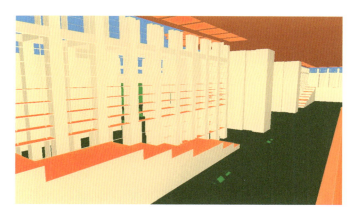

（c）西侧区域　　　　　　　　　　（b）侧视

图三　计算用模型截图

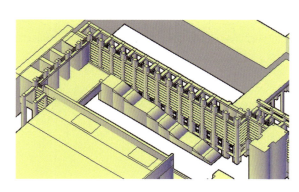

（a）俯视　　　　　　　　　　　（b）西立面

图四　模型透视图

　　本次建模计算所用软件为斯维尔 sun2014 日照分析软件，模型如图三、图四所示。

　　为定量评估直射日光的影响，就全年日光对各立面的累计影响时间进行分析。这里选择了春分、夏至、秋分、冬至四个典型日，以典型日中太阳光可以照进西大厅内的起止时间为分析时间段，进行模型计算参数设置，见表一。

表一 计算参数设置

典型日	分析时间段	计算时间间隔（min）	网格步长（mm）
春分	7:00~18:30		
夏至	6:00~19:30	1	300
秋分	7:00~18:30		
冬至	8:00~16:30		

2. 室内日影模拟与计算

对典型日期的室内日影情况进行模拟，可以得到日影的影响区域和变化轨迹。以下选取的是西大厅南区在春（秋）分、夏至、冬至四个典型日某些时刻的日影图（图五）。

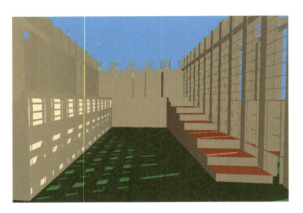 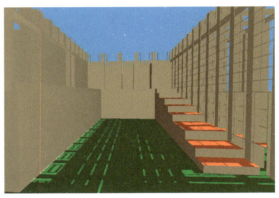

（a）春（秋）分日 15:30 日影情况 　　　　　（b）夏至日 15:30 日影情况

（c）夏至日 18:30 日影情况 　　　　　（d）冬至日 15:00 日影情况

图五　南区典型日部分时刻日影变化

经过模型分析，可以得到各个区域在不同典型日中受日光直射的总时长和分布区域。以下仅列举出南区 1 号墙面、北区 1 号墙面在不同典型日的日光直射累计等时线图（图六）。

经计算得出南北两区各墙面在不同典型日太阳直射的时段，分别见表二和表三。

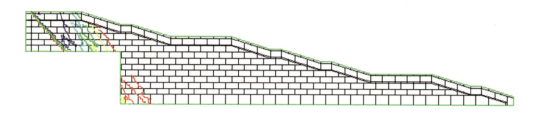

（a）南区 1 号墙春分 07:45~09:45

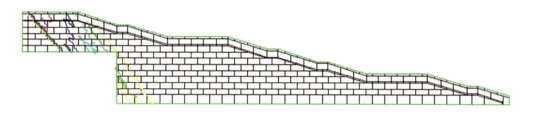

（b）南区 1 号墙秋分日 07:05~09:25

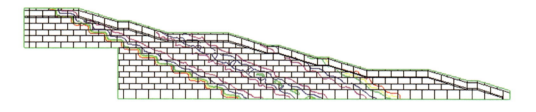

（c）南区 1 号墙冬至日 9:50~12:15

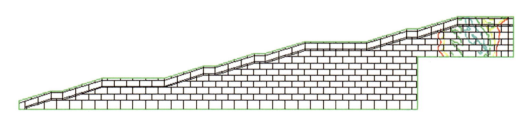

（d）北区 1 号墙夏至日 14:00~16:33

图六　1 号墙面在典型日的日光直射累计等时线

表二 南区各主要墙面在不同典型日的阳光直射时间统计

墙面		阳光直射时间			
		春分	夏至	秋分	冬至
南区	1 号墙	07:45~09:45		07:05~09:25	9:50~12:15
	2 号墙		16:12~19:12		
	3 号墙		05:20~08:10		
	4 号、5 号墙	14:59~18:20	15:45~19:41	14:44~18:06	12:09~16:49
	6 号墙			16:12~18:40	

表三 北区各主要墙面在不同典型日的阳光直射时间统计

墙面		阳光直射时间			
		春分	夏至	秋分	冬至
北区	1 号墙		6:00~7:30		
	2 号墙	06:24~07:10 14:40~18:10	15:00~16:11	06:08~07:43 14:13~17:51	14:00~16:30
	3 号墙	06:24~10:10 16:25~18:15	08:20~09:25	06:18~09:53 16:01~18:05	14:00~16:30
	4 号、5 号墙	14:59~18:20	15:46~19:41	14:43~18:05	14:14~16:40
	6 号墙	14:30~17:04	15:00~16:11	14:11~16:56	14:00~15:20

由以上可知，南区 2 号和 6 号墙受影响较小，分别只在一个季节内有直射阳光照射，影响时间比较集中，可以考虑作为展陈使用，但在对应照射时间内应考虑采取一定措施。1 号墙在春、秋季上午受日照直射时间较短，且基本在非展览开放时间内，只有冬季上午阳光直射的时间较长，所以 1 号墙也可以作为展陈使用，但在冬季上午有阳光直射的时间内应考虑采取一定的措施。4、5 号墙的可展陈面积最大，但据表一可知 4、5 号墙在四季均有较长的直射阳光影响时间，累计时间都在 4 小时以上，需要考虑展品的安全性。

北区各墙面整体受直射光影响的程度比南区大。其中 1 号墙只在夏季早晨有直射阳光，受影响较小；2、3 号墙面夏至日和冬至日受直射阳光影响较小，可作为展陈使用。而春季和秋季上、下午墙面都有直射光影响，墙面大部分直射阳光照射总时长超过 4 小时，作为展陈使用的话，需要采取一定的遮挡措施；4、5 号墙面在四个季节的下午都有较长时间的直射阳光影响，可以看出除冬季外，其他季节大部分面积内有直射阳光的时长都在 4 小时以上，受影响较大；6 号墙在四个季节的下午都有直射阳光，冬季直射时间很短，在春季、夏季和秋季下午需要考虑采取一定的遮挡措施。

3. 日光直射照度分析

由以上可知，受日光影响最大的是南区 4、5 号墙和北区 4、5 号墙，需做重点分析。影响这些区域的直射阳光主要从下午 14:00 开始，由西大厅西侧玻璃幕墙进入。目前西侧玻璃幕墙的部分区域进行了贴膜处理，我们对西侧幕墙未贴膜中空玻璃区域、室外贴膜区域、室内贴膜区域的光热性能参数分别进行了测试，测试结果见表四。

表四　西大厅西侧玻璃幕墙光热性能测试结果

玻璃状态	紫外线透射比	可见光透射比	可见光反射比	太阳光直接透射比	太阳光直接反射比	太阳能总透射比	遮阳系数
未贴膜	0.178	0.634	0.104	0.310	0.270	0.363	0.417
室外贴膜	0.001	0.046	0.043	0.070	0.248	0.134	0.154
室内贴膜	0.001	0.046	0.121	0.070	0.278	0.316	0.361

可以看出，玻璃幕墙上的遮光膜使得幕墙太阳直射辐射减少，可见光透射比和太阳光直接透射比降低显著，且室外贴膜方式降低得更为明显。贴膜后，紫外透射比大为降低，小于千分之一，这对于保护室内展品是有利的。根据北京市的典型年光气候数据[2—3]（图七）和表四的测试数据，可以计算出透过西侧幕墙后，影响到这些区域的太阳辐照强度。计算结果显示：在直射日光条件下，透过幕墙的自然光照度典型日的峰值为 2 000~6 000 lx。

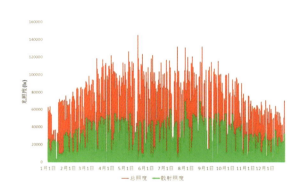

图七　北京市典型年光照度全年分布

四　相关探讨

1. 自然光环境评价与建议

（1）从以上研究结果看，即使是透过幕墙上贴膜区域，日光直射照度峰值也能达到 2000 lx 以上，因此在日光直射影响区域内不宜展陈对光敏感的藏品；本研究模拟计算了幕墙部分区域贴双层膜之后的光热性能数据，在此假设下，日光直射照度峰值降至 300 lx 以下。这里存在一个矛盾：从藏品安全角度，需要降低自然光照度；从建筑采光角度，降低自然光照度后会明显影响大厅空间的采光效果。

（2）西大厅在不同季节和不同时段的自然光强度及分布差异大。总体上看，每天 12:00 之前和 17:00 以后，自然光对西大厅影响较小，14:00~17:00 时段内自然光对西大厅的影响强度和范围最大。既需要引入自然光，又需要解决在特殊时段自然光直射强度过高的状况，后续可以考虑引入光线调节系统，根据外界气象条件变化智能调控进入室内的自然光作为解决方式。

（3）目前西大厅主要采用顶部金卤灯提供照明，现场实测其所提供的照度贡献值约为 100 lx，如何继续优化人工照明控制系统、提高灯具的能效、根据自然采光情况合理补充人工照明，需要进一步研究探索。

2. 博物馆自然光使用的问题

关于博物馆是否应当引入自然光、如何引入自然光的问题一直被讨论，当前博物馆工作人员普遍持以下观点。

（1）在保证藏品安全的前提下，博物馆可以引入自然光，尤其是公共空间区域和文物保护修复工作室，应该尽量引进自然光 [4]。自然光能提高人员的舒适度，能保证修复过程中藏品的色彩还原度。

（2）适度引入自然光有助于博物馆节能。

（3）引入自然光面临的问题主要有：自然光照度不稳定、不易控制；自然光或对藏品造成伤害；自然光或产生热效应，不利于博物馆室内温湿度稳定。

因此，行业内普遍支持博物馆引入自然光，自然光能对博物馆带来诸多益处，关键在于如何通过技术手段解决面临的相关难题。

五 总结与展望

1. 本研究借助建筑日照分析方法，结合博物馆藏品保护、展示对自然光的特殊要求，以中国国家博物馆西大厅为例，对其主要墙面和区域进行了日照范围、时长和照射强度等的分析。本研究是建筑物理学与博物馆藏品预防性保护的交叉学科应用，为基于藏品安全、藏品展示和绿色节能理念的博物馆环境科学的研究提供了新思路 [5—6]。

2. 在有自然光进入的博物馆空间区域内进行藏品布展时，可参考本研究方法进行自然光环境分析。在位置选择上，尽量避开自然光的长时间直射；在藏品选择上，尽量选择对光不敏感的无机材质藏品，比如石质器、玻璃制品、瓷器、部分金属器等 [7]；在保护措施上，可以根据自然光变化情况安装遮光或调光设施，以减少展品的总曝光量。

3. 对于现代博物馆，引入自然光时应当综合考虑藏品保护、人员体验、高效节能等因素，如何做到科学地引入自然光，值得深入研究和探索。比如：博物馆建筑设计与自然光合理引入；自然光对展品材质影响的定量评价；自然光、展陈效果与人员感受的关系；自然光对博物馆室内热湿环境的影响；自然光在博物馆的高效利用技术；博物馆建筑的玻璃幕墙材料选择等，这些问题或将成为今后博物馆自然光环境研究领域重点探讨的方向。

致谢：该项目由中国国家博物馆和中国建筑科学研究院联合完成；项目参与人员有张滨、罗涛、柳敏、韩云飞、韩英、石安美、张拓等，在此一并感谢。

本文发表于《照明工程学报》2019 年第 3 期，原题为《博物馆日光直射区域光环境的模拟分析——以中国国家博物馆西大厅为例》。

参考文献：

[1] 罗涛、燕达、赵建平等：《天然光光环境模拟软件的对比研究》，《建筑科学》，2011 年第 10 期，第 1—6 页、第 12 页。

[2] 罗涛、燕达、林若慈等：《天然光光照度典型年数据的研究与应用》，《照明工程学报》，2011 年第 5 期，第 1—6 页。

[3] Reinhart C F, Mardaljevic J, Rogers Z. Dynamic daylight performance metrics for sustainable building design. *LEUKOS*, 2006, 3(1).

[4] GB 50033—2013，《建筑采光设计标准》，中国建筑工业出版社，2013 年。

[5] 唐铭、柳敏、张然等：《关于绿色博物馆的讨论》，《国际绿色建筑与建筑节能大会论文集》，2018 年。

[6] Pinilla S M, Moliní D V, Fernández-Balbuena A A, et al. Advanced daylighting evaluation applied to cultural heritage buildings and museums: Application to the cloister of Santa Maria EI Paular. *Renewable Energy*, 2016, 85: 1362—1370.

[7] GB/T 23863—2009，《博物馆照明设计规范》，中国标准出版社，2009 年。

博物馆环境温湿度监控实践与探讨

柳　敏　唐　铭　张晋平　韩　英　石安美

内容提要：博物馆环境温湿度的监测与控制是文物预防性保护工作的重要内容。本文回顾并介绍了中国国家博物馆无线温湿度实时监测系统的建立和系统的主要构成，对监测系统近年来获得的部分温湿度数据进行简要分析，并对温湿度控制标准和控制方法等相关问题进行探讨。

关键词：博物馆环境　温度　相对湿度　监测　调控

一　引言

温度和相对湿度是影响文物保存的两项重要环境因素，不当的温湿度及其大幅度波动将从物理形变、化学腐蚀和生物病害等方面对文物造成损害。博物馆环境温湿度监测系统通过"物联网"技术实现了温湿度实时、连续、自动监测。对监测数据进行科学分析和研究，为博物馆环境调控提供有益建议，为展览相关工作提供环境数据支持，确保将文物展陈和保存在适宜、稳定的温湿度环境中，是文物预防性保护工作的重要方面。

二　温湿度监测系统的建立

中国国家博物馆无线温湿度实时监测系统于 2011 年 4 月招标采购，11 月上线运行。监测系统对全馆常设展厅、临时展厅、地下库房、西大厅以及室外环境的温度和相对湿度进行 24 小时实时、连续监测。

1. 监测系统组网方式

中国国家博物馆无线温湿度实时监测系统采用 ZigBee 无线组网数据传输技术，是一种近距离、自组网、低功耗、低成本、通信可靠、复杂度低、数据传输速率低、网络容量大的无线通信技术。[1]

2. 监测系统构成及要求

无线温湿度监测系统由温湿度无线采集记录仪、网络协调器和高性能总控计算机构成。

（1）温湿度无线采集记录仪

温湿度无线采集记录仪带数字显示，可显示时间、温度和相对湿度，或交替显示时间、温度和相对湿度。同时满足以下性能要求：

（a）测量精度：温度（±0.2℃），相对湿度（±2%）。

（b）测量范围：温度（-20~70℃），相对湿度（0~100%）。

（c）容量：在 10min 采样一次的情况下，要求记录仪能存储至少 2 年的数据，以便用户在需要的时候下载数据。

（d）离线设置功能：记录仪带有 USB 或者 RS232 通讯接口，可以通过设置软件进行离线的参数设置或者下载数据，数据可以同步到总控系统数据库。

（e）温湿度无线采集记录仪还具备一周内温湿度数据断电续传功能。

（2）网络协调器

中国国家博物馆无线温湿度实时监测系统使用的第一代网络协调器需要强电供电，之后逐步由具备 POE 供电（以太网供电）功能的新式网络协调器所取代，从而减少了因临时断电等人为因素对数据传输的影响。采用弱电供电的新式网络协调器安装后状态稳定，但由于弱电供电的网络协调器信号功率较低，信号传输距离有限，所以较第一代网络协调器的安装密度大。

（3）总控计算机

总控计算机即高性能服务器，应保证 24 小时连续工作，并实现对监测数据的实时显示，支持多用户同时查询当前和历史数据。用户在客户端软件上，可以对所查询的数据进行分析，能够提供图表，数据应能转存为 xls、txt 等格式文件。

3. 监测系统的安装和运行

监测点位置的选择应当能够代表该监测空间内的一般水平，避开空调出风口及被遮挡的区域；温湿度记录仪以壁挂式安装在展厅或库房墙面距地面约 1.5m 的高度处，以便读取数据和仪器维护；网络协调器安装于布设有温湿度记录仪的展厅、库房及其他区域的网络接口处；高性能总控计算机位于环境监测研究所，可进行数据查询、下载和存储。

中国国家博物馆地下库房每间库房内都安装有温湿度记录仪。展厅内温湿度记录仪的安装数量根据展厅面积大小决定，一般一个展厅布设 2~4 台温湿度记录仪，即平均每 200m² 面积的空间内安装一台。每个展厅都安装有网络协调器以保证数据传输。

博物馆无线温湿度实时监测系统的建立实现了对博物馆环境中众多监测点位温湿度状况的实时、连续监测和记录，是开展博物馆环境温湿度水平分析研究的基础。

三 温湿度监测数据统计与分析

无线温湿度实时监测系统安装和运行后，积累了大量的监测数据，如何通过对这些数据的科学统计与分析，对所监测环境的温湿度状况进行合理、有效的评估，同时从温湿度大数据中探索和研究出潜在的温湿度变化规律，为博物馆文物展陈、保存以及博物馆环境控制等方面的工作提供有益的建议，是继无线温湿度实时监测系统建立之后的重要工作内容。

在无线温湿度实时监测系统建立的初期，环境监测工作人员常使用最大值、最小值和平均值等参数对某一时间段内的温湿度数据进行简单的处理和分析。随着监测数据的大量积累，为满足对中长期环境温湿度评估的需求，徐方圆等[2]研究提出了"温湿度合格率""温湿度分布图"和"温湿度波动指数"等评价指标和方法对环境温湿度的稳定和适宜程度进行评估；冯萍莉等[3]通过计算温湿度监控数据的离散度和离散系数，并结合箱线图分析数据的分布情况，探索了环境温湿度中长期监控数据的评估方法。

中国国家博物馆无线温湿度实时监测系统对展厅和地下文物库房环境进行重点监测，同时也对馆内公共区域如西大厅和室外环境温湿度数据进行采集。本文对无线温湿度实时监测系统近年来所获得的部分监测数据进行分析，并对工作中遇到的相关问题进行探讨。

1. 对比性分析

中国国家博物馆展厅内恒温恒湿空调系统 24 小时连续运行，对环境温湿度进行调控；公共区域西大厅仅控制温度，不对相对湿度进行控制。对室外环境、西大厅和某展厅内 2019 年 11 月的温湿度水平进行对比分析见图一和图二。由图一可以看出，监测数据显示，11 月室外温度在 0~17℃范围内变化，室内温度适宜，西大厅和展厅内的温度分别稳定地维持在 18~23℃和 20~23℃的范围内。由图二可以看出，当月室外湿度在 15%~82% 范围内变化；西大厅相对湿度的变化趋势与室外湿度保持一致，但波动幅度比室外环境小，变化范围为 16%~47%；展厅环境中的相对湿度稳定地维持在 50%±5% 的调控范围内。由此可见，当月该展厅内温湿度水平稳定、适宜，恒温恒湿空调调控效果显著。

图一　2019 年 11 月室外环境、西大厅和某展厅的温度对比图

图二　2019 年 11 月室外环境、西大厅和某展厅的相对湿度对比图

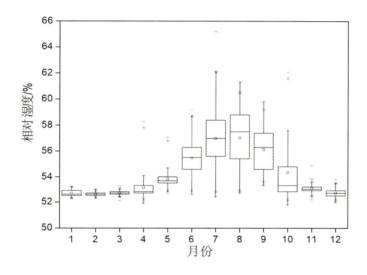

图三　2019 年某库房相对湿度逐月变化箱线图

2. 波动性统计分析

中国国家博物馆地下文物库房内恒温恒湿空调系统全年 24 小时连续运行，对环境温湿度进行调控。根据历史监测数据，地下文物库房恒温恒湿空调系统调控效果显著。整个库区全年温度能够控制在 18~23℃范围内，个别文物库房全年的温度波动仅有 2℃，表明地下库房的温度水平相当平稳。为考察库房内相对湿度全年的变化趋势和特征，绘制 2019 年某库房相对湿度的全年变化箱线图（图三）。

箱线图中每个箱体内部的一条线段为中位线，对应该组数据的中位数；箱体内部的小正方形对应该组数据的平均值；箱体的上、下两端边的位置分别对应该组数据的上四分位数和下四分位数，所以箱体包含了 50% 的数据量；箱线图的上、下边缘为该组数据的上、下限，即正常值分布区间内的最大值和最小值；箱体与上、下限之间以直线相连，该直线为触须线。箱线图有助于直观地了解温湿度数据的大致分布情况，适用于对中长期的数据进行初步的对比分析：若理想的温度或湿度处于中位数附近，则箱子较短的数据，离散程度较低、稳定性较高；箱子较长的数据，离散程度高、温湿度的波动更大。[3]

　　由图三可以看出，该库房内各月相对湿度的平均水平呈现出夏秋季高于冬春季的特征，并且夏秋季相对湿度数据离散程度较大，冬春季的数据集中且波动小。其中 7、8 月份相对湿度的平均水平高于其他时间的湿度水平，且数据离散程度在全年中也处于较高水平，而冬春季（1 月、2 月、3 月、4 月、11 月和 12 月）的相对湿度数据稳定地集中在 52%~54% 的范围内。这与室外环境空气中湿度的季节性变化特征相符合。北京夏季高温多雨，冬季寒冷干燥，降水季节分配不均匀，全年降水的 80% 集中在夏季，并且 7、8 月有强降雨过程。因此，在夏季高温高湿的极端气候条件下，尤其当室外环境湿度在强降雨过程中急剧升高时，恒温恒湿空调系统除湿能力达到极限，库房内湿度水平也随之有所升高。而冬春季外部环境干燥，恒温恒湿空调加湿调控效果显著，能够将库房湿度稳定地控制在目标范围内。此外，4、5、7、10 月均出现偏离正常区间较远的异常值，且异常值均处于上限之上，即为高湿度值。通过查询异常值出现的具体日期，结合北京历史天气情况，发现异常值发生时间均为降雨天气。由此可见，空调系统对于天气变化引起环境湿度突然升高的调节能力有限，这对裸露放置在库房内并且对湿度敏感的文物存在一定影响，因此文物应当尽量保存在囊盒和保存柜中以缓冲环境湿度的较大波动，对于珍贵文物应当辅以微环境调节措施，进一步提升文物保存环境状况。

3. 温湿度分布评估

　　通过对温湿度数据进行分析，我们对所关注环境的温湿度水平有了一定的认识。然而，仅将温度和相对湿度单独进行分析是不全面的。温湿度分开评价人为割裂了温湿度间的耦合性[2]。使用"温湿度分布图"[2] 能够对温度和相对湿度水平同时进行评估，该分布图将温度作为横坐标，相对湿度作为纵坐标，各个监测数值都能在这个温湿度平面中表示出来。

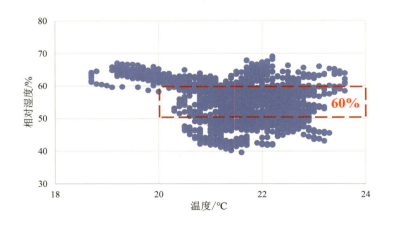

图四　2019 年 7~12 月某展厅温湿度分布图

我们以某展厅 2019 年下半年的监测数据为例，利用"温湿度分布图"观察其温湿度数据的整体分布。由图四可以看出，该展厅 2019 年下半年温度分布于 18~24℃，相对湿度在 40%~70% 范围内波动。经统计，符合温度要求（20~24℃）的数据量占到下半年数据总量的 95%，而同时满足温度和相对湿度要求（20~24℃，50%~60%）的数据量（图四中红色虚线方框区域）占到下半年数据总量的 60%。

因此，在展厅空调系统的调控下，对于展出的珍贵文物，应辅以展柜内微环境控制手段，使展出的珍贵文物最大程度地处于适宜的温湿度环境中。

4. 展柜微环境监测与调控

由于展厅容积太大，同时受到展厅内外空气流通、参观人流量、高温高湿等极端气候以及空调系统性能等诸多因素的影响，对于展出的珍贵文物，借助展柜微环境调节手段以实现更精确的控制是必要的。

2019 年 9 月至 11 月，配合展览相关工作，对展出的某件纸质文物的展柜微环境进行实时连续监测，并协助进行微环境调控。该文物陈列于内置小型恒湿机的展柜中。为使展柜微环境中的温湿度接近展品原保存环境中的温湿度水平，我们通过温湿度无线监测系统对展柜内温湿度状况进行实时监测，并及时反馈数据，协助调整展柜内小型恒湿机的设置模式，使展柜内微环境接近温度 18~22℃、相对湿度 45%~55% 的目标范围。

监测数据（图五）显示，展览初期，展柜内的相对湿度与展厅环境的相对湿度水平保持一致，均在 55%~65% 的范围内波动，不符合展品所要求的控制目标值。检查发现是小型恒湿机的设置出现问题，导致展柜微环境控制没有发挥应有的作用。经过对小型恒湿机的不断调试，可以看到，尽管展柜内相对湿度仍存在一定幅度的波动，但已逐步接近目标值，特别是到展览中期，展柜内的相对湿度稳定地维持在 50% 左右，达到了恒湿的要求。因此，展厅恒温恒湿空调辅以展柜微环境调节是为珍贵文物创造适宜展陈环境的有效措施。

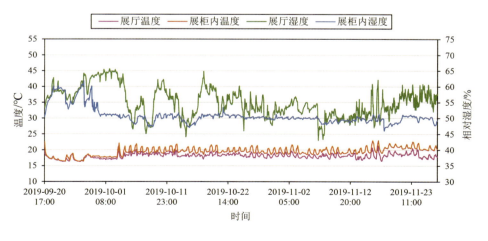

图五　某纸质文物展柜内外温湿度水平对比

以上是对温湿度监测数据的简要分析，今后将开展进一步研究，利用大数据等技术，探索博物馆环境温湿度的短期和中长期变化规律，挖掘多方面的有效信息，优化现有的博物馆环境监测体系，更好助力文物保护工作。

四　相关探讨

1. 温湿度控制标准

目前各国博物馆对于温湿度的控制并没有统一标准。控制范围的确定与当地气候状况、博物馆空调设备性能以及经费情况等因素相关。我国现行行业标准《博物馆建筑设计规范》（JGJ 66—2015）[4]中按照金属、硅酸盐、岩石、纸类、织品类、竹木制品等分类对不同质地藏品保存环境的温湿度控制范围做了相关规定，并且对温湿度的日波动做了限定，即温度日波动应控制在 2~5℃范围内，相对湿度日波动值不应高于 5%。

2. 温湿度检测手段

目前温湿度检测手段主要有两种，温湿度无线采集记录仪（传感器）和手持式温湿度检测仪。

博物馆所应用的温湿度无线采集记录仪（传感器）作为无线温湿度实时监测系统的重要组成部分，其质量的好坏，取决于所记录数据的精准，即仪器内所应用的温湿度传感器的质量。一个相对湿度误差为 ±2% 的传感器的价格是误差为 ±5% 的传感器价格的上百倍。所以，温湿度记录仪器的精度决定了所记录数据的准确性。[5]在日常工作中，对博物馆温湿度监测设备的维护是一项耗时较多的工作，因此我们希望提升监测系统的软硬件性能，从而提高工作效率。

手持式温湿度检测仪因其灵敏度高和方便携带，可在日常检测中与温湿度无线采集记录仪（传感器）配合使用。

3. 温湿度控制方法

博物馆环境温湿度的控制方式主要包括展厅或库房环境的集中控制和展柜、储藏柜等微环境独立控制两方面。

（1）展厅或库房环境的集中控制

目前规模较大的博物馆（如国家级、省级博物馆等）多采用全馆中央恒温恒湿空调系统进行室内温湿度控制，这种方式控制效果好，但连续运行的成本较高；有的博物馆采用在局部空间内安装单独恒温恒湿设备的方式，对部分展厅或库房进行温湿度控制。[6]

恒温恒湿设备运行时能有效调节环境中的温湿度，但若每天上班开下班关，则人为地加大了白天与晚上的温湿度差，尤其是在冬季和夏季，这反而不利于对文物的安全保存。[7]目前大多数恒温恒湿设备能精确平稳控制温度的变化，但对于相对湿度则由于设备间歇性运转的工作模式和湿度感应器精度等原因，造成控制得不理想：虽然相对湿度的均值较稳定，但波动幅度偏大。[7]

（2）微环境独立控制

对于保存环境要求严格的珍贵藏品，还需要控制其所在展柜、储存柜、囊盒等微环境，目前普遍采用的方式是加装小型恒湿机、放置调湿材料，对微环境起到调控效果。[6]

展柜微环境控制实用技术分为被动式控制和主动式控制两种策略。被动式控制就是应用各种能够吸收和释放水分的多孔材料作为调湿剂或者调湿板，以此缓冲控制展柜内相对湿度剧烈波动。[8]利用调湿材料的吸放湿性能自主、自适应地调节环境湿度，这种方式无需任何机械设备和能源消耗，是一种生态性的控制调节方法，特别适用于文物展柜、储藏柜等文物保存微环境的湿度调节。[9]主动式温湿度调控设备均需通电，部分需要用水，在正式投入使用前应进行充分试运行，监测数据平稳且无故障后，无安全隐患后方可正式启用。[10]微环境控制系统对于相对密闭的小环境具有恒湿的功能，但对于展柜的密封性有较高的要求。[11]

综上所述，将博物馆环境中的相对湿度控制到合理水平并保持长期平稳是复杂而困难的，这首先需要保证文物安全，还受到地域气候、相关技术及经济成本的影响和制约，因此需要根据具体情况采取适合的控制措施，趋利避害，达到文物预防性保护的目的。

参考文献：

[1] 张晋平：《博物馆环境监测控制技术》，中国环境出版社，2013年，第142—158页。

[2] 徐方圆、吴来明、解玉林等：《文物保存环境中温湿度评估方法研究》，《文物保护与考古科学》，2012年增刊，第6—12页。

[3] 冯萍莉、雷淑：《基于离散程度的博物馆馆藏环境温湿度中长期评估方法》，《文物保护与考古科学》，2016年第2期，第85—91页。

[4] JGJ 66—2015，《博物馆建筑设计规范》，中国建筑工业出版社，2015。

[5] 张晋平：《博物馆环境温湿度自动监测系统》，《中国文物报》，2012年9月7日，第7版。

[6] 唐铭、柳敏、张然等：《博物馆环境监控技术现状与前景分析》，《环境工程》，2018年第36期，第894—897页。

[7] 徐方圆、解玉林、吴来明等：《文物保存环境中温湿度研究》，《文物保护与考古科学》，2009年增刊，第69—75页。

[8] 张晋平、张月玲：《展柜微环境控制技术》，中国文物报，2012年2月10日，第7版。

[9] 徐方圆、解玉林、吴来明等：《文物保存微环境用调湿材料调湿性能研究》，《文物保护与考古科学》，2009年增刊，第18—23页。

[10] 温巧燕：《馆藏纸质文物预防性保护应用研究——以温州博物馆为例》，浙江大学硕士学位论文，2019年，第31—36页。

[11] 王方：《展柜微环境控制的应用研究》，中国文物保护技术协会编：《中国文物保护技术协会第七次学术年会论文集》，2013年，第490—497页。

博物馆空气质量检测与分析方法探索

石安美　丁　莉　唐　铭　柳　敏　韩　英　张晋平

内容提要： 博物馆环境中空气质量的检测与分析是文物保护中的重要一环。本文介绍了中国国家博物馆采用的空气污染物检测方法，对近年空气污染物检测的情况进行了分析，并对博物馆气体污染物检测及分析的新方法、新方向进行了探讨。

关键词： 博物馆环境　气体污染物　检测与分析方法

一　引言

博物馆馆藏文物保存及展陈环境中的污染气体大致分为两种：一种是由室外进入室内的大气污染，第二种是文物保存环境或展陈环境中囊匣、展柜以及装饰材料散发出的气体污染物。气体污染物直接或间接对文物造成腐蚀、变色等危害，同时其异味也影响观众及博物馆从业者的参观体验及健康。[1]

定期对博物馆库房、展厅进行空气质量评估，是保障文物安全和人员健康的重要手段。中国国家博物馆通过开展和博物馆空气质量相关的科学研究，不断优化现有博物馆空气质量检测方法，探索更加准确、便利、高效的污染物检测技术和空气净化手段，预期建立环境友好型展陈和包装材料的筛选方法，争取从源头上控制污染物的产生。

二　空气质量检测方法的选择

博物馆空气质量检测的主要对象是库房、展厅、展柜、储存柜、博物馆公共区域等的空气，检测指标主要有无机污染物（如氮氧化物、硫化物、臭氧、氨等）、有机污染物（如 TVOC、醛酮类、有机酸等）、颗粒物（PM2.5、PM10）等。由于尚未有统一的针对博物馆空气环境质量的标准，因此对博物馆室内污染物的评估，主要参照《博物馆建筑设计规范》（JGJ 66—2015）[2]、《室内空气质量标准》（GB/T 18883—2002）[3]、《环境空气质量标准》（GB 3095—2012）[4]。

中国国家博物馆各个常设展厅及馆内库房的恒温恒湿中央空调配备有新风系统，均为 24 小时运行，大气污染物在全天换气的过滤下是可控的，室外大气进入室内的气态污染物较少，定期检测即可。临时展厅因频繁布展、撤展，空气质量不稳定，重点关注由布展材料挥发导致的有机污染物。

根据中国国家博物馆的具体展厅、库房情况，选择不同采样频率及以下三种不同采样方法。

1. 便携式仪器检测

便携式仪器优点为体积小、携带方便、操作流程较简单，适合完成博物馆内灵活、机动的空气检测任务，每次检测等待 1~5 分钟即可。其有以下缺点：

（1）TVOC 的检测无法满足对具体类别有机污染物的检测需求；

（2）无法做到长时间、持续性检测，无法进行污染物在阶段时间内波动分析。

根据以上特点，中国国家博物馆选择此方法进行展厅及库房的日常空气质量常规检测。常设展厅及库房空气较稳定，一季度进行一次便携式仪器检测。其中，库房根据实际需求可调整检测频率。临时展览展厅在布展期间、展览期间等不同阶段，进行多次便携式仪器检测，随时关注污染物变化情况。

我馆使用的便携式仪器包括以下三种：PPM-400ST 型便携式甲醛测定仪（图一）、PPB RAE3000 型便携式 TVOC 检测仪（图二）、Lighthouse 3016IAQ 型手持式颗粒物检测仪（图三）。

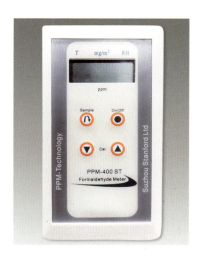 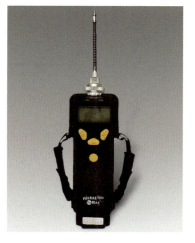 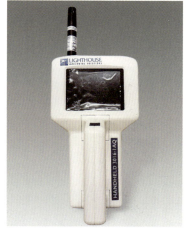

图一　PPM-400ST 甲醛测定仪　　　图二　PPB RAE3000 TVOC　　　图三　Lighthouse 3016IAQ 颗粒物
　　　　　　　　　　　　　　　　　　　　　　检测仪　　　　　　　　　　　　　　　检测仪

2. 即时检测管检测

在按照需求进行特定污染物（如氨、苯系物、酸、硫化物、臭氧等）检测时，选择合适型号的 AP20 气体检测管（图四）搭配 AP20 吸气泵（图五）或 Gsp-400ft 恒流采样泵（图六）是较为快捷的方法。

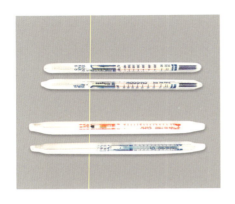  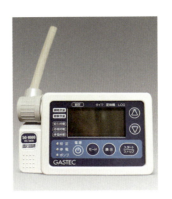

图四　AP20 气体检测管　　　　图五　AP20 吸气泵　　　　图六　Gsp-400ft 恒流采样泵

即时检测管有操作简便、无需大量分析仪器、测前准备少及无需计算步骤的优点。同时其缺点也较明显：仅适用于单一污染物、单次、定点检测；检测管为一次性，无法重复使用，成本较高。

因中国国家博物馆馆内空气较稳定，氨、苯系物、臭氧等污染物浓度始终保持在较低的水平，此方法不作为博物馆日常的常规检测方法，仅在特定污染物检测需求出现时，进行临时检测。

3. 实验室仪器分析检测

临时展览是中国国家博物馆对外展出的重要部分。与常设展厅及库房不同，临时展览在布展期间，布展材料释放的空气污染物成分复杂，带有异味的酯、苯系物、醛酮类等有机物的筛

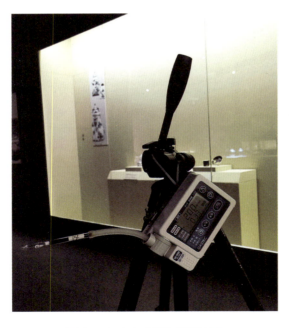 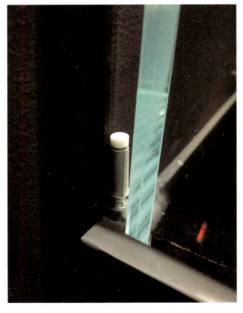

图七　主动式采样管及恒流泵　　　　图八　被动式采样器（内部放置不同填料）

查研究需求增加。针对此问题，中国国家博物馆于 2019 年开始采用现场采样、实验室仪器分析方法，探究展厅挥发性有机物具体情况。此检测方法包括现场空气采样及仪器检测分析两个部分。

（1）现场空气采样

在布展现场放置采样管（硅胶、活性炭管）配合恒流泵进行主动式采样（图七），同时放置不同填料的采样器（图八）进行被动式采样。

同时在采样展厅对多种布展材料进行收集，带回实验室进行气体挥发实验，以便通过对比，确定展厅中所测得的有机污染物来源。

（2）仪器检测与分析

展厅所采集到的样品带回实验室后，对采样管内填料进行前处理，得到的液体样品通过气相色谱高分辨率质谱（图九）完成仪器进样，并通过数据处理与分析，获得具体化合物名称。

实验室仪器分析检测方法所需时间较长，对采样器、填料及实验室仪器设备要求较高，但此种非靶向检测可检测出的 VOC 的种类多、检测精度及准确性高。

图九　GC-Orbitrap 气相色谱高分辨率质谱

三　中国国家博物馆内空气质量检测方法应用与探索

中国国家博物馆一般使用便携式仪器进行常规空气质量检测工作，定期记录馆内气体污染物数据并提交检测报告，根据所需随时对布展材料使用、空气质量调控提出建议。在有特定污染物检测需要时，使用即时检测管进行临时检测。近一年来，开始采用气相色谱质谱联用分析等更加准确的化合物分析技术，进行污染物成分的进一步研究，希望能对展厅布展材料使用、展厅空气控制等寻找可行的方法。

1. 便携式仪器在气体污染物检测中的应用

以 2019 年临时展览 A 的甲醛及 TVOC 检测，及地下库房 8 个通道内的空气质量检测为例，使用 PPM-400ST 型便携式甲醛测定仪、PPB RAE3000 型便携式 TVOC 检测仪及 Lighthouse 3016IAQ 型手持式颗粒物检测仪对其进行检测。

（1）参考标准及注意事项

藏品库房、展厅空气中有害气体浓度限值参照《博物馆建筑设计规范》（JGJ 66—2015），需符合表一中二类民用建筑的规定。

表一　甲醛及 TVOC 浓度限值

污染物	一类民用建筑	二类民用建筑
甲醛（mg/m³）	≤ 0.08	≤ 0.10
TVOC（μg/m³）	≤ 500	≤ 600

注　一类建筑：住宅、医院、学校教室等。

　　二类建筑：办公楼、文化娱乐场所、图书馆、体育馆、公共交通场所等。

表二　环境空气中颗粒物浓度限值

污染物	日平均浓度限值（mg/m³）
可吸入颗粒物（粒径 ≤ 10μm）	≤ 0.15
可吸入颗粒物（粒径 ≤ 2.5μm）	≤ 0.075

环境空气中颗粒物浓度限值参照《环境空气质量标准》（GB 3095—2012）[4]，详见表二。当进入室内的空气超过限值时，则采取过滤净化措施。

使用便携式仪器对库房、展厅进行甲醛、TVOC、颗粒物几项指标的检测过程中，需注意以下几点：

（a）在库房、展厅中选取有代表性的位置，同一空间中尽量选择 3~4 个较为分散的检测点，保证检测的全面性；

（b）同一展厅进行多次检测时，确保前后几次选取的检测点位置相近，保证对比的准确性；

（c）检测时，手持式仪器周围应确保无人员走动，排除剧烈空气流动对数据准确性的影响。

（2）检测过程及结果

临时展览 A（展期为 2019 年 5 月 13 日至 8 月 11 日）占用了 N2、N3 两个展厅，面积较大，因此共选择了 6 个点作为检测位置。检测结果详见表三。此展厅在展览初期（5 月 16 日）有多处甲醛接近标准限值，且其他三处指标也较高，因此后续（7 月 9 日、8 月 9 日）又增加两次检测。

在临时展览 A 的初期、中期和后期分别对展厅环境进行检测发现，TVOC 含量均未超过 600μg/m³ 的标准限值，虽然初期接近标准限值，但在中后期有所下降。有部分检测点的甲醛含量在初次检测中接近 0.1mg/m³ 的标准限值，最高值达到 0.096mg/m³。但到了展览中后期，展陈材料已经过了一定时间的挥发，同时馆内的中央空调系统换气也起到了净化作用，这两项指标含量均已降低到较低的水平。

2019 年下半年对地下库房通道空气中甲醛、TVOC 和颗粒物（PM2.5、PM10）的一次检测结果见表四。为确保检测准确性，地下库房的每一条通道均选择两个检测点。

表三　临时展览 A 甲醛和 TVOC 检测结果

检测位置	检测时间	甲醛（mg/m³）	TVOC（μg/m³）
N2 东南（门口）	2019 年 5 月 16 日	0.096	450
N2 西南		0.084	464
N2、N3 过道		0.078	460
N3 东北		0.078	485
N3 东南		0.090	483
N3（门口）西南		0.054	473
N3 西南（门外）	2019 年 7 月 9 日	0.056	71
N3 西南（门内）		0.049	80
N3 东南		0.060	87
N3 东北		0.054	89
N3-N2 北侧中		0.053	94
N2 西北		0.041	105
N2 西南		0.039	103
N2 东南（门内）		0.066	101
N3 西南（门外）	2019 年 8 月 9 日	0.068	69
N3 东南		0.039	71
N3 东北		0.051	73
N3 中		0.048	66
N3 西北		0.031	82
N2 N3 通道		0.029	103
N2 东北		0.017	133
N2 西北		0.009	142
N2 西南		0.009	140
N2 东南（门内）		0.015	124
N2 中		0.013	142

　　2019 年 12 月所检测的地下库房通道内 16 个检测点中，甲醛含量均未超出 0.1mg/m³ 的标准限值，TVOC 含量均未超过 600μg/m³ 的标准限值，颗粒物 PM2.5、PM10 浓度分别低于 0.075mg/m³、0.15mg/m³ 的标准值，颗粒物浓度处于非常优秀的水平。

　　根据每季度的手持式仪器检测数据，撰写检测报告，作为展厅及库房的长期监测基础数据。

2. 即时检测管在气体污染物检测中的应用

　　随着新风系统技术的提高，大气污染物及馆内空气污染物通过换气基本能够控制在标准限

表四　地下库房通道内空气质量检测表

编号	检测位置	甲醛（mg/m³）	TVOC（μg/m³）	PM2.5（μg/m³）	PM10（μg/m³）
1	一通道西	0.03	161	5.57	53.42
2	一通道东	0.04	151	4.12	52.95
3	二通道西	0.03	135	1.09	13.01
4	二通道东	0.04	138	1.12	6.02
5	三通道西	0.06	345	0.91	13.76
6	三通道东	0.05	271	0.44	31.79
7	四通道西	0.04	331	0.97	42.36
8	四通道东	0.05	299	1.71	19.87
9	五通道西	0.04	333	0.66	6.66
10	五通道东	0.05	326	1.56	73.35
11	六通道西	0.05	540	0.59	12.24
12	六通道东	0.04	487	1.00	22.69
13	七通道西	0.04	524	0.47	11.49
14	七通道东	0.06	427	1.11	23.03
15	八通道西	0.06	558	0.68	14.11
16	八通道东	0.05	483	2.25	78.87

值以下，当有特定污染物如氨、有机酸、甲醛、苯系物等需要进行即时检测时，选择其对应的 AP20 气体检测管，并搭配 AP20 吸气泵或 Gsp-400ft 恒流采样泵进行检测。

（1）参考标准

根据《室内空气质量标准》（GB/T 18883—2002），氨、苯系物等污染物限值见表五。暂无统一的博物馆有机酸限值的相关标准。

表五　氨、苯、甲苯、二甲苯浓度限值

污染物	浓度标准限值（mg/m³）
氨	≤ 0.2
苯	≤ 0.11
甲苯	≤ 0.2
二甲苯	≤ 0.2

（2）检测方法及步骤

使用气体检测管时，将检测管两端割断，箭头方向一端连接采样泵（图一〇），按照不同气体检测管的标准设置采样泵的流量及时间，让待测气体定量地通过检测管，待测物质与管中检测剂发生定量化学反应，并显色。通过显色末端刻度值读出待测气体污染物的浓度。

各类气体的设置标准及变色情况见表六。

图一〇　即时检测管及恒流泵

表六　检测管设置标准及变色情况

检测管	化学式	测量范围	流量（mL/min）	时间（min）	变色前	变色后
氨	NH_3	0.3~5.0ppm	100	5	粉色	黄色
甲醛	$HCHO$	0.01~0.12ppm	300	30	黄橙色	粉红色
		0.04~0.48ppm	300	10		
		0.05~2.0ppm	300	15		
		0.01~0.5ppm	350	10		
甲苯	$C_6H_5CH_3$	0.05~1.0ppm	200	20	白色	棕色
二甲苯	$C_6H_4(CH_3)_2$	0.1~1.4ppm	200	20	白色	棕色
醋酸	CH_3COOH	10~400μg/m³	200	60	浅粉色	浅黄色
		25~800μg/m³				
甲酸	$HCOOH$	20~800μg/m³				

3. 实验室仪器分析检测方法在博物馆气体污染物检测中的应用与探索

室内 VOC 的主要来源之一是装修材料，而博物馆展厅内的 VOC 来源主要为新布展使用的布展材料等，其不仅对文物产生危害，也影响到布展工作人员及参观者的身体健康，散发的异味也极大地影响参观体验[1,5]。在现行的《室内空气质量标准》（GB/T 18883—2002）中，TVOC 的计算包括了己烷到正十六烷的化合物，但其中具体有害成分及异味分子的构成尚未有研究。因此，博物馆空间内的具体挥发性有机化合物的筛查十分重要[1,5—7]。

针对此现状，我馆于 2019 年开始与清华大学合作，在博物馆布展展厅内采用主动、被动式两种采样方法，同时使用气相色谱质谱联用技术，对博物馆展陈环境中挥发性有机化合物进行非靶向检测与分析。此研究希望筛查展厅 VOCs 具体组成情况，并追溯其来源，以达到对展厅空气污染物进行提前预测、提前调控的目的。

本实验采用 GC-EI-Orbitrap-MS，其中 Orbitrap-MS 超高分辨率质谱，可以检测到多至数千个单独的有机组分，并提供精确的化学组分。

此项研究使用设备为 GC-EI-Orbitrap-MS（ThermoFisher），配备 TraceFinder4.1 数据分析软件。使用到的材料及设备：600mg 硅胶采样管及 600mg 活性炭取样管（日本 GASTEC 有限公司）；被动采样吸附填料（Silica with activated carbon，以下简称 ACS；Octadecyl-silica，以下简称 ODS）；被动采样器（清华大学）；甲醇（色谱级，德国 Marck 公司）；Gsp-400ft 恒流泵（日本 GASTEC 有限公司）；二氯甲烷（色谱级，德国 Marck 公司）；C8~C40 正构烷烃（美国 Accustandard 公司）；DB-WAX 柱（美国安捷伦公司）。

（1）采样方法及过程

正在布展的展厅 B（总面积 1 600m²）内采集空气样品 17 个，选择多种采样方式及吸附填料，进行以下采样操作，以达到吸附尽可能多种类型 VOCs 的目的。

（a）主动采样

使用两种填料的采样管（硅胶管、活性炭管），分别连接恒流泵，每一组均在同一时间、同一位置进行主动采样（图一一）。

使用前，割断硅胶取样管两端的玻璃，并将后端连接到恒流泵取样口。将恒流泵采样设置定为：流量 200mL/min，采样时间 90min。

在展厅中选择较为分散的 17 个位置作为采样点，将两个一组的采样管及恒流泵放置在各采样点处。结束采样后将采样管两端用盖盖严。

图一一　架设在展厅 B 中的采样管及恒流泵　　图一二　放置于展厅 B 中的被动采样器

采集的样品在 −80℃ 的冰箱中保存直至分析。

（b）被动采样

使用放入两种填料 ODS、ACS 的被动采样器进行被动采样（图一二）。

采样前，取 ACS 填料和 ODS 填料各两颗装入被动采样器。被动采样器的上端用盖堵塞。

将 6 个被动采样器分散放置在展厅 B 中，选择参观者不易接触到的展柜后等位置。1 天后，将被动采样器用铝箔纸包实，放入塑料密封袋，之后保存在 −80℃ 医用冰箱中直至分析。

（c）现场采样注意事项

采样过程中尽量不靠近恒流泵与采样管；在采样过程中，保证采样装置附近无人员干扰，以免影响填料吸附效果；在被动式采样管中放填料时必须戴手套，以免影响填料的吸附效果。

（d）收集展览 B 展陈材料并进行材料挥发性气体采样

进行展厅 B 的装修装饰材料取样，选取墙纸、大芯板、地毯、快粘粉、复合板、油漆这六种装修材料，收集其样品带回实验室。每种材料放入一 30L 恒温恒湿箱，在温度 23℃、相对湿度 50% 条件下平衡 4 天左右。

使用与展厅采样相同的硅胶及活性炭填料采样管，打破两端的玻璃，并将后端连接到恒流泵进样口。设置采样流量为 200mL/min，采样时间为 20min。采集的样品在 −80℃ 的冰箱中保存直至分析。

（2）样品前处理及仪器设置

将被动采样两种填料（ODS/ACS）、主动采样两种填料（活性炭/硅胶）分别倒入 1.5mL 的离心管中，在 ODS 填料及活性炭中加入 1mL 二氯甲烷，在 ACS 填料及硅胶中加入 1mL 甲醇，所有离心管在冰水浴中超声处理 15min。

后将样品放置在离心机中，设置速度 12 000r/min、温度 4℃，离心 20min。将离心上清液转移到 2mL 棕色进样瓶中并密封，作为进样样品。剩余液体放置在棕色样品瓶内，继续储存在 −80℃ 的冰箱中，以备将来使用。

同一时间，使用全新吸附填料及取样管，按照上述前处理步骤进行处理，作为空白样品。

仪器条件如下：

色谱条件：起始温度 30℃，保持 5min，10℃/min 升至 90℃，保持 5min，10℃/min 至 240℃，保持 5min；溶剂延迟 5min；进样口温度 200℃；进样口分流比 1:20；载气流量 1.2mL/min；传输线温度 250℃。

质谱条件：离子源为电子轰击离子源，离子源温度 230℃，离子源电压 70eV，传输线温度 280℃，质量扫描范围为 35~400m/z。

（3）数据处理与数据分析

数据处理与分析采用 TraceFinder4.1 数据处理软件。自动识别离子信噪比大于 3、峰面积大于 2E+08、精确质量数偏差小于 5ppm、平滑点大于 7 的色谱峰。利用 C8~C40 正构烷烃的保留时间，计算样品中化合物的保留指数。样品中的色谱峰经过积分后进行解卷积，并对结果进行筛选，保留解卷积图谱干净、整齐、对称的色谱峰。通过谱图数据库 NIST2017，可确认色谱峰所对应的化合物，并根据化合物的保留时间、特征离子碎片的精确质量数和离子比率建立非靶向筛查方法。

通过展厅 B 空气样品进行筛查与分析，暂时提取出主要的 83 种气态污染物，详情见附录。其中苯系物占比重最大，为 22.6%；酯类化合物为 19%；多环芳烃为 16.7%；烃类化合物占比 8.3%；酚类化合物占比 6%；酮类化合物各占 6%；醇类、醚类、酸类以及杂类化合物共占 21.4%。

同时，为了验证这些化合物是否来自博物馆的装饰材料。对展厅 B 中收集的墙纸、大芯板、地毯、快粘粉、复合板、油漆六种主要装饰材料进行了气体采样与分析。在博物馆检测到的化合物也都在这些布展材料的挥发气体中检测到。

博物馆中的酯类主要是二元酯，在油漆、快粘粉及地毯中被发现。此外，苯系物（苯、甲苯和二甲苯）在大芯板、地毯、快粘粉、复合板挥发物中检测到，烷烃类化合物在地毯、油漆的挥发物中检测到。

对比几种填料吸附情况的结果，还可看出不同填料对不同化合物的吸附区别。ODS 填料适合吸附烷烃和芳烃，ACS 填料更适用于酯类、醇类及其他杂原子化合物，主动采样中的硅胶填料能较好地吸附醇、酮、芳烃、萘等化合物。结合已有研究表明，ACS 填料更适合吸附极性化合物及沸点较低的化合物，与之相反，ODS 填料更适合非极性及沸点较高的化合物[8—9]。

（4）阶段性总结及研究方向探索

此研究采用气相色谱质谱联用技术（GC-EI-Orbitrap-MS）对博物馆展厅空气样品进行了非靶向测试。通过 TraceFinder4.1 进行数据分析，并与 NIST2017 数据库检索结果进行匹配，利用特征离子碎片的精确质量数、保留时间和离子比率建立非靶向筛查方法，对展厅空气样品中的化合物成分进行了较为准确的定性。此项研究初步实现了博物馆展厅内气态污染物的非靶向测试。

这些有机化合物的信息丰富了博物馆中挥发性有机化合物数据库，对今后的博物馆空气质量检测研究具有参考价值，对博物馆展陈材料的规范与限制提供了初步依据。

接下来的研究中，将继续优化、完善采样方法，并对不同填料及采样方式的吸附结果进行进一步对比、分析；建立系统的、可操作性较强的博物馆有机化合物采样方法，如小分子酸、醛酮类有机化合物等；拟建立博物馆布展材料的污染物数据库，从设计阶段起对布展期间装饰材料的选择进一步规范，并对开展前的换气、通风时间给出建议，以保证展厅的空气质量。

四　相关探讨与进一步研究方向

1. 博物馆空气污染物限制标准待完善

室内挥发性有机化合物（VOCs）及有毒污染物的筛查研究在中国及世界已有一段时间，但至今没有统一的针对博物馆空气环境质量的标准。

中国各博物馆因所处地理位置及气候变化差异较大，会根据本馆的实际情况制定其自己的空气污染物评估标准，但对博物馆室内污染物的评估，主要还是参照《室内空气质量标准》（GB/T 18883—2002）、《博物馆建筑设计规范》（JGJ 66—2015）以及《环境空气质量标准》（GB 3095—2012）等现行其他标准。其中，只有氨、甲醛、苯、甲苯、二甲苯、TVOC、可吸入颗粒物是室内空气质量的独立指标。挥发性化合物中小分子酸、醛酮类化合物等都缺乏独立指标，需要进一步的开发与标准的制定。

2. 博物馆空气污染物的检测及调控方法有待开发

由于博物馆内新风系统的换气作用较好、污染物浓度较低、四季波动不大，在博物馆空气质量检测过程中，大部分是采用定时、单次、不连续的检测方法。此方法对于展厅、公共区域等地较为实用，但文物展柜内、文物库房保存柜及囊匣内污染气体普遍偏高[10—11]。合理选用定点、连续性的采样系统，并开发文物保存小环境及微环境的调控方法，增强调控力度。

3. 博物馆空气污染物与不同材质文物损害相关性研究

博物馆在文物保护及保存过程中，需重视各类空气污染物对不同质地文物的影响。如部分有机化合物遇水显酸性，与金属、石器发生反应后易造成腐蚀；木制展柜、纸质包装等挥发的有机酸等各类有机物，布展材料中挥发的甲醛、苯系物、酯类等有害气体都会对文物的状况产生单一或复合影响[11, 12]。选取有代表性的文物库房和污染物指标进行定期检测，研究博物馆环境中污染物对各类文物的损害，并进行针对性的文物保存，将是研究博物馆空气污染物的一个重要方向。

参考文献：

[1] 张晋平：《博物馆环境监测控制技术》，中国环境出版社，2013年，第80—84页。

[2] JGJ 66—2015，《博物馆建筑设计规范》，中国建筑工业出版社，2015年，第28—29页。

[3] GB/T 18883—2002，《室内空气质量标准》，中国标准出版社，2003年，第2页。

[4] GB 3095—2012，《环境空气质量标准》，中国标准出版社，2012年，第3页。

[5] 伍正君：《室内空气污染危害及其净化技术研究进展》，《环境监控与预警》，2011年第3卷第6期，第42页。

[6] 张桂珍、毛欣、朱海欧等：《2,4-二硝基苯肼衍生化-高效液相色谱法测定地毯中15种醛酮类化合物释放量》，《皮革与化工》，2016年第33卷第5期，第12—16页。

[7] 马慧莲、金静、李云等：《热脱附-气相色谱-质谱法应用于工业源废气中挥发性有机化合物的目标和非目标筛查》，《色谱》，2017年第10期，第1095页。

[8] Sekine Y, Sato S, Kimura K, et al. Detection of tobacco smoke emanating from human skin surface of smokers employing passive flux sampler - GCMS system. *J ChromatogrB Analyt Technol Biomed Life Sci.* 2018, 1092: 394—401.

[9] Vyviurska O, Gorovenko R, Panáková V, et al. Extensive validation of gas chromatographic method for determination of esters in wines using monolithic materials as preconcentration step. *Food Analytical Methods*, 2018, 12(3): 791—798.

[10] GB/T 36111—2018，《文物展柜基本技术要求及检测》，中国标准出版社，2018 年。

[11] 唐欢、徐方圆、范文奇等：《重庆中国三峡博物馆文物保存环境调查》，《长江文明》，2016 年第 1 期，第 76—83 页。

[12] 王婉钧：《探讨环境因素对文物的影响及文物考古环境保护问题》，《赤子》，2017 年第 7 期，第 38 页。

附录

非靶向筛查气态污染物（共 83 种）

序号	保留时间（min）	分子式	中文名称
1	11.67	$C_{11}H_{18}NO_3P$	1- 氨基 -1- 苯基甲烷膦酸二乙酯
2	11.68	$C_8H_9NO_2$	（1- 硝基乙基）- 苯
3	11.69	$C_{10}H_{18}O$	2α,4aβ,8aα- 十氢 -2- 萘酚
4	12.31	$C_{13}H_{15}NO_3$	乙过氧酸 1- 氰基 -1- 苯基丁酯
5	12.35	$C_{14}H_{10}N_2O_3S$	4,6- 二苯基 -2,2- 二氧化物 -1,2,3,5- 氧杂二嗪
6	12.5	$C_6H_{10}O$	2- 甲基 -4- 戊醛
7	12.94	C_9H_{12}	异丙苯
8	13.08	$C_9H_{14}O$	2- 戊基呋喃
9	13.22	C_9H_{12}	4- 乙基甲苯
10	13.25	$C_{13}H_{28}$	正十三烷
11	13.29	$C_5H_8O_2$	醋酸异丙烯酯
12	13.37	C_8H_{18}	3,3- 二甲基己烷
13	13.5	C_8H_{18}	2,3,3- 三甲基戊烷
14	13.53	C_9H_{12}	1,3,5- 三甲苯
15	13.57	C_8H_8	苯乙烯
16	13.64	$C_{10}H_{14}$	P- 伞花烃
17	13.86	C_9H_{12}	邻乙基甲苯
18	14.2	$C_{13}H_{16}O_3$	对甲苯甲酸 2- 四氢呋喃甲酯
19	14.21	C_9H_{20}	2,3,3,4- 四甲基戊烷
20	14.61	$C_{10}H_{14}$	1,3- 二甲基 -4- 乙基苯
21	15.09	C_3H_7NO	N,N- 二甲基甲酰胺
22	16.34	$C_{10}H_{14}$	1,2,3,5- 四甲基苯
23	16.51	$C_{10}H_{14}$	1,2,4,5- 四甲基苯
24	16.71	$C_6H_4Cl_2$	间二氯苯
25	16.77	$C_{12}H_{26}$	2,9- 二甲基 - 癸烷
26	17.16	$C_5H_4O_2$	糠
27	17.39	$C_{12}H_{16}O$	5,9,9- 三甲基螺 [3.5] 壬烷 -5,7- 二烯 -1- 酮
28	17.45	C_6H_{10}	4- 甲基 -1- 戊炔
29	17.75	$C_{10}H_{14}S$	（1-（甲硫基）丙基）苯

续表

序号	保留时间（min）	分子式	中文名称
30	17.85	$C_{11}H_{16}$	1,3-二乙基-4-甲基苯
31	18.25	$C_{12}H_{16}O$	α-甲基-α-（1-甲基-2-丙烯基）-苯甲醇
32	19.08	$C_9H_{14}O$	异佛尔酮
33	19.21	$C_{11}H_{14}$	2,3-二氢-2,2-二甲基茚
34	19.53	$C_{16}H_{16}N_2O_2$	1,2-二甲基-1,2-二苯甲酰肼
35	19.74	$C_{14}H_{26}O_2$	异丁酸香茅酯
36	19.97	$C_9H_8O_3$	2-（甲酰氧基）-1-苯基-乙酮
37	20.11	$C_8H_8O_2$	对羟基苯乙酮
38	20.44	$C_7H_6O_2$	水杨醛
39	20.6	$C_{11}H_{24}$	2,6,6-三甲基-辛烷
40	20.92	$C_{15}H_{24}$	1,2,4a,5,6,8a-六氢-4,7-二甲基-1-（1-甲基乙基）-萘
41	21.24	$C_{10}H_8$	萘
42	21.74	$C_{12}H_{16}O_3$	2-丁氧基苯甲酸甲酯
43	22.45	$C_{15}H_{22}$	1,2,3,4-四氢-1,6-二甲基-4-（1-甲基乙基）-，（1S-顺式）-萘
44	22.77	$C_{11}H_{10}$	2-甲基萘
45	22.89	$C_{11}H_{14}O_2$	苯甲酸异丁酯
46	23.09	$C_{16}H_{30}O_4$	丙酸2-甲基-，2-乙基-1-丙基-1,3-丙二酯
47	23.13	$C_{14}H_{20}N_4O_4$	N2-[（苯基甲氧基）羰基]-L-精氨酸
48	23.17	$C_{12}H_{24}O_3$	戊酸2,2,4-三甲基-3-羟基-异丁酯
49	23.24	$C_{11}H_{10}$	1-甲基萘
50	23.48	$C_{12}H_{22}O_4$	丁二酸二异丁酯
51	23.54	$C_{15}H_{24}O$	2,6-二叔丁基对甲酚
52	23.9	C_9H_7N	异喹啉
53	23.98	$C_{12}H_{12}$	1-乙基萘
54	24.53	$C_{12}H_{10}$	联苯
55	24.83	C_6H_6O	苯酚
56	24.89	C_9H_8O	肉桂醛
57	25.4	$C_{13}H_{14}$	5-甲基-1-苯基六-1,3,4-三烯
58	25.53	$C_{12}H_{12}$	1,2-二甲基萘
59	25.69	$C_{17}H_{16}ClNO_3$	1-肟-3-氯-5-异丙基-2-甲基-邻苯甲酰基-2,5-环己二烯-1,4-二酮
60	25.87	$C_{13}H_{12}$	3-甲基联苯

续表

序号	保留时间（min）	分子式	中文名称
61	26.24	$C_{14}H_{26}O_4$	己二酸二异丁酯
62	26.41	$C_{12}H_{10}$	苊
63	26.43	$C_8H_{10}O_2$	乙二醇苯醚
64	26.85	$C_{13}H_{14}$	2,3,5- 三甲基萘
65	26.94	$C_{13}H_{14}$	2,3,6- 三甲基萘
66	26.99	$C_{16}H_{18}$	2,2',5,5'- 四甲基联苯基
67	27.52	$C_{16}H_{18}$	3,4- 二乙基 -1,1'- 联苯
68	27.83	$C_{12}H_8O$	二苯并呋喃
69	28.2	$C_{12}H_{16}O_3$	苯甲酸 2- 羟基 -2- 甲基丁酯
70	28.21	$C_{10}H_{10}O_4$	邻苯二甲酸二甲酯
71	28.3	$C_{10}H_8N_2$	4- 苯基嘧啶
72	28.35	$C_{14}H_{22}O$	2,4- 二叔丁基苯酚
73	28.65	$C_{13}H_{10}$	芴
74	28.74	$C_{13}H_{10}O$	氧杂蒽
75	28.92	$C_{18}H_{22}$	2,3- 二甲基 -2,3- 二苯基丁烷
76	28.98	$C_{13}H_{14}O_4$	单（4- 戊烯基）邻苯二甲酸酯
77	29.6	$C_{17}H_{20}$	1,5,6,7- 四甲基 -3- 苯基双环 [3.2.0] 庚 -2,6- 二烯
78	30.29	$C_{15}H_{22}O_2$	3,5- 二叔丁基 -4- 羟基苯甲醛
79	30.75	$C_{20}H_{30}O_4$	1,2- 苯二甲酸 2- 乙基己酯丁酯
80	31.14	$C_{18}H_{28}O_3$	3-（3,5- 二叔丁基 -4- 羟基苯基）丙酸甲酯
81	31.8	$C_{18}H_{20}$	9,10- 二乙基 -9,10- 二氢 - 蒽
82	32.6	$C_{14}H_{10}$	蒽
83	33.99	$C_{14}H_{22}O_2$	4,6- 二叔丁基间苯二酚

文物保护合作项目

西藏博物馆藏罗汉拓片的保护修复

王　博　丁　莉　仁增白姆

内容提要：拓片是中国特有的艺术表现形式，具有很高的美学价值和历史价值，本文描述了一件西藏博物馆藏罗汉拓片的保护修复过程。此件拓片纸本画心直接粘贴在白色背布上，四周以蓝色织物分段镶接装饰，兼有内地镜片装和西藏唐卡装裱的特点。但这种特殊的装裱形制在一定程度上导致拓片纸本画心发生严重折裂、空壳、起翘等病害，通过将现代科技检测手段与传统书画修复、传拓技艺、纺织品修复相结合，对纸本拓片、四周镶料进行了局部修补、加固、平整等处理。修复后的文物状态相对稳定，基本达到长期保存、展陈与研究的要求。

关键词：刻石拓片　检测分析　拓片修复　纺织品修复

一　基本信息

这件罗汉拓片为西藏博物馆藏三级文物，清代刻石拓本（图一）。画面呈现的是第四难提密多罗庆友尊者，其端坐奇石上，手持佛经，若有所思，泰然自若，仙风道骨，衣褶线条简练规整，形象生动逼真。原石为清乾隆二十九年（1764）据圣因寺本贯休《十六罗汉像》所刻，现藏于杭州碑林。杭州圣因寺藏本《十六罗汉像》据传系乾隆南巡时发现，被认为是贯休真迹，乾隆亲自为其"排列次第，重译名号，各系以赞"[1]。传拓技法上采用的是乌金拓，墨色厚重，黑白对比强烈，形象题记尚可辨识，时代感强。

此件文物装裱形制特殊，整体纵135~136cm，横55~56.5cm。画心部分为纸质拓片，纵113~113.7cm，横47.7~49.2cm，画心直接粘贴在白色背布上，四周为蓝色织物分段镶接，镶料与背布并未直接粘贴，而是通过缝合边缘进行固定，即镶料内侧与画心四周、背

图一　修复前整体状况

布三层缝合在一起，镶料外侧与背布同样以缝纫方式固定。这种形制兼有内地镜片装和西藏唐卡装裱的特点。

二　病害及保存现状

　　文物整体破损严重，经评估保存状态为濒危。画心部分主要病害是折裂、残破、空壳、纸张脱落。画面遍布裂口，支离破碎，裂口主要由于画心和背布两种材质干湿伸缩率不同所致，另外通过一些较大裂口的走向可推断，文物展卷造成的折痕等也进一步导致了画心开裂。画心与背布相粘，因年代较久，胶性渐失，多有空壳，空壳多发生在裂口处，导致裂口处进一步起翘、卷曲，甚至掉渣、残破（图二、图三）。画心局部有黄色污渍，推测是背布污染所致。四周镶料主要问题是破损、残缺。织物表面有灰尘、污渍，纤维局部老化酥脆，左下角与右下角分别有一处较大范围的断裂与缺失（图四），缝线局部断开，左下部分卷曲。另外上部镶料为浅蓝色，与其余三边镶料的颜色、质地差别明显，应为前人修补痕迹。背布保存状况尚可，整体褶皱不平，局部脏污（图五），但物理强度足够支撑画面。

图二　画心局部残损

图三　画心局部折裂

图四　镶料缺损状况

图五　背布褶皱与污渍

三　修复路线的确定

脆弱画心直接粘贴于质地较厚的背布之上，两种材质干湿收缩率不同，是导致这件文物画心脆弱破损的主要原因。消除这一隐患的修复方案是揭裱并改变装裱形制，在画心后加托命纸，将覆背材料改为纸张，镶料仍使用原织物以尽可能保留原风格，并将整体裱为镜片装以减少展卷。但揭裱修复的问题在于，画心现已支离破碎、十分脆弱，揭裱过程中很容易伤及画心，进一步加重画心的残缺。

另一种修复方案是原位局部修补，即不进行揭裱，只对起翘破损处回贴复位，缺损部位采用合适纸张以墨拓黑后从正面进行修补，以维持画面视觉效果。

在开展正式修复前，项目组召开专家论证会，听取专家讨论意见，最终决定采用第二种方案。通过最小干预方法，缓解目前的濒危状态，减少未来保存过程中的损伤，同时避免过度修复对文物原状的干扰以及在修复过程中可能造成的损伤。在具体实施方法和材料的选择上，遵循安全性和可逆性原则，以备将来有更合适的修复技术出现之时，可以安全、方便地进行再处理。

四　分析检测与修复用料的遴选

修复前首先对此件文物的纸张、墨料、织物等进行显微观察和分析检测，了解其成分、结构和特性，并以此为依据选择合适的材料进行修复。

1. 纸张纤维成分分析

捡取画心掉落的纸张碎屑进行纤维成分和纤维配比分析。按照《纸、纸板和纸浆纤维组成的分析》（GB/T 4688—2002），使用 Graff "C" 染色剂制成临时装片，在 XWY-Ⅷ 纤维分析仪下进行观察。纤维呈蓝紫色，较为僵硬，少有弯曲现象；可见典型的竹导管分子，导管较大，

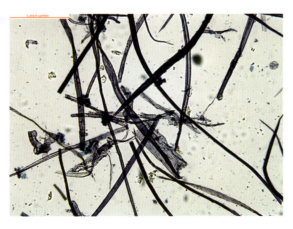 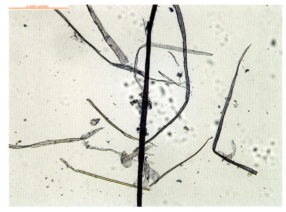

图六　竹纤维及导管（200×）　　　　　　图七　筛管（200×）

导管壁上有整齐的网状纹孔（图六）；可见筛管，筛管较小（图七）；未发现其他种类纤维。由此可知画心纸张为100%竹纤维，即为竹纸。

竹纸紧致光滑，明清时期在印刷、传拓等领域有广泛应用。但目前可获得的现代竹纸相比此件画心用纸略为厚重，经过试验筛选，最后选择宣纸中的六吉棉连作为补纸。六吉棉连相比普通宣纸和竹纸更为纤薄细腻，具有一定拉力，经过锤拓后不会像普通宣纸一样出现分层现象，同时帘纹也较接近，是此件拓片较为合适的修补用纸。

2. 墨色光泽度检测

为找到合适的墨料对补纸进行拓黑染色，使补处与原拓片墨色光泽度尽可能一致。选取现代油烟墨块、现代松烟墨块、清代老墨块、现代墨汁四种常用的传拓墨料，将补纸拓黑后分别进行了光泽度检测（图八）。光泽度数据为三次测量的平均值。从表一可知，现代油烟墨块制得拓片的光泽度与罗汉拓片最为接近（1.7和1.6），因此在修复时选择现代油烟墨块对补纸进行拓黑。

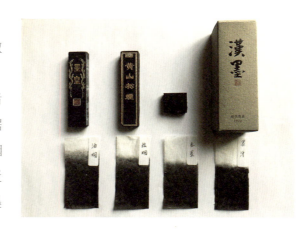

图八　四种传拓墨料及相应拓片

表一　罗汉拓片与四种墨料拓片的光泽度

墨料	罗汉拓片	现代油烟墨块	现代松烟墨块	清代老墨块	现代墨汁
光泽度（85°）	1.6	1.7	1.2	2.1	2.1

3. 织物纤维和染料分析

使用近红外光纤反射光谱仪对背布和镶料织物的纤维和染料进行无损分析。光纤光谱仪为AvaSpec-ULS2048XL，AvaSpec-NIR256-2.5TE；光源为AvaLight-DH-S-BAL，AvaLight-HAL；光纤采用FCR-19UVIR200-2-ME；校正白板WS-2；光谱采集软件为AvaSoft 8；光纤探头直径6mm。红外光谱仪为Thermo Scientific Nicolet IS50，ATR模式。

根据图九可知白色背布为棉；上部浅蓝色镶料为棉；左右两侧及下部深蓝色镶料织物为动物纤维，根据光谱比对为丝。在织物的染料方面，通过光谱比对（图一〇）识别出了蓝色丝和蓝色棉均由靛蓝染制，黄色丝由黄檗染制，红色丝来源于苏木，绿色丝为靛蓝和黄檗混合染制，紫色丝由靛蓝和苏木混合染制。

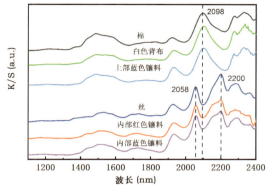

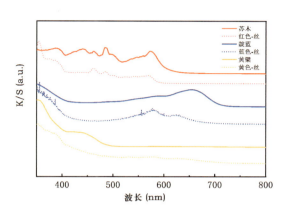

图九　织物纤维近红外反射光谱　　　　　图一〇　织物染料可见光反射光谱

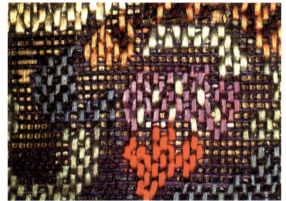

图一一　靛蓝色织物组织结构　　　　　　　图一二　纳绣图案

4. 织物组织结构观察

利用视频显微镜 Zeiss Smartzoom 5 对镶料和背布织物放大 50 倍进行组织结构观察。左右两侧及下部镶料所使用的靛蓝色织物为二经绞罗。经线密度 26 根 /cm，纬线密度 10 根 /cm，经线投影宽度 0.1~0.2mm，纬线投影宽度 0.5~0.7mm，纬线由 5 根 Z 捻向的纱线合股而成，显微镜下观察有蓝色、紫色等不同颜色（图一一）。这种二经绞罗为纳绣普遍采用的地料。纳绣均采用纱罗组织织物为地，纱罗织物仅纬线相互平行，两组经线（绞经和地经）相互纠绞，织造时地经不动，同一绞组的绞经有时在地经的右方，有时在地经的左方，形成开口与纬线交织，这种组织有较大的孔隙。此件纳锈图案为中国传统海水江崖纹，色彩秀丽，针法灵活，线迹清晰，针脚整齐（图一二）。

上部镶料所使用的浅蓝色织物为平纹纱布（图一三）。白色背布放大 50 倍能清晰辨识为平纹组织（图一四）。

由于未找到纤维原料和组织结构与靛蓝色镶料均相同的修补材料，最后选用与上部镶料较为接近的棉纱，经过靛蓝染色后作为修补材料。

图一三　浅蓝色织物组织结构　　　　　　　　图一四　背布组织结构

五　拓片画心的修复

1. 除尘、去污

拓片表面附着有大量尘土、浮灰、碎屑等杂质，在收卷过程中会加剧对画面的磨损，需要首先进行除尘。选用干净的软毛刷轻轻扫去浮在表面的尘土、碎屑，清除过程中避免将杂质扫入起翘的纸缝中。然后针对更细小的浮尘采用超细纤维布进行清洁（图一五），顺着纸张裂口方向轻轻擦拭，不能同一个位置来回反复，以免划伤脆化裂口。

拓片局部有明显污渍，因纸张脆裂破损严重不能进行大面积清洗，采取了局部去污的方法。首先对墨色进行水溶性测试，确定墨色遇水不会发生溶解、晕染，因此可以使用水进行去污。用棉签蘸纯净水轻轻擦拭污渍处（图一六），有的部位去污效果较好，但有的污渍与纸张纤维结合较为牢固，或者可能为非水溶性污渍，使用上述方法无明显变化。为保证文物安全，对于此类顽固污渍暂保留，不再进行彻底的清洁。

2. 回潮、回贴

拓片脆化严重，纸张柔韧度和机械强度等大幅度降低，易折易断，起翘遍布画面，呈"鱼鳞"状。如果直接进行修补，内部空壳起翘处会继续扩大，修补处也会再次开裂，因此首先要将画面所有起翘和空壳的地方进行回贴加固。

回贴前通过回潮使起翘处纸张恢复一定的柔韧，避免回贴过程中纸张发生断裂，方法是令潮气与干燥脆化的纸张表面接触，慢慢渗透，使纸张纤维逐渐软化、舒展。取一张手掌大的宣纸，用喷壶均匀喷潮，以手触纸面略有潮气、又不会过湿为宜，将湿纸轻轻覆盖于拓片脆裂、起翘处（图一七），尽量使宣纸与拓片均匀接触。

等待几分钟后，起翘部分回潮、舒展，则可以进行下一步复位回贴。回贴使用小麦淀粉糊

图一五　超细纤维布除尘　　　　　　　　　图一六　局部去污

糊作为黏合剂，其性质温和，凝固后也较柔韧，且用水即可重新揭开，能确保修复的可逆性。用尖头镊子将回潮、展平后的拓片轻轻掀起，毛笔蘸稠糨糊均匀涂在相应位置的背布上（图一八），再用镊子复位回贴，覆上干净宣纸轻轻按压。拓片上掉落的残片也按此方法回潮展平后原位回贴。

　　需要注意的是，回潮要从画面一端开始分小块逐步进行，每次回潮面积不宜太大。因起翘开裂处较多，一次性回潮过多，短时间内无法完成回贴会导致拓片干燥，需要再次回潮，而脆弱的拓片纸张不宜经受反复的干湿循环。

3. 拓纸、修补

　　运用传统平面传拓技法，将选定的六吉棉连拓黑作为拓片黑色部位的补纸。找一块干净的玻璃板，取适量白芨水均匀涂抹在表面，再将棉连纸覆在上面，用干净的湿毛巾按压，使纸受

图一七　局部回潮展平　　　　　　　　　图一八　稠糨糊复位回贴

潮后舒展并紧密贴合在玻璃板上，撤潮排实。用小喷壶将扑子喷潮，蘸研好的油烟墨，在砚台上敲击，使墨和水在扑子上撤揉均匀，待纸干到七八成时是上墨最佳时机。施墨时，扑子应从左至右，从上往下，顺序进行，不可跳扑去拓，否则容易出现花斑和拓痕。扑子上的墨用完后，再重新喷水蘸墨。原作为乌金拓，因此补纸的墨色要适当加重（图一九），但不可出现积墨或墨透纸背现象，否则补纸会对白色背布造成污染。墨色大致合适后取一小块，于边缘破损处进行试验修补，观察颜色与光泽度是否合适。多准备几张墨色深浅不同的拓纸，便于根据原件画面墨色变化进行选配。

拓片画心背面以较厚重的棉布作为背布，即使使用透光台，也很难清晰显现残缺处的轮廓，因此修补时只能凭借肉眼观察。按照缺损处形状大小，用手和镊子撕出合适形状的补纸，再将撕好的补纸背面朝上均匀涂上糨糊，用镊子将补纸轻轻按压于原件残缺处（图二○）。趁补纸湿润，能够显现出补纸与残缺处的搭接边缘，用镊子将补纸重叠部分剔掉，保证补纸与残缺处厚度均匀。最后垫宣纸轻轻按压排实。

文字、人物面部以及衣褶是修补的难点。整幅画面中文字有三处，分别位于左上、右上和右下，且都存在着不同程度的残缺和破损。对于残缺严重、难以辨识的文字在回贴后不再进行修补，但对于只是缺少个别笔画的文字，则参考有依据的、同类字形笔画，同时参照字与字之间的间隔和位置等，在相应部位使用拓黑的补纸进行修补。原本为白色的缺损部位，有两种处理方案：一是在相应处补上白纸；二是留空不补。考虑到此件拓片破损处背景为白色背布，留空不补不会对整体视觉效果以及长期保存稳定性造成影响，因此对于白色缺失部位不再进行补缺（图二一、图二二）。

在修补罗汉人物面部时，需要斟酌的五官整体构造、比例关系和多元的线条表现，使修补后缺失部分能与原作较好地融合（图二三、图二四）。罗汉穿着的袈裟也有大范围的纹饰破损和

图一九　拓补纸

图二○　将补纸置于残缺处

线条残缺，特别是下半部分细而窄、呈水波纹样式的图案，修补时既要衔接断裂衣纹的走向，又要把握线条的粗细，明确黑白色调的转变，使整件衣纹圆转流畅，表现出袈裟厚实的质感和躯体的起伏变化（图二五、图二六）。

图二一　左上角文字修复前

图二二　左上角文字修复后

图二三　面部修复前

图二四　面部修复后

图二五　衣褶修复前

图二六　衣褶修复后

六　镶料和背布织物的修复

1. 除尘、去污

拓片四周镶料有明显的灰尘，右上角局部有板结变硬的蜡块（图二七）。灰尘的清理采用物理方法，将软毛刷稍稍润潮，然后沿着织物纤维走向，将隐藏和附着在纤维之间的灰尘向同一方向轻轻刷除。在此过程中注意软刷的湿度，软刷过湿灰尘反而会黏附在织物上，更难去除，其次也要及时清理软刷上的灰尘，避免二次污染[2]。凝固板结的蜡块用镊子轻轻剔除，以能清除污渍不伤及纱线为准，漏到夹层的残渣也要及时清理干净。

图二七　织物上凝固板结的蜡块

2. 回潮、平整

镶料局部卷曲变形，背布整体褶皱严重，需进行回潮平整处理，利用纤维在潮湿状态下具有可塑性的特点，使织物最大程度地恢复到较为平整的状态。先将背布朝上，用纯净水进行喷雾，喷雾时水分不宜过大，循序渐进，随时观察背布回潮情况。静置一段时间后，再将画心面朝上，对四周镶料进行局部回潮。回潮至合适程度后，轻轻调整织物经纬，将残缺、断裂、打结处的纱线用镊子仔细理顺，同时注意把握力度，避免损伤纱线。然后在拓片正反面各覆一层宣纸，放上压板和重物适当加压，待干燥定型后，去掉重物，织物即达到平整状态。

3. 染色

修补残缺织物前需对之前选定的补料棉纱进行染色，染色主要步骤包括：染前处理、配制染液、染色、平整。

染前处理：即去除棉纱里的杂质。使用棉纱重30倍的清水，加入棉纱重2%~3%的烧碱精炼剂和0.5%的洗衣液作为辅助精炼剂。放入不锈钢锅中煮炼1小时，精炼时要不断翻动，精炼后充分水洗，晾干。

配制染液：将200g蓝泥加入到3~5L水中，先后加入15g固色剂（氢氧化钠）和15g还原剂（连二亚硫酸钠）搅拌均匀至出现蓝色泡沫，将染液静置1小时。搅拌至液体呈黄绿色或者墨绿色，出现蓝色泡沫即可。

染色：将经过染前处理的棉纱在温水中湿润，然后展开放入染液。在染色过程中要不断翻动棉纱或不断振荡染液，使棉纱着色更加均匀，染色10~15分钟后干燥。将上述染色步骤重复一次，颜色达到与原件基本一致即可。

平整：将染色干燥后的棉纱平摊于工作台上，用海绵蘸取蒸馏水，均匀地按压于棉纱上，使棉纱浸湿。待全部浸透后，调整棉纱经纬方向，整形后再用海绵吸收掉多余的水分，用重物压放在棉纱边缘，干燥[2]。

4. 修补、加固

断裂处的纱线采用稠糯糊连接复原，纱线经过回潮整形后，用毛笔蘸糯糊涂在断裂纱线的两端，再用镊子将断裂处夹紧，静置一会，松开镊子，断裂处即粘牢。其他断裂处也依此法一一进行。

镶料左下角和右下角缺失部分采用事先染成靛蓝色的棉纱进行修补。将染色、平整后的棉纱剪出与残缺处相匹配的形状，四周涂稠糯糊，置于残缺处下方，用糯糊将残缺处的纱线与补配的纱线连接。连接纱线过程中要注意避免补料或糯糊与背布粘连。然后按照未破损处镶料边缘的处理方法，将棉纱边缘内折形成双层，对齐上下两端，确定缝针的位置，使用深红色棉线和跑针法将修补处的棉纱与背布进行缝合（图二八至图三二）。缝线不宜拉得太紧，否则容易起皱。

背布局部断裂处也采用糯糊粘接、棉纱加固，防止开裂加剧（图三三）。

图二八　右下角修复前　　　　　　　　　　　图二九　右下角修复后

图三〇　左下角修复前　　　　　　　　　　　图三一　左下角修复后

图三二　按原针法缝合固定　　　　　　　　图三三　背布断裂处加固

七　结语

织物修补结束后，对画心纸质拓片及背布、镶料织物等进行第二次整体回潮、压平。至此，耗时近六个月的罗汉拓片修复工作完成，修复后的文物基本达到了较为完整、稳定、适宜长期保存的状态（图三四）。

修复后的文物应尽可能避免卷折，否则画心脆裂、空壳处可能再次发生破损，建议以平摊方式进行存放。平摊可以使文物获得最大程度的放松，曾发生破损、经过修复的纸张和织物纤维无需承受外力的牵拉和叠压。根据文物尺寸，定制镜框式无酸保存装具，然后放入合适的文物柜或无酸卡纸盒。

作者仁增白姆来自西藏博物馆

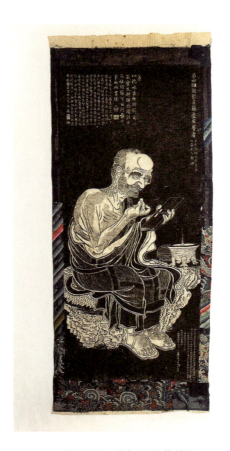

图三四　修复后整体状况

参考文献：

[1] 王霖：《贯休〈十六罗汉图〉考——以杭州西湖圣因寺藏本为线索》，《新美术》，2013 年第 5 期，第 34—52 页。

[2] 国家文物局博物馆与社会文物司：《博物馆纺织品文物保护技术手册》，文物出版社，2009 年，第 76—99 页。

西藏博物馆藏《纪念三宝》的修复

王熙林　措吉美朵　次仁央啦

内容提要：文章详细介绍了西藏博物馆藏写本藏经《纪念三宝》的保护修复过程。此件藏经主要病害为霉变、粘连和局部破损，在对纸张纤维原料、霉菌种类进行分析鉴别的基础上，进行了除尘除霉、经叶分揭、修补缺损、压平整理等修复处理，尤其针对经叶不同粘连、破损状况选择合适的分揭、修补方法，最终使藏经恢复较为稳定的保存状态，能够继续提供研究、展览。

关键词：藏经　修复　分揭

一　文物概况

西藏博物馆藏 15 世纪藏经《纪念三宝》（图一），经书整体长 43cm，宽 13cm，厚 6cm，护经板长 45.5cm，宽 13.2cm，厚 1.6cm。此藏经为西藏地区典型梵夹装形式。经书第一叶使用黑墨书写咒语作为封面；第二叶为朱墨书写标题，四周彩绘边框，左侧绘画吉祥图案；正文主体为黑墨字迹，少数经叶使用朱墨书写咒语、尊号等特殊文字，个别经叶缝有红色丝线标记。

经书上下夹有护经板，护经板正面雕刻梵文，外髹饰黑色漆层。对护经板所刻写的文字进行辨识，可判断其与经书正文所用文字不同，并非藏文字母，而是一种 11 世纪在印度地区成熟和使用的兰扎体梵文，该文字是从婆罗米文派生出来的元音附标书写系统，后经尼泊尔传入西藏，主要用于书写尼瓦尔语，或用于雕刻、书写佛教经典中标题或封面的一种书法装饰文字，在我国流行于元、明、清时期。此护经板上雕刻的兰扎体梵文内容酷似藏地所常见的六字大明咒，

（a）经书侧面　　　　　　　　　　　　　　（b）前护经板正面

图一　《纪念三宝》修复前

但经过详细比对发现字母数量不同。具体内容目前尚无法明确解读，可翻译为 raňjanā，读音应为 om ma ni pa da me hum(h)a。

二　病害状况

《纪念三宝》主要病害为粘连、霉变、残缺、边缘磨损和烟熏等。

经书存在不同程度粘连，总体来说，上层粘连较轻，经叶基本完整；中层粘连较严重，保存相对完整；下层靠近护经板处粘连最为严重，已呈板结状，并夹有大量白色泥土状物，同时经叶有较大面积缺损（图二）。

图二　经书中下层粘连、缺失

由于长期保存状况不佳，经书霉变严重，霉菌覆盖面积约在50%以上，尤其发生粘连的经叶内部，霉菌面积达60%~80%（图三），包括黄色、黑色和白色霉菌。黄色霉菌多呈粉状或颗粒状（图四），与纸面结合并不牢固，翻动经叶时有飞扬现象。黑色霉菌有两类，一

图三　经叶霉菌分布状况

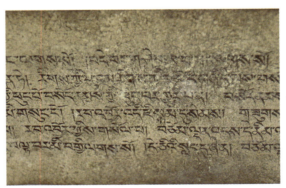

图四　黄色霉菌

图五　黑色颗粒状霉菌

图六　灰黑色霉菌和白色沉积状霉菌

类颜色较深，呈细小颗粒状（图五），与纸张结合不太牢固，另一类颜色较浅，呈灰黑色，多深入纸张纤维内部（图六）。白色霉菌则多呈软质沉积状（图六），较易剔刮去除。

藏经经过长期使用，经叶边缘均出现不同程度的磨损，部分经叶使用过程中不小心折压，严重处即将脱落。另外经叶边缘局部撕裂情况严重，整函经书约 80% 经叶出现不同程度的边缘撕裂现象，绝大部分经叶出现多处撕裂。个别经叶发现有虫洞。

经书的烟熏污迹也较严重，多发生在经叶中央三分之一处。推测经书通常放置在寺庙殿堂内，殿内常年供养酥油灯，加之经书使用时受到油脂等分泌物的影响所致。另外，护经板局部开裂、变形，局部粘连有小块织物，可能为包经布残片。

三　分析检测

1. 纸张工艺和纤维鉴定

捡取经叶边缘掉落碎片进行工艺特征观察和纤维原料鉴定。碎片样品先用北京伦华公司 XWY-Ⅷ 纤维分析仪作工艺特征观察，从结构上了解经叶纸张所使用的成纸、加工工艺。然后将其置于烧杯中用蒸馏水煮沸约 2~5min，以清除部分杂质并分散纤维，用 Graff "C" 染色剂将其制成纤维试片，通过纤维分析仪进行观察。结果显示，该经书所用纸张为 100% 韧皮纤维（图七），浇纸法造纸，两层复合，纸面局部有涂料（图八）。

图七　纤维形态（200×）　　　　　　　　图八　纸面形态（100×）

2. 菌株鉴定

对经叶表面霉菌取样进行培养观察，11 份样品中共分离菌株 41 株，其中的优势菌分别是赭曲霉（*Aspergillus ochraceus*）、暗球腔菌（*Phaeosphaeria* sp.）和芋枝孢（*Cladosporium colocasiae*）（图九至图一一）。

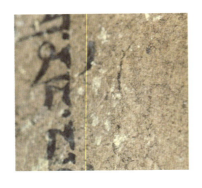

（a）取样位置

（b）菌落培养正面

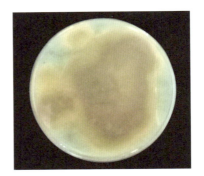

（c）菌落培养反面

图九　赭曲霉

（a）取样位置

（b）菌落培养正面

（c）菌落培养反面

图一〇　暗球腔菌

（a）取样位置

（b）菌落培养正面

（c）菌落培养反面

图一一　芽枝孢

四　表面清洁

经叶表面分布有较为严重的霉菌、尘垢等，首先需要对经书进行表面除尘、去霉等清洁处理。表面清洁分为两步，首先使用文物真空吸尘器在通风柜内对经叶表面较为明显的尘垢、浮霉等进行初步清洁；然后使用手术刀、超细纤维布等进行细部清洁。粘连经叶首先去除表面尘、霉，待分揭后再进一步清洁。

1. 初步清洁

选择吸尘器配备的合适刷头，在通风柜中轻轻刷扫经叶表面灰尘和浮霉。因此件经书经叶表面纤维较松散，易因摩擦发生起毛，尽量选择较软的刷头，刷扫时动作要轻，尤其对于颗粒状霉菌，刷扫过于用力反而会使颗粒嵌入纤维之间，不利于清洁。吸尘器初步清洁效果如图一二所示。

由于经书霉变、尘垢严重，在初步清洁过程中尤其需要注意人员和环境安全。一方面借助文物吸尘器和通风柜等设备进行及时过滤和吸附。另一方面，修复人员应全程佩戴口罩、手套等防护用具。

（a）初步清洁前　　　　　　　　　　　（b）初步清洁后

图一二　吸尘器初步清洁效果

2. 细部清洁

吸尘器初步清洁后经叶表面仍有软刷无法去除的沉积物，而且通过便携显微镜观察，经叶表面纤维之间仍有细小的霉点，需进行更为细致的清洁。

先用手术刀等对表面沉积物进行清除。沉积物分为软质和硬质两类，软质沉积物多为白色霉菌，用手术刀即可去除；硬质沉积物较难直接清除，可先局部润潮令其软化后再去除。字迹处深入纸张纤维内部的霉斑、沉积物等不做强行清除，避免伤及字迹。

最后使用超细纤维布对经叶表面进一步清洁，去除经叶表面灰尘、霉粉等。超细纤维布使用方便、清洁效果较好，且对经叶表面摩擦较小（图一三、图一四）。

图一三　超细纤维布清洁

（a）细部清洁前　　　　　　　　　　　　　（b）细部清洁后

图一四　细部清洁效果

五　经叶分揭

　　此函经书修复过程中最大的难点是整体粘连严重且情况复杂，并掺杂多种不明残留物。在分揭之前先对经书粘连情况进行试探性了解，用薄竹启和细针锥轻触纸张，判断纸层之间的粘连程度以及纸张本身的强度，如是否存在脆化、糟朽等问题。然后根据不同粘连程度和结构，选择不同的分揭方法。此函经书的经叶分揭大致可分为五种情况，分别阐述如下。

1. 保存较完好部分的分揭

　　对于保存较完好、只轻微粘连的经叶采取干揭的方法。使用弹性好且柔软的竹启、骨针等工具，沿经叶缝隙处小心剥离（图一五），必要时可在骨针前端包裹宣纸以避免针尖划破经叶表面。至难以分揭的位置马上停止，从其他方向重新开始，按照从四周向中心的顺序小心分揭。

2. 粘连较轻经叶的分揭

　　在一张大于经叶的宣纸上涂刷稀糨水，将其平铺于经叶上方，使宣纸与经叶轻微黏合，上

图一五　骨针剥离　　　　　　　　　　图一六　薄竹启分揭

面再铺一层宣纸保湿。在此期间需随时观察宣纸水分和经叶润湿情况，如经叶润湿不够可适当喷水，如宣纸水分较多可替换上层宣纸。待刷有稀糨水的宣纸刚刚润透两张经叶时，沿经叶边缘用镊子和竹启小心分揭（图一六），每次分揭一叶，以此方法顺序揭取。这种方法较为费时，但相对安全，能保证经叶完整分揭，对文物伤害最小。此方法仅限于在墨迹颜料较为稳定的经叶上使用。

3. 粘连较为严重经叶的分揭

中层经叶大面积粘连，无法使用上述两种方法分揭，将这一部分经叶整体包裹后用热蒸汽进行熏蒸。此件经书边缘破损、脆弱，在熏蒸时需对文物整体搬动，故应先对边缘破损处进行加固。将刷有稀糨水的宣纸条粘贴于破损处，避免其在搬动过程中掉落（图一七）。在熏蒸时应注意少时多次，在蒸汽未退时马上沿边缘分揭，在冷却之前再次熏蒸，如此反复。切忌一次熏蒸时间过长或整体封闭熏蒸，否则易使纸张强度下降，造成无法安全分离，甚至字迹丢失等。

图一七　宣纸条加固破损边缘

4. 中间粘连最为严重部分的揭取

经书中心位置粘连最为严重，经叶之间发现局部黏附有白色膏状泥土粉末（图一八），已呈风干板结状，较为坚固无法整块剥离，同时此粉末导致经叶粘连严重，使用熏蒸法无法完全软化，对此需采取整体包裹长时间润湿法。

在分揭之前先对外层粉末进行清理，以防粉末遇湿后发生流动造成新的污染。清理完成后，将经叶四周破损处进行加固，整体先用透气不透水材料（Gore-tex）包裹，然后在外部再用宣纸包裹并喷水，最后用塑料薄膜整体密封。

此件藏经在之前的保存过程中已经出现大面积霉变，这种潮湿封闭的环境极易引发霉菌再次繁殖，应当注意控制时间并随时观察，切勿将密封后的经叶放置于温度较高的环境中。如有条件应尽快放入冰箱等冷藏环境保存，最大限度抑制霉菌生长，同时在后续分揭时应保证室内通风良好。

此部分经叶为多叶粘连、板结，粘连厚度

图一八　白色膏状粉末

和面积较大，即使长时间润潮也无法将其全部软化，在分揭时经常出现经叶上下及四周可以揭开，但中心部分无法分离的情况，遇到这种情况需要对经叶进行二次润湿。在二次润湿之前需要在已经分离的经叶之间夹入宣纸作为隔离，防止润潮过程中出现二次粘连，同时也可以起到分隔页码的作用，避免出现破损处纸层位置混乱等情况。

5. 靠近护经板处经叶的分揭

靠近下方护经板处的经叶破损严重，多处呈散碎状态，中间伴有大量白色膏状泥土，泥土连同经叶整体风干硬化（图一九）。这部分经叶纸张尚有韧性，但经叶直接粘连在护经板上，护经板为木质、外涂生漆，并已发现多处开裂，如直接用水清理，木质护经板局部受潮，容易导致漆层持续开裂、脱落或木胎变形。因此采取将经叶整体剥离后再分揭的方法。

图一九　经叶与护经板粘连部分

首先将所有粘连在护经板上的经叶连同白膏状泥土一同取下。先用细软毛刷将残存经叶与护经板的连接处清理出轮廓，观察后发现连接处也有一层较厚的白色膏状泥土，用手术刀小心插入其中，刮掉外轮廓白色泥土，利用刀片弹性将其撬出一条缝隙，最后用薄启子将其整体取下。

此残存经叶破损严重，边缘页码已经完全缺失，整体取下后先拍照和记录，作为之后修复时的拼对参考（图二〇）。将取下的整块经叶，用羊毫毛笔蘸水涂施于白泥处，然后用吸水性强的高丽纸，将污渍和水分同时吸走，反复多次至清除大部分白泥，在清理的同时小心分揭经叶（图二一）。按照分揭顺序由上至下统一编号排序。

图二〇　与护经板分离的经叶

图二一　清理分揭后的经叶

6. 分揭后排序

此件经书经叶左侧标有页码，藏经卷号使用的是藏文字母排序法，修复人员可学习基本的藏文字母写法和顺序，页码部分直接使用藏文数字排序，可对照藏文数字表识别。保存完整的经叶在分揭后按照顺序排放即可。但经书末尾及粘连于护经板上的部分破损严重，卷号页码已缺失或难以辨认，在分揭时需严格按照分揭顺序进行编号保存，并详细拍照记录，避免造成顺序错乱。

六　修补缺损

1. 修补用纸

修复中使用的纸张选取与经书纸张原料、制造方法相近的藏纸。由于现在生产的纸张相比经叶颜色较浅，在修复前先对其进行染色。使用矿物颜料调配出与经叶颜色相近的颜料水，对补纸进行染色仿旧，分别对补纸染色一遍、两遍、三遍，待自然阴干后选取其中与经叶颜色最为接近者，作为补纸使用。

此件经书纸张厚度多有不同，同时所选用的藏纸由于使用浇纸法制作，即使同一张纸不同位置厚度也不相同，因此在修复时根据待修补位置选取合适厚度的补纸。同时可以根据实际需要进行打薄或增补，补纸过厚时可刮去半层，过薄则可增加半层，确保修复部分与经叶厚度基本一致。

2. 修补方法

分揭后的经叶边缘或中心（主要出现在末尾几叶）多有缺损，局部并有开裂、分层等现象，根据不同缺损状况选择使用合适的修补方法。

（1）经叶边缘局部缺失是此件经书最常见的破损。使用略大于破损区域的补纸涂抹糨水进行粘贴填补（图二二）。修补过程中应避免使用过多糨水，因经叶本身未经水洗处理，虽然经过表面清洁，但纸张内部仍有大量灰尘、降解产物等，糨水过多会在缺损边缘形成水渍，影响美观。因此补纸涂刷糨水后需撤去多余水分再进行填补。

（2）经叶中心的破损基本采用与边缘缺损相同的修补方法，但需要注意躲避字迹，尤其当字迹处于缺损边缘时，应缩小搭口范围，

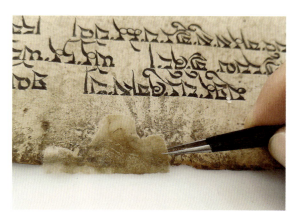

图二二　边缘破损修复

避免遮盖字迹（图二三）。

（3）经叶局部开裂，同时伴有纸张分层时，如果前后整体粘贴补纸，会导致经叶局部过厚，单纯使用纸条修补又无法保证加固效果，对此可在纸张分层处嵌入薄纸进行加固（图二四）。

（4）经叶四周边缘均有缺损，且缺损面积较大时，应避免使用整张补纸，而是进行分段修复，以分散补纸与经叶之间的伸缩应力，避免修复后的经叶曲翘不平。相邻补纸连接时，通过打薄纤维使搭接处自然过渡，不影响修补处的外观。

（5）此件经书封面及经叶多处缝有红色丝线。经观察仅有一处缝线位于经叶开裂处，由此可推测缝线并非修补开裂，而应当为标记内容所用。缝线附近出现破损时，在尽量不扰动缝线的情况下进行原位修复。先对缝线附近区域进行清理，然后贴纸条简单加固红线位置，再对附近开裂、破损处进行粘贴加固（图二五）。

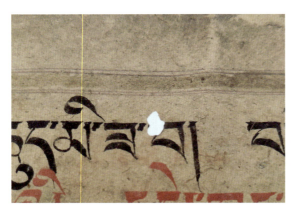

（a）修复前 　　　　　　　　　　　　　　　　（b）修补后

图二三　中心位置破损修补效果

图二四　于分层处嵌入薄纸加固开裂 　　　　　　图二五　修补加固红线附近

七 护经板的清理

木质护经板外层涂有黑色生漆，经过长时间的干湿交替和使用磨损，漆层局部出现起翘和脱落等。清理时切忌沾水，避免水分沿开裂处进入，导致外层漆壳进一步开裂、起翘。使用柔软的干毛刷小心清理，对于边缘漆壳起翘处，先将缝隙中的灰尘、污渍清理干净，然后使用粘接剂回贴、固定。清理时发现上经板内侧局部黏附有织物残片（图二六），推断可能为以前使用的包经布，清除土垢杂质后原位保存。

图二六 护经板上黏附的织物残片

八 压平整理

将修补后自然阴干的经叶，上下覆盖宣纸作为隔离，稍喷水潮湿后置于压力机或压石下压平，至经叶形态完全稳定后取出。

压平后的经叶沿边缘裁掉多余补纸，使其与经叶原边一致。经叶四角由于长期使用呈自然磨损的圆弧状，修补后的经叶四角可用剪刀修剪至圆弧形，使其与其他经叶协调一致。

补纸与经叶接缝附近有时颜色差异较为明显，在补纸上使用彩色铅笔等进行全色调整，使修补处与经叶过渡自然，做到粗看无异、细看有别。

图二七 《纪念三宝》经叶部分修复后

至此，《纪念三宝》修复完成（图二七），根据经书尺寸设计制作无酸囊匣，以利于文物长期保存。

作者措吉美朵、次仁央啦来自西藏博物馆

西藏博物馆藏《金刚经》的修复

洪　巍　刘　薇　丁　莉　次仁央宗

内容提要：文章以西藏博物馆藏二级文物《金刚经》为例，介绍梵夹装藏文古籍的保护修复方法。修复前通过显微观察、光纤反射光谱分析、激光拉曼光谱分析、大幅面 X 射线荧光扫描等方法对纸张纤维原料、织物组织结构与纤维材质、字迹成分等进行检测。根据此件藏文古籍的装帧特点、纸质特性、破损状况，以修旧如旧、最小干预、可再处理为基本原则，针对不同破损选择合适的处理方法。通过表面清洁、分揭经叶、修补残缺、边缘加固、平整等一系列修复处理，最大程度地还原了藏文古籍的原始面貌。相关处理方法和修复经验可为今后藏文古籍的保护修复提供参考借鉴。

关键词：藏文古籍　检测分析　保护修复　藏纸

一　文物信息

这件藏文古籍《金刚经》（图一）现藏于西藏博物馆，国家二级文物，梵夹装，无护经板，共计 92 叶（一叶为两面）。经叶长 31.0cm，宽 9.5cm，高 3.5cm。米黄色藏纸，纸质较厚，双面书写，墨书为主，局部为朱文，并绘有红色栏线、边框。首叶为多层结构，两层纸叶间夹有一层橙色织物，四周以同色布订卯订各层，并有一处布订为绿色织物（图二）。

图一　《金刚经》　　　　　　　　　　　　图二　《金刚经》首叶结构

图三　局部粘连

图四　经书末尾处残缺、变形

图五　首叶烟熏、残缺

图六　局部水浸痕迹

二　保存状况

1. 病害状况

经书局部粘连；经叶多曲翘、变形；污渍严重，以烟熏、水渍为主，尤首尾叶及经书侧面呈黑色结壳状；前后几叶有较严重残缺；经叶四周多磨损、酥脆；首叶内层织物有不同程度的脱丝、变形、残破（图三至图六）。

粘连、变形和水渍推测是埋藏或保存过程中局部受潮或水浸所致；另据文物登录档案中记载"殿中堆积"，推测此为烟熏污迹形成的主要原因。

图七　西藏博物馆古籍文献库房

2. 保存环境

此件藏经修复前收藏于西藏博物馆古籍文献库房，直接放置于金属密集架上（图七）。库房内

文物保护合作项目

未安装温湿度调控和通风设备，只在高处开设小窗用于通风换气，室内照明为普通日光灯。

三　前期检测和测试

修复前对纸张纤维原料、工艺特征、厚度、酸碱度、织物组织结构与纤维材质、字迹成分、色墨水溶性进行检测和测试，为保护修复提供科学依据。

1. 纸张工艺特征和纤维原料分析

收集经书边缘掉落碎片作为样品，使用北京伦华公司 XWY-Ⅷ 纤维分析仪进行表面形貌观察和纤维原料鉴定。

图八　纸面形态（100×）

先将碎片样品置于 10 倍物镜下（图八），可看到经叶表面有涂层，推测曾经过施胶和打磨处理，填料和胶料成分待进一步分析检测；表层之下的纤维相对松弛，符合浇纸法制成纸张的相关特征。结合肉眼观察，可推断经叶由两层或多层纸黏合而成，并在双面进行施胶、涂布加工。

用镊子取样品边缘纤维，用 Graff "C" 染色剂制成纤维试片，根据纤维染色反应和形态观察，可知部分样品为 100% 狼毒草，部分样品除狼毒草外，还掺杂有其他韧皮纤维（图九）。

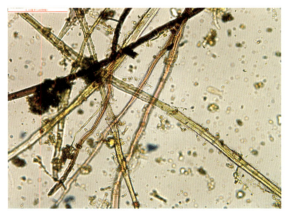

（a）狼毒草 100%（400×）　　　　　（b）狼毒草 70% + 韧皮纤维 30%（400×）

图九　纤维形态

2. 经叶厚度测量

此件经书纸张厚度很不均匀，多数经叶厚度在 0.30~0.35mm 之间，但较厚者可达 0.45mm，较薄者则只有 0.22mm，修复时将一般厚度范围作为选择补纸的参考。

3. 纸张酸度测定

在经书不同位置随机挑选共 5 枚经叶，用 Thermo 酸度计分别测定其边缘和中央部分的酸度，以判断经叶是否酸化，以及是否需要进行脱酸。滴一滴蒸馏水在经叶无字迹处，将酸度计电极头放在水滴处，使电极头与经叶完全接触，待示数基本稳定后读取 pH。根据检测结果，经叶 pH 多在 6 左右，考虑到《金刚经》纸张总体韧性和强度尚佳，无需进行脱酸处理。

4. 首叶织物组织结构及纤维分析

（1）组织结构观察

采用三维视频显微镜（Zeiss Smartzoom 5）对首叶夹层橙色织物、四周布订等进行观察，观察位置如图一〇所示。

结果表明，橙色夹层织物为平纹组织，经纬线粗细不同［图一一（a）］，纱线捻度较低，经纬密度约为纬 20 根 /cm，经 10 根 /cm；织物纤维保存状况较好，未见明显断裂现象。布订的组织结构有一定差别，图一一（b）布订未经编织，丝线呈散落状，部分呈麻花状，图一一（c）橙色布订为平纹组织，经纬线粗细不同，与夹层织物组织类似，图一一（d）绿色布订也为平纹组织，但经纬线粗细基本相同。

（2）纤维材质分析

采用光纤反射光谱仪对《金刚经》夹层橙色织物及绿色布订进行无损检测，检测位置（ZJ-1、ZJ-2）如图一二所示。仪器型号为荷兰 AvaSpec-NIR-DUAL，光源为 AvaLight-HAL，光谱范围 1 000~2 500nm，光纤采用一分多反射探头（FCR-19UVIR200-2-ME）。经光谱比对（图一三），橙色织物（ZJ-2）与绿色布订（ZJ-1）的材质均为丝。

5. 字迹形貌观察与成分分析

对首叶墨书与朱文采用三维视频显微镜、激光拉曼光谱、大幅面 X 射线荧光扫描方法进行形貌观察和成分分析。

图一〇 《金刚经》织物及布订显微观察位置

（a）"1"处橙色织物

（b）"2"处布订

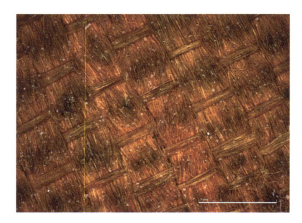

（c）"3"处橙色布订

（d）"4"处绿色布订

图一一　首叶织物及布订显微观察结果

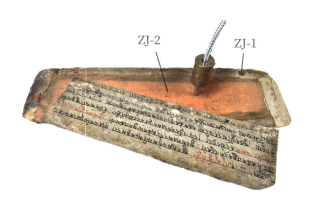

图一二　光纤反射光谱分析检测位置

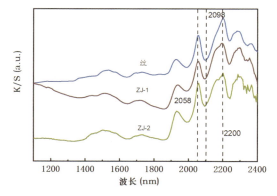

图一三　橙色织物和绿色布订反射光谱分析结果

（1）三维视频显微观察

三维视频显微镜（Zeiss Smartzoom 5）观察位置如图一四所示，观察发现，经叶表面墨书及朱文字迹局部有磨损、开裂现象，表面附着黑色点状杂质（图一五）。

（2）激光拉曼光谱分析

对首叶墨书与朱文进行激光拉曼光谱分析，仪器型号及测试条件为：英国 Renishaw inVia 拉曼光谱仪，激光器 785nm，激光能量分别为 0.5%（墨书）和 0.0001%（朱文），累积次数

图一四　《金刚经》表面显微观察位置

（a）"1"处黑色字迹

（b）"2"处黑色字迹，表面有裂纹

（c）"3"处红色字迹

（d）"4"处红色字迹，表面有裂纹

图一五　首叶字迹处表面显微观察结果

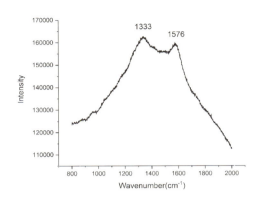

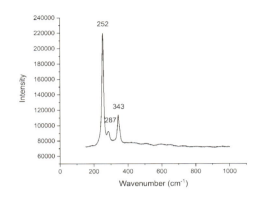

（a）碳黑 （b）朱砂

图一六 激光拉曼分析结果

（a）首叶朱文分布位置

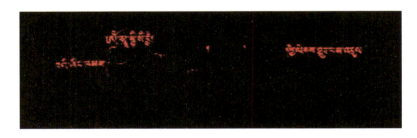

（b）Hg 元素

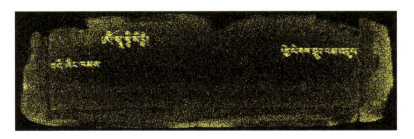

（c）S 元素

图一七 首叶表面元素分布图

2~4，曝光时间 10s。

结果表明，墨书在 1 333cm⁻¹、1 576cm⁻¹ 处有较强的宽峰[图一六（a）]，根据文献[1]，象牙黑（ivory black）和油烟墨（lamp black）在 632.8nm 的激光器条件下，其特征峰为 1 325cm⁻¹、1 580cm⁻¹，且为宽峰，由此判断该墨书为碳黑，本研究采用 785nm 激光器，峰位可能与文献中有一定区别。中国传统的碳黑颜料为墨，主要包括松烟墨和油烟墨，碳黑颜料的拉曼光谱主要为两个宽峰，可能会受到材料老化、制作方法、混合胶料、荧光背景、测试条件等因素影响，因此较难利用拉曼光谱辨别碳黑颜料的具体种类。朱文在 252cm⁻¹、287cm⁻¹、343cm⁻¹ 处有较强的峰[图一六（b）]，根据文献[1—2]，朱砂的特征光谱为 252cm⁻¹、282cm⁻¹、343cm⁻¹，由此判断红色经文为朱砂。

（3）大幅面 X 射线荧光扫描分析

对首叶内侧面进行大幅面 X 射线荧光扫描，仪器型号及测试条件为：德国 Bruker M6 JETSTREAM，高速硅漂移探测器，铑靶 X 射线光管，50kV，600μA。

经叶表面朱文处 Hg 和 S 元素富集，且两种元素分布位置完全重合（图一七），进一步证实朱文使用了朱砂（HgS）颜料。

6. 色墨水溶性测试

在字迹、栏线等处进行水溶性测试，以判断经叶可承受水性处理的程度。在不显眼处滴一滴水，令其浸入纸张，观察色墨是否发生晕散，并用棉签轻轻擦拭。结果显示黑色字迹、红色字迹及栏线处经较长时间后并未发生晕染，棉签擦拭后沾有轻微痕迹（图一八）。说明色墨不溶于水，但色墨与纸张结合强度稍弱，因此在清洁、分揭、修补、平整等过程中应控制水分的使用，尤其避免在潮湿状态下对色墨进行摩擦。

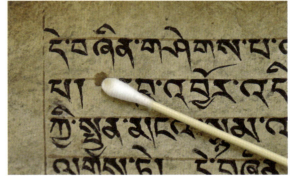

（a）黑色字迹处　　　　　　　　　　　　　　　　（b）栏线处

图一八　色墨水溶性测试

四 修复过程

1. 表面清洁

在通风柜中用软毛刷轻轻扫去经叶表面灰尘。经叶上的软质沉积物、霉斑及破洞周围的黑口等用手术刀轻轻剔刮，剔刮时边缘、破口等脆弱部位需十分小心。粘连处待分揭后再进行清洁。最后使用超细纤维布对经叶表面进行整体清洁，去除嵌入到经叶表层纤维之间的细小灰尘、污垢等。

2. 分揭经叶

由于经叶粘连成因复杂，粘连状况多样，有时需要分多步分揭，即先揭成几部分，再分别揭开，甚至在各个阶段，需要根据具体情况综合采用干揭、湿揭等不同的分揭方法。

对于粘连程度较轻、纸层间有一定空隙的经叶，使用干揭法。将竹启子（大小薄厚根据具体情况选择）、调色刀等插入经叶空隙内，紧贴经叶向周围轻轻移动，使缝隙逐渐扩大，直至完全揭开。

有的经叶局部粘连较紧密，干揭无法安全揭开，则在粘连处适当引入水分。在粘连经叶局部上下各垫一层透气不透水材料 Gore-tex（这种材料只允许水分以气态形式通过），然后将湿毛巾放在透气不透水材料外侧，使湿毛巾中的水分以气态形式缓慢进入经叶，使经叶粘连处软化、分离，具体时间视粘连程度而定。

无论使用何种方法分揭，以下两点尤其关键。一是保证字迹的安全，揭至字迹处时尤其小心，难揭起时，忌蛮力强揭，适时补充水分或提高温度，待粘连处确实松动时再分揭。二是揭下的部分要及时编号，以便整理，因经书内容为修复人员所不识的藏文，一旦顺序错乱，更难准确还原，揭下的经叶按一定顺序摆放，晾干后，用铅笔在不显眼处编号。

3. 修补残缺

（1）选配补纸

根据《金刚经》纸质特征，选择以韧皮纤维为原料、传统浇纸法制成的金东藏纸作为修补用纸。金东藏纸产于西藏林芝金东乡，使用当地瑞香科树皮纤维制成，厚度约为 0.15mm，成纸相对均匀、细腻，与经叶纸张较为匹配。

由于缺损部位为深浅不一的米黄色，用国画颜料和墨等进行配色，采用刷染法对补纸进行多遍染色，染纸过程中需要不断校正颜色，由浅至深以确保补纸颜色与经叶颜色相近，但又略浅于经叶缺失处周围颜色。

（2）修补残缺

修补残缺时一般需要使用双层补纸。用手术刀在残缺位置刮出 1mm 左右有坡度的斜口，以避免接口处过厚。修补时将经叶置于拷贝台上，补纸覆盖在经叶残缺位置，透过拷贝台光线可清晰地看到残缺部位轮廓，用软头储水笔在补纸上画出残缺轮廓，沿水线撕下，并用手术刀修整补纸边缘纤维[图一九（a）]。在经叶残缺处涂稠糨糊，补上第一层补纸，整理剔除多余纤维，抹平拉撑，垫吸水纸沿修补边缘用骨刀压平[图一九（b）]。翻面后按照同样方法，粘贴第二层补纸。待干后观察修补处，如颜色过浅，可用彩铅等在补纸表面适当全色，使补处与整体协调一致[图一九（c）]。经叶残缺处修补前后对比见图二〇。

（a）撕出相应形状补纸　　　　　　（b）将补纸填补于残缺处　　　　　　（c）适当全色

图一九　修补残缺

（a）修补残缺前　　　　　　　　　　　　（b）修补残缺后

图二〇　经叶残缺处修补前后对比

　　一些较厚经叶，可能需要两层以上，用厚度仪分别测量残缺部位周围纸张厚度和补纸厚度，大致计算所需补纸层数。在上述双层修补方法基础之上，按照外层搭接、内层碰接的方法，在补纸层之间再增加相应补纸，避免粘接处过厚。

　　遇两面均有字迹处，修补时需注意勿覆盖字迹，尽量选择字迹较少的一面进行修补，在字迹空隙处只用几根纤维进行搭接；也可以视情况采用碰接法，将补纸沿经叶残缺边缘碰缝拼接，再用超薄皮纸沿碰缝进行连接、加固。

　　修补用糊要调制稍稠的小麦淀粉糨糊，一方面增加补纸与经叶的黏合牢固程度，另一方面也可以避免在修补处形成水渍。

4. 边缘加固

　　经叶四周边缘多有磨损和絮化，选用长纤维薄皮纸，染色较经叶颜色稍浅一些，撕成条状，用毛笔在皮纸上刷薄糨糊，在吸水纸上吸去多余水分后，对准絮化或磨损边缘贴实，垫吸水纸用骨刀压平。

5. 首叶的修复

首叶为多层结构，修复此类多层结构，常规做法是逐层拆卸，分别修复后再复原结构，但考虑到其构造特殊，不宜进行过度干预，因此采用原位修补加固的方法。

针对首叶内变形、脆弱的橙色织物的修复方法为：在织物上下铺垫宣纸（宣纸可以防止水分浸透上下经叶，又可以吸附织物表面部分污渍），然后在宣纸上方喷洒细水雾，使水雾缓慢沉降到宣纸上，宣纸的潮气慢慢渗透到织物内，利用纤维在潮湿状态下可塑的特点，静置一段时间后，轻轻将折叠处展平，同时理顺打结处的丝线，使织物经平纬直。

首叶结构中的上下纸层采用与一般经叶相同的方法进行修补、加固。待各层处理完成后，将首叶整体进行平整（图二一）。

图二一　首叶修复后

6. 平整

经叶本身有不同程度的弯曲变形，同时修补后的经叶在补纸与糨糊的作用下，也会发生一定曲翘变形，需进行平整处理。将待平整的经叶放入透气不透水材料构成的润潮环境，从上到下依次为塑料薄膜、湿毛巾、透气不透水材料、聚酯无纺布、经叶、聚酯无纺布、透气不透水材料、湿毛巾、塑料薄膜。视经叶具体情况润潮约 10~15min，注意避免时间过长导致经叶过度潮湿。取出后按照吸水纸、聚酯无纺布、经叶、聚酯无纺布、吸水纸的顺序，将经叶进行压平。最后将修复完成的经书整体加压两周左右，使之完全干透平整。

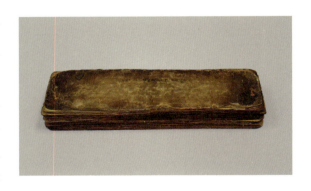

（a）经叶部分

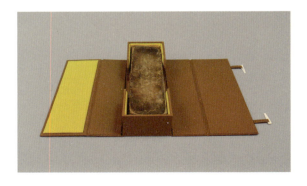

（b）经匣

图二二　《金刚经》修复后

7. 整理

修复完成的经书按顺序排好，擦去修复前用于记录顺序的铅笔标记，放入定制的经匣内妥善保存（图二二）。

五　结语

　　一般来说，影响纸质文物保存的主要因素有温湿度、光照、有害气体、灰尘、害虫、霉菌等。拉萨地区日照时间长、辐射量大、紫外线强、昼夜温差大，应特别注意避免文物长时间接受光照，并维持保存环境温湿度的稳定。

　　此次修复工作不仅使这件《金刚经》得到妥善处理，也总结出一套针对西藏少数民族地区纸质文物的修复技术方法，积累了藏文古籍修复的实践经验。

作者次仁央宗来自西藏博物馆

参考文献：

[1] Bell I M, Clark R J H, Gibbs P J. Raman spectroscopic library of natural and synthetic pigments (pre-~1850 AD). *Spectrochimica Acta Part A Molecular & Biomolecular Spectroscopy*, 1997, 53(12): 2159—2179.

[2] Nastova I, Grupče O, Minčeva-Šukarova B, et al. Micro-Raman spectroscopic analysis of inks and pigments in illuminated medieval old-Slavonic manuscripts. *Journal of Raman Spectroscopy*, 2012, 43: 1729—1739.

宜昌博物馆藏春秋时期璧形青铜饰片的保护与修复

李　沫　吴　娜　成小林　唐凛然

内容提要： 2017年起，中国国家博物馆文保院对宜昌博物馆藏655件春秋时期金属饰片进行了保护和修复，这批饰片分别出土于湖北当阳曹家岗5号楚墓和赵巷12号楚墓。本文以当阳赵巷M12墓中出土的璧形青铜饰片为研究对象，首先采用显微观察、X射线荧光光谱、X射线衍射、离子色谱等分析手段，对其青铜基体、金箔、锈蚀产物及埋藏环境进行了科学分析，并以此为基础完成了锈蚀清洗、金箔比对、金箔回贴等相关工作，创新性地提出金箔比对与回贴中的相关原则，并可为同类文物的保护修复提供一套完整可借鉴的保护方案。

关键词： 楚墓　春秋时期　青铜饰片　金箔　科学分析　修复

一　引言

2017年3月至2019年3月，中国国家博物馆文保院对宜昌博物馆藏春秋时期金属饰片进行了相关保护修复工作。本次保护修复的楚国金属饰片可辨件数为655件，分别出土于湖北当阳曹家岗5号楚墓和赵巷12号楚墓。本文以赵巷墓中出土的17件包金璧形饰片修复为例，对该类型饰片的修复及保护流程进行阐述，明确修复过程中的相关原则，为同类型器物的修复及保护提供借鉴。

1996年3月，湖北当阳市赵巷发现两座古墓葬，其中M12墓棺椁保存状况良好。虽早年被盗，但其中发现的金属饰片数量众多，部分饰片上包有金箔，纹饰精美，工艺考究，十分具有楚地装饰艺术特点。根据墓葬的形制、棺椁结构、随葬品的种类和数量，可推断该墓葬年代为春秋末期[1]。该墓出土的可识别金属饰片共459件，其材质包括青铜、锡及锡铅合金，其中青铜饰片140件、锡（锡铅）饰片319件，另有零散金箔和锡残片百余片。其中以青铜包金箔饰片最为精美，主要形制包括璧形、虎形、蟹形、蝌蚪形、兽面型、圆盘形等等。原本包覆在青铜饰片上的金箔，因包覆不牢或器物腐蚀等原因，大多已脱落，整个墓葬中出土的可配对包金饰片仅21件。金箔上的纹饰以蟠螭纹为主，此外还有三角纹、兽形纹和绚纹等，纹饰繁复，制作精美[2]，但表面纹饰均被泥土和锈蚀产物覆盖，散落金箔亦无法比对拼接，亦尚无法确定其用途，急需修复保护。

二 文物信息

本文所提及的璧形青铜饰片共计 17 件，其中 3 件注明有金箔伴随，其文物号分别为 Y6083、Y6084 和 Y6093，而其余 14 件均为素面璧形青铜饰片，其修复前的尺寸、重量、完残情况详见表一。与这批饰片同时出土的还有约百余片金箔残片（图一），依形制推断原本应包覆于青铜饰片表面。

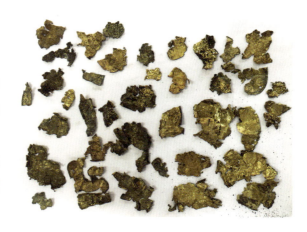

图一　赵巷 M12 出土残破金箔

表一　赵巷 M12 出土璧形饰片文物信息表

序号	总登记号	尺寸（cm）			质量（g）	完残情况
		外径	内径	厚度		
1	Y6077	12.4	5.0	0.02	16.3	无金箔，基本完整
2	Y6078	12.7	5.2	0.03	21.7	无金箔，基本完整
3	Y6079	12.6	5.2	0.02	18.8	无金箔，基本完整
4	Y6080	12.8	5.7	0.03	21.8	无金箔，基本完整
5	Y6081	12.6	5.3	0.02	19.2	无金箔，基本完整
6	Y6082	12.5	5.2	0.03	16.3	无金箔，基本完整
7	Y6083	12.1	4.9	0.02	17.7	有金箔，金箔大部分残缺，基体基本完整
8	Y6084	12.5	5.0	0.03	18.9	有金箔，金箔稍残，基体基本完整
9	Y6085	15.0	5.8	0.05	51.5	无金箔，基本完整
10	Y6086	11.9	5.0	0.05	19.3	无金箔，基本完整
11	Y6087	12.4	5.0	0.05	25.0	无金箔，基本完整
12	Y6088	11.4	4.9	0.02	13.0	无金箔，边缘略微破损
13	Y6090	12.0	5.2	0.03	17.6	无金箔，略微变形
14	Y6091	12.1	5.1	0.03	17.9	无金箔，基本完整
15	Y6092	11.4	4.9	0.02	13.0	无金箔，略微破损
16	Y6093	12.3	5.0	0.03	19.8	有金箔，金箔断为两段，基体基本完整
17	Y6094	11.6	5.0	0.03	14.0	无金箔，基本完整

三　保存现状

1. 文物保存环境

　　璧形饰片保护修复前存放于宜昌博物馆旧馆库房内，宜昌博物馆位于湖北省宜昌市夷陵大道 115 号，旧馆库房或陈列环境无恒温恒湿装置与措施，馆藏环境与其地域环境相一致。年均温度 16℃，最高温度 38℃，最低温度 8℃。年均相对湿度 67%，最高相对湿度 72%，最低相对湿度 40%。

　　由于没有适宜的保存环境和储存装具，这批饰片只是简单地堆积散落在地面上（图二），无任何预防性保护措施。

图二　保护处理前金属饰片的保存状况

2. 文物病害现状

　　本文所述 17 件璧形饰片整体保存情况良好，青铜基体保存较为完整，但金箔残断、起翘变

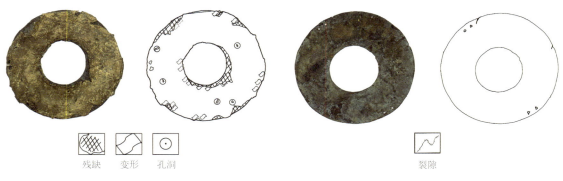

残缺　变形　孔洞　　　　　　　　　　　　　　　　　　　　裂隙

（a）金箔正面病害图　　　　　　　　　　　　（b）青铜饰片背面病害图

图三　Y6083 春秋时期璧形包金箔铜饰片病害图

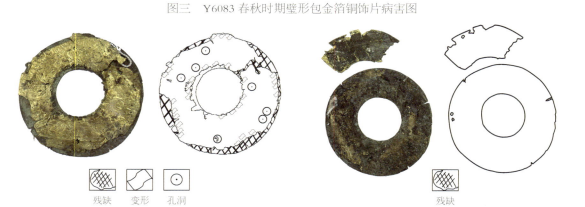

残缺　变形　孔洞　　　　　　　　　　　　　　　　　　　　残缺

（a）金箔正面病害图　　　　　　　　　　　　（b）青铜饰片背面病害图

图四　Y6084 春秋时期璧形包金箔铜饰片病害图

（a）金箔正面病害图　　　　　　　　　　　　（b）青铜饰片背面病害图

图五　Y6093 春秋时期璧形包金箔铜饰片病害图

形和孔洞等现象严重。文物登记信息中，其中 3 件饰片表面附金箔，其文物号分别为 Y6083、
Y6084 和 Y6093。但这 3 件饰片的金箔多有残断、起翘变形和孔洞等现象，纹饰多被附着物覆
盖，难以辨认。青铜饰片基体部分保存情况较好，但表面大部分被淡绿色及蓝黑色腐蚀产物遮盖，
未覆盖区域可见金黄色的青铜基体，其修复前的文物状态及病害图如图三至图五所示。其余 14
件均为素面，基本完整，表面亦被淡绿色及蓝黑色腐蚀产物遮盖。

四　分析检测

1. 样品及分析方法

　　为详尽了解这批青铜饰片信息、把握病害情况，首先对其进行了相关科学分析检测。分别
采用视频显微镜、X 射线荧光光谱（XRF）、离子色谱（IC）、X 射线衍射（XRD）等分析方法，
对饰片基体、表面锈蚀及金箔残片进行了相关科学分析，以判断饰片埋藏环境，分析表面锈蚀
成分，判断其稳定性，为后续的保护修复提供数据支持。所用仪器及测试条件如下。

　　显微观察所用视频显微镜为蔡司公司 Smartzoom 5 型三维数码显微镜。

　　XRF 分析中使用 X 射线荧光分析仪为 Horiba 公司的 XGT-5000 型 X 射线荧光分析显微镜，
测试条件：X 射线管电压 50kV，管电流 0.08mA，光斑直径 1mm，采集时间 80s。

　　饰片附着土壤可溶性盐分析所用离子色谱为戴安 ICS2500 型离子色谱仪，AS11-HC 阴离
子分离柱，淋洗液为 KOH，浓度为 30mM，抑制器电流 112mA，流速为 1.5mL/min，进样量
20μL，柱温 25℃，样品间进高纯水空白样冲洗管路。

　　XRD 分析由北京北达智汇微构分析测试中心有限公司进行测试及分析。采用日本理学
D/max-rB X 射线衍射仪进行，铜靶，管电压 40kV，管电流 100mA，2θ 扫描 3º~70º。

2. 原位显微照片观察

饰片的青铜基体大多被浅绿色锈蚀覆盖［图六（a）］，背面除浅绿色锈蚀外，还常见有黑色和深蓝色锈蚀，并可在锈蚀空隙中看到金色的青铜基体［图六（b）］。将金箔取下后，观察其表面多附着有绿色铜锈及斑驳的黑褐色物质，放大后可发现褐色物质呈龟裂状分布（图七）。

（a）Y6083 基体正面 　　　　　　　　　　　　　　（b）Y6093 基体背面

图六　青铜饰片正面和背面的原位显微照片（20×）

（a）20× 　　　　　　　　　　　　　　　（b）40×

图七　未处理金箔背面显微照片

3. XRF 分析

由于未处理前的青铜饰片和金箔表面被大量附着物覆盖，会影响数据准确度，故 XRF 测试在清洗、比对步骤后进行。检测时，选取青铜饰片金属裸露部分及金箔平整表面进行测量，取三个不同位置后取平均值得到青铜饰片的成分（结果见表二）及金箔成分表（结果见表三）。

表二　璧形饰片基体 XRF 检测结果（wt%）

序号	样品编号	名称	Cu	Sn	Pb
1	Y6077	璧形铜饰片	85.4	12.3	2.3
2	Y6078	璧形铜饰片	88.3	10.4	1.3
3	Y6079	璧形铜饰片	85.3	12.5	2.2
4	Y6080	璧形铜饰片	82.5	15.5	2.0
5	Y6081	璧形铜饰片	83.9	14.0	2.1
6	Y6082	璧形铜饰片	80.1	18.3	1.6
7	Y6083	璧形铜饰片	83.1	15.6	1.3
8	Y6084	璧形铜饰片	80.3	18.3	1.4
9	Y6085	璧形铜饰片	85.0	13.4	1.6
10	Y6086	璧形铜饰片	84.1	13.6	2.3
11	Y6087	璧形铜饰片	77.9	20.5	1.7
12	Y6088	璧形铜饰片	81.0	17.1	2.0
13	Y6089	璧形铜饰片	76.8	21.4	1.3
14	Y6091	璧形铜饰片	86.9	11.1	—
15	Y6092	璧形铜饰片	81.6	16.5	1.7
16	Y6093	璧形铜饰片	81.9	16.0	2.1
17	Y6094	璧形铜饰片	82.3	15.0	2.5

由表二可知，这批饰片的基体主要成分为铜锡铅三元锡青铜合金，其重量百分数平均值分别为铜（Cu）82.7%、锡（Sn）15.4%、铅（Pb）1.9%。其中铜含量范围 76.8%~88.3%，锡含量范围 10.4%~21.4%，铅含量约为 1%~2% 之间。

表三　金箔比对后璧形饰片金箔 XRF 检测结果（wt%）

序号	样品编号	Au	Ag
1	Y6077	92.0	8.0
2	Y6079	91.8	8.2
3	Y6083	92.2	7.8
4	Y6084	91.7	8.3
5	Y6089	92.5	7.5
6	Y6093	93.6	6.4

由表三可知，饰片上箔状物主要为金、银合金，平均质量分数为金（Au）92.3%、银（Ag）7.7%。其中金含量在91.7%~93.6%之间，银含量在6.4%~8.3%之间。

4. 附着土壤中的可溶性盐分析

因该墓葬发掘时间较早，无法取得原始的土壤样，故采集相同墓葬残损饰片表面土壤附着物进行埋藏环境分析。具体方法为：将所取土壤样品研磨成粉末状，过200目筛后取1g样品，加入100mL的高纯水，充分振荡后，浸泡24h，离心后取上清液，采用离子色谱法对其可溶性阴离子进行分析。由表四中离子色谱所得结果可知，其埋藏环境中SO_4^{2-}离子含量高达310.50mg/L以上，远高于Cl^-和NO_3^-离子含量。

表四 残损饰片附着土壤中可溶性盐离子色谱结果

样品编号	离子浓度（mg/L）		
	Cl^-	NO_3^-	SO_4^{2-}
M12-1	0.77	1.79	310.50
M12-2	5.89	3.87	329.09

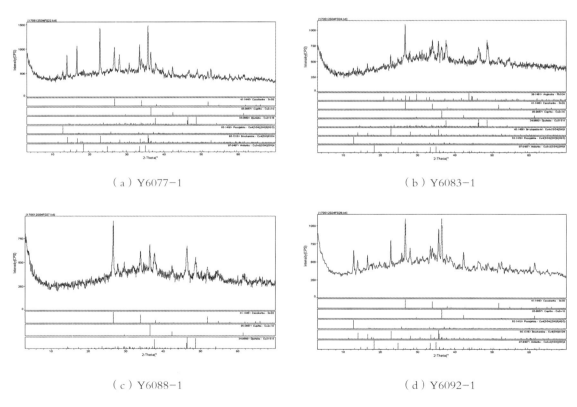

（a）Y6077-1   （b）Y6083-1

（c）Y6088-1   （d）Y6092-1

图八 典型锈蚀物XRD谱图

5. XRD 分析

对青铜基体上取得的 10 个锈蚀样品进行了 XRD 分析（典型谱图见图八，具体结果见表五），分析后发现其主要成分为：羟胆矾（$Cu_4(SO_4)(OH)_6$）、块铜矾（$Cu_3(SO_4)(OH)_4$）、锡石（SnO_2）、铅矾（$PbSO_4$）、一水蓝铜矾（$Cu_4(SO_4)(OH)_6 \cdot H_2O$）、赤铜矿（$Cu_2O$）和久辉铜矿（$Cu_{31}S_{16}$），根据其分析结果可知，青铜饰片表面的锈蚀主要为含硫铜盐和锡石，结合表五残损饰片附着土壤中可溶性盐离子色谱结果可知，埋藏环境中存在着大量硫酸盐。据相关人员回忆，饰片出土于水中，使得这批饰片在一个高浓度硫酸盐的无氧环境中进行腐蚀反应，最终形成了这种以含硫铜盐为主的独特锈蚀产物。

表五　璧形饰片锈蚀产物 XRD 结果

样品编号	取样位置及性状	羟胆矾	块铜矾	铅矾	锡石	一水蓝铜矾	赤铜矿	久辉铜矿
Y6077-1	青铜基体表面绿色锈蚀	大量	少量	—	少量	少量	少量	少量
Y6078-1	青铜基体表面绿色锈蚀	—	—	少量	大量	—	少量	大量
Y6080-2	青铜基体表面蓝黑色锈蚀	少量	—	—	大量	—	—	—
Y6083-1	青铜基体表面蓝绿色锈蚀	少量	少量	少量	大量	少量	少量	少量
Y6085-1	青铜基体表面绿色锈蚀	—	—	—	少量	—	大量	少量
Y6087-1	青铜基体表面绿色锈蚀	大量	少量	—	—	少量	少量	—
Y6088-1	青铜基体表面蓝黑色锈蚀	—	—	—	大量	—	少量	大量
Y6089-1	青铜基体表面蓝黑色锈蚀	大量	少量	少量	—	少量	少量	少量
Y6092-1	青铜基体表面绿色锈蚀	少量	少量	—	大量	少量	大量	—

6. 分析讨论

前期观察及取样分析检测结果表明：这批饰片的基体主要成分为铜锡铅三元锡青铜合金，其重量百分数平均值分别为铜（Cu）82.7%、锡（Sn）15.4%、铅（Pb）1.9%。其中铜含量范围 76.8%~88.3%，锡含量范围 10.4%~21.4%，铅含量约为 1%~2% 之间；饰片上箔状物主要为金、银合金，平均质量分数为金（Au）92.3%、银（Ag）7.7%，其中金含量在 91.7%~93.6% 之间，银含量在 6.4%~8.3% 之间。

青铜基体保存基本完整，腐蚀层薄且均匀，主要为含硫铜盐和锡石等，结合墓葬中土壤附着物的阴离子平均浓度结果（即 SO_4^{2-} 319.78mg/L，NO_3^- 2.83mg/L，Cl^- 2.22mg/L）推断，这批饰片长期处于高浓度硫酸盐的无氧环境中进行腐蚀反应，最终形成了这种以含硫铜盐为主的独特锈蚀产物。

检出的锈蚀产物，以二价铜的硫酸盐为主，最终选用 EDTA 二钠盐水溶液，通过铜盐络合的方式对饰片进行初步清洗[3—4]。虽通过现有分析未检测到含氯锈蚀物,但其埋藏环境中的少量氯离子仍需进一步关注,故在青铜基体清理完后需进行缓蚀和封护处理,以减少可能的残留氯对青铜基体造成的影响。

残留的金箔均已与青铜基体脱离,裂隙、起翘、变形、孔洞病害普遍。金箔表面的泥土,遮盖了金箔的纹饰,亦采用 EDTA 二钠盐水溶液进行络合,清洗结束后可进行金箔的整形回贴。

五 保护及修复过程 [5]

在这批璧形饰片的修复工作中,我们采用墓葬出土金属饰件整体化保护修复的思路,即将该墓葬中出土的所有残破金箔进行清洗后,进行类型学分类和纹饰比对,并通过与素面璧形青铜饰片的比对进行二次匹配,最终完成了 6 件璧形饰片的金箔拼对工作。

依据器物保存现状和科学分析结果,我们首先对原本附有金箔的 3 件饰片进行了尝试性拼对工作,发现 Y6083 与其表面金箔无法拼对,Y6084 原本的两片金箔只有一片可顺利拼对,可见出土时金箔的伴随信息准确性不高。故我们将这 17 件饰片和相关金箔分为两组,青铜饰片组和金箔组,在这两组都进行前期清理和保护过程后,再依照一定的原则进行拼接、平整和回贴工作,具体流程如图九。

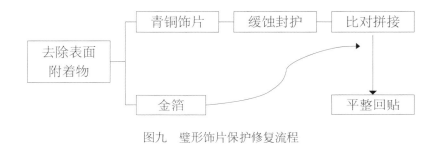

图九 璧形饰片保护修复流程

1. 去除表面附着物

这批青铜饰片虽然为考古发掘品,但其青铜基体保存情况较好,表面附着物较为疏松,可能与其在水环境中被发掘有关。在处理时,我们首先采用纯净水 + 超声清洗的方式对其进行清洗尝试。发现多数饰片表面锈蚀产物可轻松去除。具体操作为:室温条件下,将纯净水没过饰片,超声振荡 2min 后取出饰片查看效果,若未清理干净则重复该过程,直至表面疏松的锈蚀物被去除。清洗除锈完成后的饰片需用电吹风将其干燥,并在 90℃条件下烘干 2h。

少数几件饰片因清洗效果不理想,需采用 2% EDTA 二钠盐水溶液进行二次清洗。其具体操作方法为,将清洗液没过饰片,超声振荡 2min 后查看效果,若未清理干净则重复该过程,直至表面疏松的锈蚀物被去除后采用纯净水超声振荡 2min 后烘干。

金箔表面的附着物已经将其精细的纹饰覆盖,故需要将其去除。前期试验中我们发现,其主要成分分为两种,即泥土和基体铜锈黏附。由于金箔非常薄且软,不能选用手术刀等硬质工具,故选用无纺布棉签和纱布作为主要处理工具。根据试清洗试验，二价铜锈可采用 2% 的 EDTA 二钠盐溶液涂敷的方法进行去除。将该溶液滴于纱布上，贴敷在附着物表面，随时观察纱布颜色变化情况，待附着物软化后，采用无纺布棉签对其进行清除。

如遇到较为坚硬且致密的黑色锈蚀，则采用 5% 硫脲 +5% 柠檬酸水溶液进行处理 [6—9]，将金箔在上述溶液中浸泡 30min 后取出，用无纺布棉签逐步清理，后用纯水浸泡 1h，以去除多余溶液并进行烘干处理。

2. 青铜饰片的缓蚀与封护

饰片基体为青铜质，且离子色谱分析中发现其埋藏环境中有少量氯离子，故需对其进行缓蚀封护处理。缓蚀采用成熟的苯并三氮唑（BTA）法，操作方法为：先配制 1% BTA 乙醇溶液，用毛刷蘸该溶液对器物通体涂刷。缓蚀处理后的器物要自然风干，用乙醇擦去器物表面残留的 BTA 结晶，反复三遍。而封护材料则选用常用的丙烯酸类树脂，Paraloid B-72 丙酮溶液，浓度为 2%，涂刷三遍后将涂覆好的饰片置于干燥、清洁的环境中放置 24h。

3. 金箔平整、比对与回贴

金箔的比对与回贴是整个修复过程中的重中之重。赵巷墓中出土的 17 件璧形青铜饰片中，有金箔伴随出土信息的共 3 件，能顺利回贴的 2 件，而清理归类后的璧形残断金箔亦有十余片。为了更好地复原这批饰片的原貌，我们首先将所有的金箔进行清洗和初步平整工作，将相同类型残箔选出置于透明文件袋中，并将青铜饰片和金箔进行拼接和对比。经比对，最终共有 6 件文物完成了金箔回贴，而在比对过程中，我们遵循了如下三种原则。

（1）纹饰风格匹配原则

在对残散金箔进行整理过程中我们发现，金箔上的纹饰虽均为蟠螭纹，但纹饰线条深浅和装饰线条疏密并不相同，将纹饰风格相似的归为一类后发现，残散金箔有些可以拼接。图一〇

图一〇　不同纹饰线条风格的残散金箔　　　　　图一一　经比对归类后的璧形残散金箔

中为残散金箔中两件拥有不同风格的金箔，而图一一则为依据该原则拼合完整的残散金箔。

（2）半径匹配原则

除却纹饰风格的差别，青铜饰片和金箔的孔径及整体半径均不相同，但有些金箔和青铜饰片的半径是可以相互匹配的，由此我们根据半径匹配的原则，将放有金箔的透明文件袋逐一放在青铜饰片上，对它们的半径进行对比（图一二）。

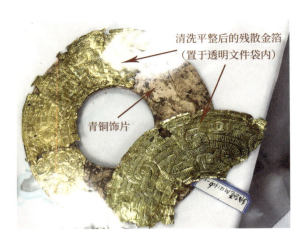

图一二　金箔与青铜饰片进行比对

（a）三角形穿孔匹配

（b）包覆痕迹匹配

图一三　加工工艺痕迹匹配原则

（a）调刀按压起翘边缘

（b）细碎金箔拼对与回贴

图一四　金箔回贴过程

（3）加工工艺痕迹匹配原则

通过半径比对后的金箔一般已为残片，为确定金箔的具体回贴位置，修复人员需考虑包金工艺实施过程中加工痕迹的匹配情况，如穿孔痕迹和背后包金痕迹等。图一三（a）为璧形饰片和金箔上的三角形穿孔，两者可以相互匹配，故可确认其为原本所包金箔，图一三（b）则反映了璧形饰片内圈的包覆方式，这种特殊的包覆方式，使得青铜饰片在与埋藏环境反应的过程中会留下相应形状的锈蚀物，根据这些锈蚀物留下的边缘痕迹，亦可作为金箔回贴的依据，最大限度地保证回贴的准确性。

依据上述原则对 17 件青铜饰片与残散金箔进行比对，最终共有 6 件比对成功，可进行金箔回贴工作。回贴过程中我们用一定浓度的酒精漆片溶液涂抹于需要回贴的金箔背面，按照由内至外的顺序逐步回贴。回贴时应确认金箔是否和青铜饰片对应整齐，趁漆片未干时进行校正，避免回贴错位。回贴时，由于金箔边缘起翘严重，需要用调刀按压边缘，使其平整［图一四（a）］。最后，将处理过程中的所有金箔碎片拼接回贴［图一四（b）］。反复该过程直至回贴过程结束。

六 保护修复效果及保存建议

最终通过上述方法修复完成的包金璧形青铜饰片如图一五所示。在对其进行保护修复后，我们采用无酸材料为其定制了随形囊匣（图一六），便于其取放保存。

此外，金属文物对保存环境的要求主要是对环境中温湿度和污染物的要求：金属要保存在相对稳定的环境中，其适宜的保存温度区间为 15~26℃，相对湿度适宜范围是 15%~40%[10]；对环境污染物控制方面则应严格控制 SO_2、NO_x、O_3 及有机挥发的酸类物质等在饰片保存环境中的含量。

修复好的金属饰片已运回至宜昌博物馆新馆，新馆装修后库房和展厅均加装恒温恒湿设备，其设定温度为 22℃，相对湿度设定值为 52%，故建议在日常展柜和文物柜中适当增加调湿材料，降低湿度至 40%，以确保金属饰片的稳定。

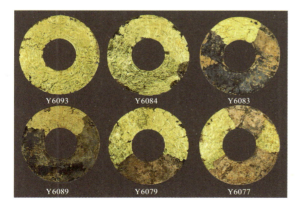

图一五　修复后的包金璧形青铜饰片　　　　　图一六　修复后装入随形囊匣的璧形饰片

七　结语

本文以赵巷 M12 墓出土的 17 件璧形饰片为研究对象，采用显微分析、X 射线荧光光谱分析、X 射线衍射、离子色谱等分析手段，对其青铜基体、金箔、锈蚀产物及埋藏环境进行了科学分析，最终得出：

（1）基体主要成分为铜锡铅三元锡青铜合金，其重量百分数平均值分别为铜（Cu）82.7%、锡（Sn）15.4%、铅（Pb）1.9%，其中铜含量范围 76.8%~88.3%，锡含量范围 10.4%~21.4%，铅含量约为 1%~2% 之间；饰片上箔状物主要为金、银合金，平均质量分数为金（Au）92.3%、银（Ag）7.7%，其中金含量在 91.7%~93.6% 之间，银含量在 6.4%~8.3% 之间。

（2）青铜基体保存基本完整，腐蚀层薄且均匀，主要为含硫铜盐和锡石等，结合墓葬中土壤附着物的阴离子平均浓度结果（即 SO_4^{2-} 319.78mg/L，NO_3^- 2.83mg/L，Cl^- 2.22mg/L）推断，这批饰片长期处于高浓度硫酸盐的无氧环境中进行腐蚀反应，最终形成了这种以含硫铜盐为主的独特锈蚀产物。

（3）检出的锈蚀产物，以二价铜的硫酸盐为主，最终选用 EDTA 二钠盐水溶液，通过铜盐络合的方式对饰片进行初步清洗。

（4）通过分组清理、逐一比对的方法进行金箔与青铜饰片进行整体比对和回贴，根据三大匹配原则，最终完成 6 件包金青铜饰片的修复保护工作，并为其定制随形囊匣，方便日后展藏。

作者唐凛然来自宜昌博物馆

致谢：中国国家博物馆文保院刘薇、杨琴、赵丹丹在项目前期样品整理和分析测试方面提供了大量帮助，中国国家博物馆文保院晏德付完成了部分青铜饰片的修复工作。在此一并感谢。

参考文献：
[1] 宜昌博物馆：《湖北当阳发现春秋时期人殉楚墓》，《江汉考古》，1997 年第 3 期，第 52 页。
[2] 成小林、唐凛然、李沫等：《一批楚墓包金金属饰片金箔成分及制作工艺的科学研究》，《文物保护与考古科学》，2019 年第 1 期，第 10—19 页。
[3] 马立治：《金属文物的清洗》，《清洗世界》，2014 年第 4 期，第 23—27 页。
[4] 吴玉清：《青铜器保护材料——清洗剂评价指标及评价方法研究》，北京化工大学硕士学位论文，2014 年，第 6 页。
[5] 李沫、成小林、唐凛然等：《当阳赵巷春秋楚墓璧形包金饰片的保护与研究》，《文物保护与考古科学》，2020 年第 6 期，第 13—20 页。
[6] 国家文物局博物馆与社会文物司：《博物馆青铜文物保护技术手册》，文物出版社，2014 年，第 66—67 页。

[7] 许淳淳、潘路：《金属文物保护——全程技术方案》，化学工业出版社，2012 年，第 116—117 页。

[8] 梁宏刚、王贺：《青铜文物保护修复技术的中外比较研究》，《南方文物》，2015 年第 1 期，第 81—88 页。

[9] 王蕙贞、宋迪生、朱虹等：《青铜文物腐蚀机理及保护方法研究》，《人类文化遗产保护》，2003 年，第 94—98 页。

[10] 国家文物局博物馆与社会文物司：《博物馆青铜文物保护技术手册》，文物出版社，2014 年，第 112 页。

宜昌博物馆藏龙首蝌蚪形包金箔金属饰片
的科学研究与保护修复

吴　娜

内容提要：编号为 Y6034 的龙首蝌蚪形包金箔金属饰片出土于湖北当阳赵巷 12 号楚墓，该饰片基体部分质薄而平整，通过扫描电镜-能谱仪对基体剖面元素成分进行检测，发现其主要成分为铜（Cu）87.0%、锡（Sn）9.5% 和铅（Pb）3.1%，为铜-锡-铅三元合金，锡元素含量 9.5% 表明该饰片具有较好的变形量和抗拉强度，说明当时的工匠已经很好地掌握了合金比例和器物机械性能之间的关系；通过金相检验发现其制作工艺为热锻，并且进行了冷加工，以提高其机械性能。对金箔部分采用 X 射线荧光分析显微镜（XRF）进行检测，发现其主要成分为金（Au）92.9%、银（Ag）7.1%。对基体锈蚀产物的分析，未见到有害锈。清理时采用了较为温和的物理和化学方法，主要为恢复其本来面貌。该饰片为先秦金属锻造、修补、裁切等工艺提供了新的研究材料，具有较高的科学价值。

关键词：青铜薄饰片　金箔　热锻

一　引言

本文所述龙首蝌蚪形包金箔金属饰片出土于湖北当阳赵巷 12 号楚墓，该墓葬发掘于 1996 年 12 月，出土可辨饰片共 459 件，材质包括锡、锡铅及青铜，其中青铜饰片 140 件、锡（锡铅）饰片 319 件，由宜昌博物馆收藏。2017 年，中国国家博物馆受宜昌博物馆委托，对该墓出土的金属饰片进行保护修复。由于考古资料不足，有关赵巷 12 号楚墓墓主人的问题，至今仍没有结论，对这批饰片的研究也基本为空白。编号为 Y6034 的春秋时期龙首蝌蚪形包金箔金属饰片出土后没有进行任何处理，锈蚀严重，直接堆放于库房中。为了使该饰片恢复本来的面貌，需要对该饰片进行清洗和保护。通过对锈蚀产物取样并进行检测，发现其主要成分为赤铜矿，并含有一水蓝铜矿、锡石和羟胆矾等，未发现有害锈，清洗保护过程中主要使用 5% EDTA 二钠盐水溶液浸泡和超声清洗，然后对基体进行缓蚀和封护，对金箔进行回贴。

二　文物信息

编号为 Y6034 的春秋时期龙首蝌蚪形包金箔金属饰片基体成分为青铜，通体呈龙首蝌蚪形，长 16.6cm，宽 15.6cm，厚 0.85mm 左右，重 27g。质薄而平整，边缘分布四对系孔，其上包裹着刻有精美蟠螭纹的金箔。该饰片具有较强的装饰效果，饰片边缘的穿孔，说明当时是附着在其他物体上使用的。

三　保存现状

该饰片在保护前一直堆放于湖北宜昌博物馆的库房中，没有对温湿度进行控制，锈蚀比较严重，照片见图一。文物基体保存基本完整，边缘有少许残缺，表面布满浅绿色、黑色和灰白

（a）金箔正面　　　　　　　　　　　　　　　（b）青铜饰片背面

图一　Y6034 修复前锈蚀状况

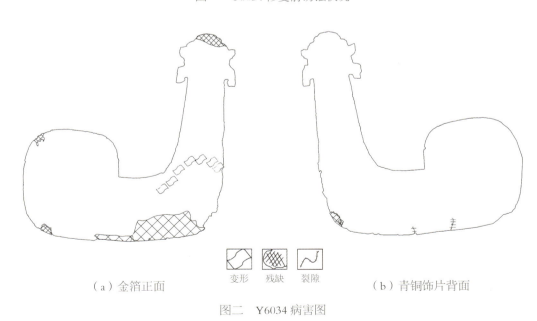

变形　　残缺　　裂隙

（a）金箔正面　　　　　　　　　　　　　　　（b）青铜饰片背面

图二　Y6034 病害图

色锈蚀物。基体正表面包裹的金箔与基体脱离，有部分残缺并断为两段，有多处裂隙、起翘变形。金箔表面被黑色、红褐色和浅绿色锈蚀覆盖，已难辨金箔本来的颜色和纹饰。病害图见图二。

四　分析检测

1. 分析仪器和条件

X 射线衍射仪（XRD）为日本理学 D/max-rB 12kW 粉末衍射仪，测试条件为：X 射线为 Cu K_α（0.15418nm），管电压 40kV，管电流 100mA，石墨弯晶单色器。

X 射线荧光分析（XRF）显微镜为 Horiba 公司的 XGT-5000 型，测试条件：X 射线管电压 50kV，管电流 0.08mA，光斑直径 1mm，采集时间 80s。饰片体积较小，测试时，直接将青铜饰片放置于大腔体 X 射线荧光光谱仪中进行无损、无标样半定量成分检测。

扫描电镜为飞纳公司的 Phenom XL 型台式扫描电镜，CeB_6 灯丝，配有四分割背散射电子探测器、二次电子探测器和能谱仪。测试时将包埋抛光后的样品用碳导电胶粘在铝合金样品台上，低真空下直接观察样品，具体测试条件见扫描电镜图片。

金相显微镜为蔡司公司的 LSM700 型激光共聚焦显微镜。物镜放大倍率为 20× 或 50×。

2. 锈蚀产物的分析

为了确定锈蚀产物的主要成分和对文物是否有危害性，从而决定其是否需要去除，首先用镊子和手术刀对饰片基体上的绿色和黑色锈蚀产物进行取样，采用 XRD 对锈蚀物进行检测分析，结果表明饰片表面锈蚀产物主要为石英、赤铜矿、锡石、羟胆矾、块铜矾和一水蓝铜矿。分析结果见表一，衍射谱图见图三。石

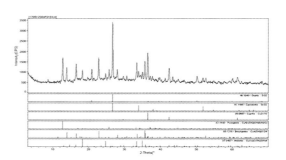

图三　Y6034 表面绿色锈蚀物的 XRD 谱图

英的存在推测是由于饰片出土后没有进行过清洗，表面有大量土垢，其余均为较为稳定的锈蚀产物，未检测到有害锈。

表一　锈蚀物的 XRD 结果

样品名称	锡石	羟胆矾	一水蓝铜矿	赤铜矿	石英	块铜矾
Y6034 - 绿色	少量	少量	少量	少量	大量	少量
Y6034 - 黑色	少量	少量	少量	大量	大量	少量

通过 XRD 的检测结果可以看到，编号为 Y6034 的龙首蝌蚪形包金箔金属饰片未检测到有害锈，因此不需要进行脱氯处理等操作。金箔表面覆盖的锈蚀产物遮盖了金箔精美的纹饰，需要对其表面进行基本清理，恢复其本来面貌。

3. 金箔成分分析

采用 XRF 对 Y6034 春秋时期龙首蝌蚪形包金箔铜饰片清理后的金箔部分进行检测，取三个不同位置分别测量后取平均值，结果为金（Au）92.9%、银（Ag）7.1%。中国自然金都含有银，金含量 64%~100% 不等，银含量为 0~35% 之间，此外还含有少量铜，一般铜含量少于 1%[1]。该金箔为金银合金，未发现铜，根据出土年代及成分特点来推测，先秦时期人们较难掌握开采脉金和金银分离的技术，推测这批春秋晚期的金箔极有可能采用自然金中的砂金制成 [2]。

4. 基体成分分析和制作工艺

Y6034 青铜饰片边缘已经残缺，将脱落的基体碎片用环氧树脂包埋法进行镶嵌，然后进行打磨和抛光，抛光后的样品，置于扫描电镜下直接观察断面组织形貌，测量基体厚度（图四），并用能谱分析仪进行无标样定量成分测定，测试结果见表二。根据锻造铜-锡合金元素含量的抗拉强度、冲击韧性和硬度之间关系可知，锻造合金的变形量随锡含量的增加而降低，特别当锡含量大于 15% 后，变形量急剧下降；抗拉强度在锡含量小于 13% 左右时，随锡含量的增加而增加，在 13% 左右时达到最大，随后抗拉强度随锡含量的增加而降低；因此，在锻造锡青铜中，锡含量在 5%~15% 之间时具有较好的机械性能 [3]。该饰片锡含量为 9.5%，具有较好的变形量和抗拉强度，说明当时的工匠已经很好地掌握了合金比例和器物机械性能之间的关系。

本样品为 Y6034 青铜饰片边缘掉落的残片，厚度较饰片中间偏薄，锈蚀也会对饰片基体

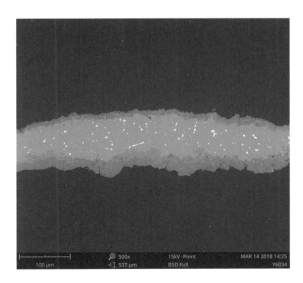 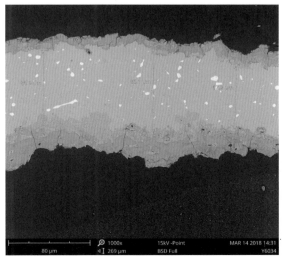

图四　Y6034 基体断面扫描电镜背散射图像

的厚度测量产生影响。在 SEM 图像下测量本样品断面基体厚度约为 85μm，此数据仅表示取样位置锈蚀后的基体厚度，并不代表整体饰片的实际厚度。另采用测厚仪测量饰片中间的厚度为 0.85mm。

表二　扫描电镜观察 - 能谱成分结果（wt%）

样品编号	厚度（mm）	Cu	Sn	Pb	S	材质
Y6034	0.067~0.087	87.0	9.5	3.1	0.4	Cu-Sn-Pb

测定成分后的样品用 3% 三氯化铁盐酸酒精溶液浸蚀，然后置于显微镜下观察金相组织，并拍照（图五）。Y6034 基体断面的金相组织中可以看到铜锡 α 固溶体再结晶晶粒和孪晶，是热锻加工而成的典型特征，晶内存在滑移带，铅及硫化物夹杂分布于晶界，有轻微变形现象，表明样品在热锻后又进行了冷加工。我国古代青铜器的成型工艺以铸造为主，但锻打技术早已出现，一般锻打技术是为了提高青铜器的机械性能。锻打技术分为热加工和冷加工，冷加工是在铜合金再结晶温度以下加工的工艺，以提高铜合金的强度和硬度，当冷加工量较大时，晶内出现滑移带；热加工（热锻）是指在铜合金再结晶温度以上加工的工艺，一般先是采用铸造工艺，将铸件浇注成型，或者铸成板材后切割成所需要的形状尺寸，得到胚料，将胚料再次加热到红热状态后，锻打成要求的器形及尺寸。热加工可以减少晶内偏析，使铜锡 α 再结晶，冷却到室温后即是再结晶的 α 等轴晶及孪晶，消除或减少铸造孔洞，改善合金的强度和硬度；如果热锻后再进行冷加工，随加工量的不同，晶粒会发生变形，出现滑移带，孪晶带发生弯曲等现象[4]。

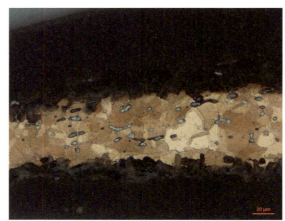

图五　Y6034 基体断面金相图

五　主要保护修复过程

Y6034 春秋时期龙首蝌蚪形包金箔铜饰片包括青铜基体和金箔两个部分。青铜基体保存基本完整，腐蚀层薄且均匀，主要为赤铜矿和锡石等，未见有害锈。对基体采用棉棒、手术刀和镊子等工具进行物理清洗，然后用 5% EDTA 二钠盐水溶液进行化学清理。清理后发现青铜基体上的细小裂隙不影响器物整体稳定，可不予处理。金箔已经与青铜基体脱离，表面有褐色锈蚀物，遮盖了金箔的纹饰。将金箔从基体上去除，采用化学浸泡和物理去除的方法对金箔进行清理，清理干净后对金箔整形和拼对。对基体进行封护后，将处理好的金箔回贴。

1. 清理金箔

将 Y6034 的金箔和青铜基体分离，使用 5% EDTA 二钠盐水溶液浸泡金箔 15min，用无纺布棉签逐步清理金箔表面，绿色锈蚀基本去除干净，用清水浸泡以去除多余的 EDTA 二钠盐。金箔表面仍有大量黑色锈蚀，因此将其浸泡于 5% 硫脲 +5% 柠檬酸中 15min 后取出，用无纺布棉签将黑色部分清理干净。用纯水反复清洗并浸泡 1 小时以除去多余的化学试剂，然后放入烘箱 90℃烘干至恒重。

2. 清理基体

对基体表面严重锈蚀部位用无纺布棉签和手术刀进行物理清理，然后将饰片置于 5% EDTA 二钠盐水溶液中，放入超声波清洗仪中振荡 2min，去除大部分的表面锈蚀，再用纯净水振荡 5min，反复多次，去除多余的试剂残留，然后放入烘箱 90℃烘干至恒重。

3. 基体的缓蚀与封护

基体部分为青铜器，缓蚀采用成熟的苯并三氮唑（BTA）法，操作方法为：配制 2% BTA 乙醇溶液，用毛刷蘸该溶液对器物通体反复涂刷 2 遍，放置于干燥阴凉通风处自然风干，风干后基体表面有残留的 BTA 结晶析出，用乙醇擦去后风干。

封护材料选用常用的丙烯酸类树脂 Paraloid B72，封护操作步骤为：配置 2% 的 B72 丙酮溶液；用软毛刷蘸取一定量的 2% B72 溶液，均匀涂刷于基体上，将涂覆好的饰片置于干燥阴凉通风处自然风干，大约需要 12~24 小时；完全干燥后，开始涂刷第二遍，第二遍涂刷方向应与第一遍方向垂直，以使封护膜厚度均匀一致，将涂覆好的饰片置于干燥阴凉通风处自然风干。

4. 金箔平整回贴

金箔有多处裂隙、起翘变形，在清洗金箔后将其夹于书页中，使其尽量展平。确定回贴位置后，用毛刷蘸取一定量的酒精漆片溶液，涂抹于需要回贴的基体部位，之后将展平后的箔片采取由内至外的顺序逐步回贴。每回贴一步都应严格确认是否和基体部位对应整齐，趁漆片未完全干燥时进行校正，避免回贴错位。最后，对回贴后的金箔进行边缘整理，对起翘边缘进行二次处理。

（a）正面　　　　　　　　　　（b）背面

图六　Y6034 修复后

六　保护修复效果及保存建议

　　修复保护后的金属饰片见图六。在结束处理后，我们为其定制了无酸材料的随形囊匣，并根据金属文物保存环境要求提出如下保护建议。首先，青铜器要保存在相对稳定的环境中，其适宜的保存温度区间为 15~26℃，相对湿度适宜范围是 15%~40%。另外需严格控制 SO_2、NO_x、O_3 及有机挥发的酸类物质等在饰片保存环境中的含量。常见的文物包装用的囊盒是采用木、毛或丝等材料，这些材料所含有的硫蛋白材料会在日后老化分解，释放出有机酸或硫化物气体。因此，饰片的包装材料应尽量选择无甲醛、有机酸释放的无酸纸包装盒，并使用金属柜进行存放。

七　结语

　　本研究主要阐述了一件春秋时期龙首蝌蚪形包金箔金属饰片的保护修复过程，经过前期对基体锈蚀产物的分析，未见到有害锈，清理时采用了较为温和的物理和化学方法，主要为恢复其本来面貌。在此基础上，我们还对其青铜基体的主要成分和锻造工艺进行了研究，为先秦时期金属文物的研究提供重要资料。

　　致谢：中国国家博物馆成小林研究馆员对清洗保护方法进行指导，宜昌博物馆唐凛然博士提供文物背景信息，在此表示感谢。

参考文献：

[1] 黄维、陈建立、吴小红等：《马家塬墓地金制品的成分与制作技术初步研究》，《边疆考古研究（第 11 辑）》，科学出版社，2012 年，第 405—422 页。

[2] 成小林、唐凛然、李沐等：《一批楚墓包金金属饰片金箔成分及制作工艺的科学研究》，《文物保护与考古科学》，2019 年第 1 期。

[3] 邵安定、孙淑云、梅建军等：《甘肃礼县大堡子秦公墓出土金属器的科学分析与研究》，《文物》，2015 年第 10 期。

[4] 孙淑云、韩汝玢、李秀辉：《中国古代金属材料显微组织图谱（有色金属卷）》，科学出版社，2011 年，第 38 页。

章丘市博物馆藏五件铁器的保护修复

张鹏宇

内容提要： 2017 年文保院受山东章丘市博物馆委托，为其保护修复馆藏铁器。保护过程中，采用扫描电子显微镜及能谱分析（SEM-EDS）和拉曼光谱仪，对其中的五件铁器锈蚀产物进行了形貌观察、成分分析和物相分析。分析结果显示，五件铁器表面均存在疏松不稳定锈蚀产物四方纤铁矿（β-FeOOH）或纤铁矿（γ-FeOOH），在一定程度上加速了铁器的腐蚀。汉铁镂的分析结果显示，铁器带氯封护，腐蚀可能会继续发展。在对病害有了深刻认知的基础上，采用机械方法彻底清除五件铁器表面疏松锈蚀产物，并用纯净水多次浸泡刷洗。在此基础上，采用单宁酸进行了缓蚀处理，最后采用 B72 和石蜡分别进行了封护处理，完成了这五件铁器的保护修复，并提出了较为详细的保藏建议。

关键词： 铁器　锈蚀　四方纤铁矿　纤铁矿

一　前言

2017 年中国国家博物馆文保院受山东章丘市博物馆委托，为其保护修复馆藏铁器共计 67 件（套），均为国家三级文物。这批铁器除三件时代不明外，其余均为汉代铁器，以兵器和生活用器为主。这批铁器的造型具有鲜明的地方文化特色，是章丘地区汉代重要的文化遗存，也是研究章丘汉代冶铁技术的重要实物资料。在科学分析检测的基础上，本人负责完成了其中 12 件（套）铁器的保护修复。本报告从中挑选了五件具有典型病害或曾进行过保护修复的铁器，其中包含兵器和生活用器。

二　文物信息

1. 汉铁刀护手

汉铁刀护手（图一），文物编号 432，通长 181.0mm，高 43.0mm，重 165.0g，时代为汉代，三级文物。汉铁刀护手器型完整，但表面覆盖有黄褐色和红褐色锈蚀物，部分区域伴有片状剥离、脱落，黄褐色锈蚀脱落的区域露出内部黑褐色内层锈蚀产物。

（a）正面　　　　　　　　　　　　　　　　　（b）反面

图一　汉铁刀护手保护前

2. 汉铁门转

　　汉铁门转（图二），文物编号 424，通长 382.0mm，高 39.0mm，重 1 355.0g，时代为汉代，三级文物。汉铁门转器型完整，但表面覆盖有一层厚厚的黄褐色锈蚀物，部分区域伴有片状剥离、脱落，黄褐色锈蚀脱落的区域露出内部黑褐色基体。

（a）正面　　　　　　　　　　　　　　　　　（b）反面

图二　汉铁门转保护前

3. 汉铁铧

　　汉铁铧（图三），文物编号 855.3，通长 292.0mm，高 138.0mm，脊长 155.0mm，重 2 950.0g，时代为汉代，三级文物。汉铁铧器型完整，但表面覆盖有厚厚的黄色泥土，泥土层下可看到红褐色锈蚀物，部分土锈呈疙瘩状突起于器表，部分土锈呈块状剥离，部分土锈脱落处可见黑褐色基体。

（a）正面　　　　　　　　　　　　　　　　（b）反面

图三　汉铁铧保护前

（a）正面　　　　　　　　　　　　　　　　（b）反面

图四　汉铁耧保护前

4. 汉铁耧

汉铁耧（图四），文物编号 1905，通长 100.0mm，重 360.0g，时代为汉代，三级文物。汉铁耧左侧一角残缺，曾经进行过保护处理，表面锈蚀产物清理得比较干净，并经过封护处理。但依然有个别区域重新生长出粉状锈蚀产物，并伴有片状剥离。

5. 铁剑

铁剑（图五），文物编号 1906，通长 467.0mm，剑首长 138.0mm，剑身长 329.0mm，重

（a）正面　　　　　　　　　　　　　　　（b）反面

图五　铁剑保护前

270.0g，为三级文物，时代不详。铁剑器型基本完整，正反两面均锈蚀严重，覆盖有黄褐色土锈，部分锈蚀呈片状剥离，土锈剥离的区域可见深褐色基体。

三　保存现状

1. 保存环境

　　这五件铁器直接裸露堆积存放在章丘市博物馆（旧馆）库房二层开放式的文物架上。章丘市博物馆（旧馆）位于山东省章丘市清照路 135 号，坐落于一处晚清典型章丘民居的建筑内，库房为博物馆后院的民居改造而成，保存条件严重落后。库房分为两层，一层无窗，二层仅有一扇窗户，但常年封闭，库房内无任何温湿度调节设备。库房建筑面积狭小、通风不良、阴暗潮湿，特别是夏季，二层库房内温度和湿度非常高，年均相对湿度为 65%，最高年均 73%，最低年均 59%。

2. 病害情况

　　这五件铁器中，汉铁铧表面覆盖有一层较厚的泥土，与锈蚀产物结合，形成一层较硬的土锈层；汉铁耧虽然进行过相对比较完整的保护修复，但又重新产生锈蚀；其余三件铁器在入藏前应只进行过简单的清理，去除了表面的泥土，但铁器本身存在全面腐蚀的现象，并伴有片状剥离，汉铁门转表面还有少量硬结物。这五件铁器中，汉铁门转、汉铁铧和汉铁耧整体锈蚀状况相对较轻，铁质基体保留得相对较好，汉铁刀护手锈蚀状况相对较严重，铁剑的锈蚀状况尤为严重，片状剥离脱落的铁锈已经影响到铁剑剑身刃部的完整性。具体病害情况如图六至图一○所示。

3. 病害分析

　　这五件铁器进入章丘市博物馆库房前，除汉铁耧外，其余四件仅对表面做过简单的清理，

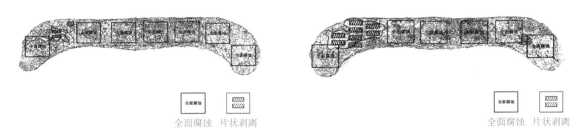

全面腐蚀　片状剥离　　　　　　　　　全面腐蚀　片状剥离

（a）正面　　　　　　　　　　　　　　（b）反面

图六　汉铁刀护手病害图

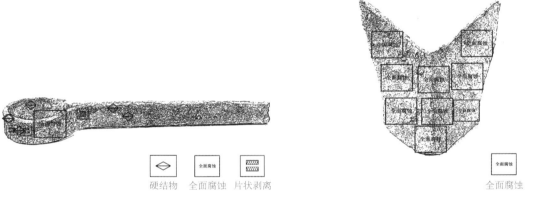

硬结物　全面腐蚀　片状剥离　　　　　　　　　　　　全面腐蚀

图七　汉铁门转病害图　　　　　　　　　图八　汉铁铧病害图

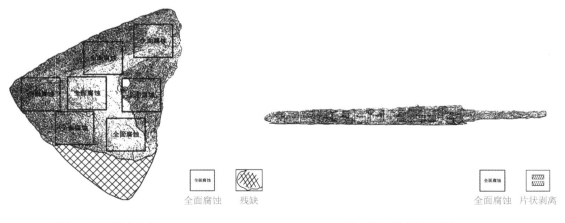

全面腐蚀　残缺　　　　　　　　　　全面腐蚀　片状剥离

图九　汉铁耧病害图　　　　　　　　图一〇　铁剑病害图

未做过其他保护修复处理，表面的清理也并不彻底，汉铁铧表面仍然附着有泥土和疏松的锈蚀物。铁器进入章丘市博物馆后，存放在开放的文物架上，库房的保存条件严重落后，无任何温湿度调节设备，相对湿度常年非常高，致使铁器附着的泥土和疏松锈蚀产物不断吸附水汽、氧气等有害物质，加速了铁器的腐蚀。

四 技术路线

1. 保护修复目标及原则

对这批铁器的保护处理，主要秉持着不改变文物原状原则、最小干预原则和可再处理原则。通过科学分析检测，在对铁器的病害、保存现况等有了深入了解的基础上，选用行业内成熟的保护修复工艺和材料，最大限度地减缓这批铁器的腐蚀速率，使其能够长久地保存，并达到展陈的需求。

2. 保护修复流程

根据这五件铁器的保存状况和病害情况，在实施保护修复前，制订了一套完整的保护修复流程（图一一）。

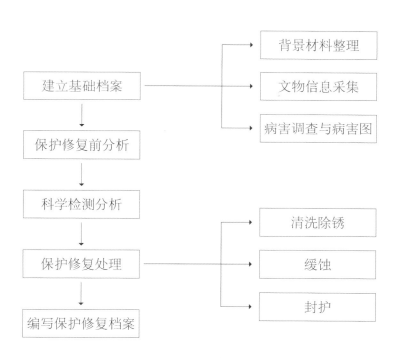

图一一 铁器保护修复流程图

五　分析检测

为了详尽了解每件铁器的锈蚀情况，以便能够更好地指导后续的保护修复，达到科学保护修复的目的。用手术刀在每件铁器的表面，分别取片状剥离或粉末状锈蚀产物，采用荷兰Phenom公司生产的XL型台式扫描电镜及能谱分析（SEM-EDS）对其进行形貌观察和成分分析，或采用 Renishaw inVia 型激光共聚焦显微拉曼光谱仪进行物相分析。

1. 激光共聚焦显微拉曼分析

在每件铁器表面选择三个不同的区域，用手术刀分别取片状剥离的黄褐色锈蚀产物、粉末状的黄褐色锈蚀产物、红褐色锈蚀产物以及黑褐色锈蚀产物，将锈蚀样品内侧向上置于载玻片，采用激光共聚焦显微拉曼光谱仪进行了分析检测。采用硅片校准仪器后，将样品置于 5× 物镜下观察，找到待测点后，于 50× 物镜下采用 532nm 或 785nm 半导体激光源进行检测，曝光时间 5s，光谱记录范围 100~1 500cm^{-1}，光谱分辨率 1cm^{-1}。获得了这五件铁器不同锈蚀产物的拉曼光谱图（图一二至图二四）。

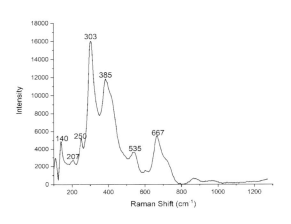
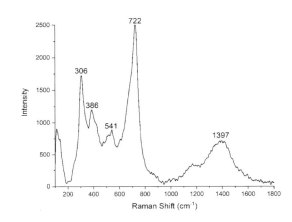

图一二　汉铁刀护手锈蚀产物样品 432-1 拉曼光谱图　　图一三　汉铁刀护手锈蚀产物样品 432-2 拉曼光谱图

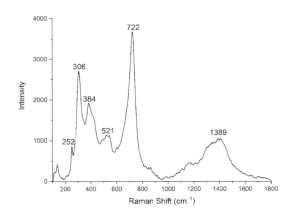
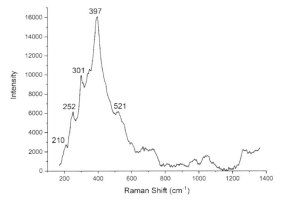

图一四　汉铁刀护手锈蚀产物样品 432-3 拉曼光谱图　　图一五　汉铁门转锈蚀产物样品 424-1 拉曼光谱图

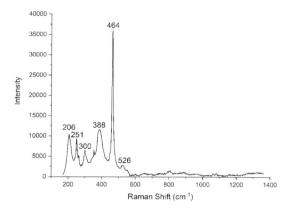

图一六　汉铁门转锈蚀产物样品 424-2 拉曼光谱图

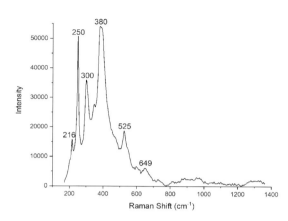

图一七　汉铁门转锈蚀产物样品 424-3 拉曼光谱图

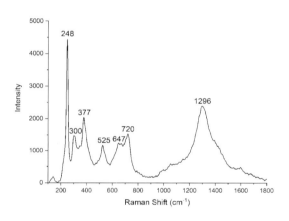

图一八　汉铁铧锈蚀产物样品 855.3-1 拉曼光谱图

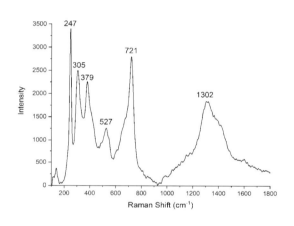

图一九　汉铁铧锈蚀产物样品 855.3-2 拉曼光谱图

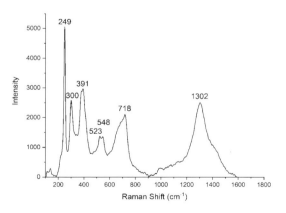

图二〇　汉铁铧锈蚀产物样品 855.3-3 拉曼光谱图

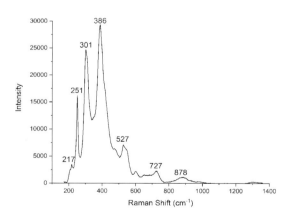

图二一　汉铁耧锈蚀产物样品 1905 拉曼光谱图

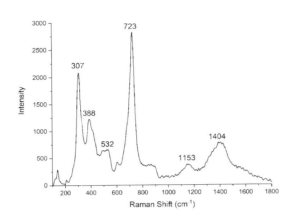

图二二　铁剑锈蚀产物样品 1906-1 拉曼光谱图　　　图二三　铁剑锈蚀产物样品 1906-2 拉曼光谱图

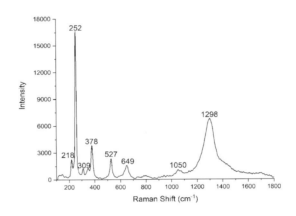

图二四　铁剑锈蚀产物样品 1906-3 拉曼光谱图

通过查阅相关文献[1]和拉曼光谱谱库，对照拉曼光谱图中的特征峰，获得如下检测分析结果（表一）。

表一　五件铁器不同锈蚀产物拉曼分析结果

取样部位		文物样品编号	样品描述	分析结论
汉铁刀护手	中部	432-1	黑褐色粉末铁锈	$\alpha\text{-FeOOH}$、Fe_3O_4
	正面左端	432-2	黄褐色块状铁锈	$\beta\text{-FeOOH}$
	正面右端	432-3	黄褐色粉末状铁锈	$\beta\text{-FeOOH}$、$\gamma\text{-FeOOH}$
汉铁门转	铁环内侧	424-1	块状浅黄褐色锈蚀产物	$\alpha\text{-FeOOH}$
	铁环外侧	424-2	块状黄褐色锈蚀产物	$\alpha\text{-FeOOH}$、SiO_2
	前端中部	424-3	块状黄褐色锈蚀产物	$\gamma\text{-FeOOH}$、$\alpha\text{-FeOOH}$

取样部位		文物样品编号	样品描述	分析结论
汉铁铧	正面左侧	855.3-1	红褐色块状铁锈	β-FeOOH、γ-FeOOH
	正面右侧	855.3-2	红褐色块状铁锈	β-FeOOH、γ-FeOOH
	反面右侧	855.3-3	红褐色块状铁锈	β-FeOOH、γ-FeOOH
汉铁耧	正面	1905	红褐色粉状铁锈	β-FeOOH、γ-FeOOH、α-FeOOH
铁剑	剑首表面	1906-1	黄褐色片状铁锈	β-FeOOH
	剑身正面	1906-2	黄褐色片状铁锈	β-FeOOH
	剑身反面	1906-3	黄褐色片状铁锈	γ-FeOOH

拉曼光谱检测分析结果显示，汉铁刀护手基体表层的黑褐色锈蚀产物为磁铁矿（Fe_3O_4）和针铁矿（α-FeOOH）的混合物，粉末状黄褐色锈蚀产物为四方纤铁矿（β-FeOOH）和纤铁矿（γ-FeOOH）；铁门转表面覆盖的黄褐色锈蚀产物主要为针铁矿（α-FeOOH）和纤铁矿（γ-FeOOH）；汉铁铧表面的红褐色锈蚀产物为四方纤铁矿（β-FeOOH）和纤铁矿（γ-FeOOH）；汉铁耧表面的粉末状锈蚀产物为针铁矿（α-FeOOH）、四方纤铁矿（β-FeOOH）和纤铁矿（γ-FeOOH）的混合物；铁剑表面的锈蚀产物主要为四方纤铁矿（β-FeOOH）和纤铁矿（γ-FeOOH）。

磁铁矿（Fe_3O_4）和针铁矿（α-FeOOH）这两种锈蚀产物属于稳定的锈蚀产物，不会引起铁器新的腐蚀；纤铁矿（γ-FeOOH）虽然也属于稳定锈蚀产物，但由于其结构疏松，易于吸附空

（a）500×   （b）5000×

图二五　汉铁耧片状锈蚀样品扫描电镜形貌及能谱分析图

（a）500×　　　　　　　　　　　　（b）5000×

图二六　汉铁耧粉末状样品扫描电镜形貌及能谱分析图

气中的氧气、水汽等有害物质，容易诱发铁器新的腐蚀；四方纤铁矿（β-FeOOH）则属于不稳定锈蚀产物，且结构疏松，会加速铁器的腐蚀。

2. 扫描电子显微镜形貌观察及能谱分析

用手术刀在汉铁耧表面剔取了一块片状剥离的红褐色锈蚀产物及少量粉末状黄褐色锈蚀产物，用导电胶带固定在载玻片上，放入扫描电子显微镜下进行形貌观察和能谱分析。我们采用了荷兰 Phenom 公司生产的 XL 型台式扫描电镜，该电镜采用 CeB_6 灯丝，检测时，先在光学显微镜下初步找到样品位置，再切换至背散射图像，在低真空下对样品进行形貌观察（图二五、图二六）并进行能谱分析，能谱分析时选择了微区扫描分析和点分析两种，分析结果见表二。

表二　汉铁耧锈蚀样品能谱分析结果（wt%）

检测位置		元素含量							
		Fe	O	C	Cl	N	Si	Al	K
图二五（a）		10.49	12.66	74.49	0.33	—	0.75	0.28	—
图二五（b）	1	42.20	28.76	25.06	1.64	—	0.74	0.51	—
	2	10.10	39.34	29.35	—	4.99	7.44	5.59	1.81
图二六（a）		68.73	29.10	—	1.91	—	0.25	—	—
图二六（b）		55.54	42.02	—	2.44	—	—	—	—

通过汉铁耧片状锈蚀样品扫描电镜背散射图像［图二五（a）］的观察可以发现，这件汉铁耧确实曾经过封护处理，封护层整体保存得相对比较好，但也存在细小的裂隙；从形貌和能谱分析结果看，这层封护层应为石蜡。在汉铁耧片状锈蚀产物及黄褐色粉末状锈蚀产物中均检测到了少量的氯，说明原保护修复时，对铁耧进行脱盐处理并不充分，在此基础上进行了封护处理。氯元素的存在，使得铁耧在高温高湿的环境下，锈蚀继续发展，并将封护层局部胀裂。

六　保护修复

通过科学的分析检测，我们对这五件铁器的保存现状、病害情况有了充分的认识，同时也对腐蚀机理有了一定的了解，除了铁器本身易于腐蚀外，其表面结构疏松的四方纤铁矿（β-FeOOH）和纤铁矿（γ-FeOOH）会加速铁器的腐蚀，需要将这些疏松的锈蚀产物及时清理干净。从汉铁耧的分析检测结果可以发现，铁器的锈蚀产物整体含氯较少，且多位于表面疏松锈层中。在机械去除表面疏松锈蚀的基础上，用牙刷结合纯净水多次浸泡，将游离的氯去除，并在此基础上对铁器进行缓蚀、封护处理，以减缓其腐蚀速度，达到长期保存的效果。依据《山东章丘馆藏金属文物（铁器）保护修复方案》的指导，遵循文物保护修复中的不改变文物原状、最小干预、可再处理等原则，对这五件铁器进行了以下保护处理。

1. 清理除锈

铁刀护手的拉曼光谱检测分析结果显示，靠近铁器基体的黑褐色锈蚀层为针铁矿（α-FeOOH），其质地较为坚硬，且为稳定锈蚀产物。因此，针对这五件铁器的清理除锈，将露出黑褐色锈蚀层认定为除锈完成。

这五件铁器中，除汉铁铧表面覆盖有泥土，需先用纯净水将其表面泥土层去除外，其余四件铁器表面的锈蚀均相对比较疏松，并伴有片状剥离的现象，去掉表面疏松的锈蚀层后，即露出较为坚硬的黑褐色锈蚀层，根据这一特点，在分析研究的基础上，决定完全采用机械的方法进行清理除锈。

具体步骤为：先用牙刷将表面较为疏松的土锈和粉末状锈蚀产物清扫干净，然后用手术刀、牙科调刀将表面呈碎裂剥离状的疏松铁锈、残留的粉末状锈蚀物进行剔除，未剥离、较为坚硬的锈蚀物则采用小型电动刻字笔进行振动剔除；对于汉铁门转和汉铁铧表面的硬结物，用小锤结合刻刀一点点剔除，直至露出坚硬的黑褐色锈蚀层；对于汉铁耧个别局部含氯铁锈，一定要用手术刀和牙刷彻底清除干净。最后将铁器放入纯净水中，用牙刷彻底刷洗干净，刷洗过程中要多次更换纯净水。取出铁器，用吹风机快速将表面水渍吹干，放入烘箱内彻底烘干。五件铁器清理除锈完成后见图二七至图三一。

（a）正面　　　　　　　　　　　　　　　　（b）反面

图二七　清理除锈后汉铁刀护手效果图

（a）正面　　　　　　　　　　　　　　　　（b）反面

图二八　清理除锈后汉铁门转效果图

（a）正面　　　　　　　　　　　　　　　　（b）反面

图二九　清理除锈后汉铁铧效果图

（a）正面　　　　　　　　　　　　　　（b）反面

图三〇　清理除锈后汉铁耧效果图

（a）正面　　　　　　　　　　　　　　（b）反面

图三一　清理除锈后铁剑效果图

2. 缓蚀

铁质文物由于其自身的金属性质异常活泼，非常容易与环境中的氧气、水分或其他有害因素作用，引发化学腐蚀或电化学腐蚀，从而大大影响铁质文物的长久保存，腐蚀严重的甚至会酥解和瘫毁。为了提高铁质文物抗环境腐蚀的能力，更好地使铁质文物保存下来并充分发挥其应有的研究、教育作用，需要采用缓蚀剂对其进行适当的缓蚀处理。

这五件铁器中，由于汉铁耧曾经进行过封护处理，虽然有个别区域重新生长出锈蚀物，但对其进行缓蚀处理作用不是很大，因此就不对其进行缓蚀处理。其余四件铁器，由于其表面均存在大量不稳定的四方纤铁矿（β-FeOOH）和纤铁矿（γ-FeOOH），虽然进行了清理，但还是需要做缓蚀处理。选择铁器保护中常用的缓蚀材料 2% 单宁酸水溶液对其进行缓蚀处理。在通风橱内，用软毛刷蘸取 2% 单宁酸水溶液，沿横竖两个方向交叉涂刷在铁器表面，待第一遍彻底干燥后，再涂刷第二遍，使单宁酸更好地渗透到铁器基体，与基体反应形成钝化膜，从而达到减缓铁器腐蚀的目的。采用单宁酸缓蚀处理后的铁器，表面颜色略有加深。

（a）正面　　　　　　　　　　　　　　　（b）反面

图三二　石蜡封护完成后汉铁刀护手效果图

（a）正面　　　　　　　　　　　　　　　（b）反面

图三三　石蜡封护完成后汉铁铧效果图

（a）正面　　　　　　　　　　　　　　　（b）反面

图三四　石蜡封护完成后汉铁楼效果图

3. 封护

虽然章丘市博物馆建立了新馆，其库房条件有所改善，但依然无法将保存环境做到恒温恒湿，因此需要对这五件铁器进行封护处理，尽可能避免接触空气中的氧气、水汽等有害物质，延长铁器的保存时间。铁器常用的封护材料有B72丙酮溶液和微晶石蜡，这两种材料的封护效果各有千秋，B72丙酮溶液的渗透性更好，微晶石蜡成膜性更好，但微晶石蜡容易产生眩光，令铁器产生油腻的质感。因此，针对这五件铁器，将其分成两组，分别尝试使用了这两种材料进行封护处理。两组铁器均包含保存状况较差的铁器以及保存状况较好的铁器，汉铁刀护手、汉铁铧以及曾用石蜡封护过的汉铁耧为一组，尝试使用传统的微晶石蜡作为封护剂进行封护处理。铁剑和汉铁门转为一组，尝试使用B72丙酮溶液为封护剂进行封护处理。

采用微晶石蜡进行封护的具体操作如下：将微晶石蜡放入深腹的容器内，容器放入注有大量热水的大铁盆中，将铁盆放置在电磁炉上进行加热。随着铁盆内的水逐渐被加热到沸腾，容器中的微晶石蜡也会缓慢熔化，待其彻底熔化成液体后，将铁刀护手、汉铁铧和汉铁耧分别浸入石蜡熔液中，初始时，铁器表面会快速冒出气泡，待铁器表面无气泡冒出后，将铁器取出。待铁器表面的微晶石蜡彻底固化后，先用手术刀将表面多余的石蜡剔除，然后用热吹风加热铁器表面，尽量令铁器表面的石蜡分布均匀，并去掉多余的石蜡，再次待石蜡固化后，封护处理就完成了。这三件铁器采用石蜡封护后效果如图三二至图三四所示。

使用B72丙酮溶液进行封护的具体操作如下：在通风橱中分别配制浓度为1.5%和3%的B72丙酮溶液。然后用软毛刷蘸取浓度为1.5%的B72丙酮溶液，沿横竖两个方向，涂刷在铁器

（a）正面 　　　　　　　　　　　　　　　　　　（b）反面

图三五　B72封护完成后汉铁门转效果图

（a）正面 　　　　　　　　　　　　　　　　　　（b）反面

图三六　B72封护完成后铁剑效果图

表面，涂刷两遍，第一遍彻底干后再涂刷第二遍。低浓度的 B72 丙酮溶液可以更好地渗入基体内部，封堵住铁器内部的毛细孔洞，同时，也在一定程度上能起到加固铁器的目的。在此基础上，按上述方法，用软毛刷蘸取浓度为 3% 的 B72 丙酮溶液，在铁器表面涂刷两遍，以更好地形成封护膜，达到隔绝氧气、水汽等有害物质的目的。这两件铁器采用 B72 封护后效果如图三五、图三六所示。

七　效果评价及保存建议

1. 效果评价

通过科学的分析检测，在对这五件铁器的保存状况、病害有了清晰认知的基础上，遵循文物保护修复中的不改变文物原状、最小干预、可再处理等原则，依据《山东章丘馆藏金属文物（铁器）保护修复方案》的指导，严格按照方案确定的技术路线实施了保护修复工作，操作工艺科学合理，选用材料适当，保护修复效果良好，达到了预期的目标。

2. 保存建议

影响铁质文物长久保存的因素分为内因和外因。内因即古代铁质文物多为多相组织，组成成分不均匀，易形成原电池，发生电化学腐蚀。外因即铁质文物存放环境，如氧气、氯化物、水汽、空气污染物、温度都能加速铁质文物的腐蚀。由于铁质文物在制作完成后，其内部组织结构已经定型，无法进行干预，因此，只能尽可能地改善其保存环境，加强预防性保护。对其进行缓蚀、封护，目的是形成隔绝氧气、水汽等各种对铁质文物长期保存有害物质的小环境。在此基础上，还需要对铁器保存、展览的温湿度等环境因素进行控制，以达到长期保存的目的。现有的资料表明，铁质文物保存的温度越低，相对湿度越小，其腐蚀速度越小，当相对湿度低于18% 时 [2]，腐蚀基本停止。从博物馆实际角度出发，很难将温湿度控制在这一范围内。因此，根据铁质文物腐蚀的一般规律，针对这五件铁器，建议其保存和展陈环境控制在温度 20 ± 2℃，相对湿度 ≤ 40%；同时，温度的日变化应保持在 2~5℃范围内，相对湿度的日变化应保持在 5% 范围内 [3]。

经保护修复技术处理后的铁器具有一定的抵御环境变化的能力，但是对于文物长期保存来说，还不能达到绝对安全，任何保护封护材料都会老化。建议进行后期跟踪调查，每两年做一次定期观察检验，发现铁器出现新的腐蚀现象，要及时进行再次保护处理。

致谢：文物征集与鉴定部成小林、文保院杨琴在铁器锈蚀产物样品的分析检测方面，文保院张然在拉曼光谱文献和谱图处理等方面给予了大力帮助，在此一并表示诚挚的感谢。

参考文献：

[1] Neff D, Bellot-Gurlet L, Dillmann P, et al. Raman imaging of ancient rust scales on archaeological iron artefacts for long-term atmospheric corrosion mechanisms study. *Journal of Raman Spectroscopy*, 2006, 37(10): 1228—1237.

[2] Watkinson D, Lewis M. Desiccated storage of chloride-contaminated archaeological iron objects. *Studies in Conservation*, 2005, 50(4): 241—252.

[3] 国家文物局博物馆与社会文物司：《博物馆铁质文物保护技术手册》，文物出版社，2011 年，第 72 页。

章丘市博物馆藏汉四乳草叶纹铜镜的修复

马立治

内容提要： 山东省章丘市博物馆藏汉四乳草叶纹铜镜形制为常见汉代日光镜，篆书阳文"见日之光，天下大明"，铜镜碎裂为四片，镜缘最厚处约为 1.4mm，碎片最薄处约为 0.7mm，总重105g。断裂的四片拼接完整，拼接后碎片之间的咬合力较强。考虑到铜镜直径不大，重量也较轻，采用在镜缘断裂面开暗槽埋榫粘接的修复方式，完成了铜镜的修复，避免了对镜面和镜背的破坏。

关键词： 铜镜　日光镜　修复

一　文物信息

汉四乳草叶纹铜镜（图一），来源不详，1976 年 3 月入藏山东省章丘市博物馆。总重105g，直径 11.4cm，镜缘最厚处约为 1.4mm，碎片最薄处约为 0.7mm。通体锈蚀致密，铜镜整体碎裂为四片，镜面有致密的硬结物层。

该铜镜圆形圆钮，四叶纹钮座。钮座周围方框型铭文带，篆书，每边各两字共八字（阳文），为"见日之光，天下大明"，旋读（逆时针），字间无装饰。方框铭文带框，内四角饰以向心式斜线的小方块，将铭文每两字分为一组（图二）。方框四角均向外伸出一株双叶花枝，四边

（a）镜背　　　　　　　　　　　　　　　　　（b）镜面

图一　汉四乳草叶纹铜镜

图二　"见日之光，天下大明"铭文

外侧居中饰以乳钉纹，乳钉外侧为桃形花苞，乳钉两侧各饰一单层草叶纹，镜缘处为十六内向连弧纹。从形制上看该镜为典型汉"见日之光"铜镜，国内收藏数量较多，是常见的汉镜种类。

二　保存现状

铜镜整体碎裂为四片，无历史保护修复记录。断裂碎片最薄约为 0.7mm（图三），四片试拼接后基本无残缺，且碎片间有一定的咬合力（图四）。镜面有致密的铁红色和绿色锈蚀硬结物层，无粉状或瘤状物锈蚀，表面光滑且有一定光泽，疑似曾经过封护处理。从碎片断裂处可见铜镜的铜质尚好，整体矿化程度较轻。从镜背和镜面取三处绿色片状锈蚀进行拉曼光谱检测，特征峰不明显，未发现氯铜矿或副氯铜矿等含氯有害锈蚀成分。

图三　铜镜碎片断面

图四　碎片试拼接效果

铜镜原存于章丘市博物馆老馆库房，目前保存于章丘市博物馆新馆库房内，库房无恒温恒湿条件，展厅内有空调但不能 24 小时开启，展柜密闭，温湿度较高。

三　修复方案

依据汉四乳草叶纹铜镜的现状，拟订如下保护修复处理步骤。

1. 清洗除锈

根据文物保护中的最小干预原则，以及该件文物的保存现状和病害特点，使用毛刷在纯净水中清除表面疏松土锈，用水冲洗干净，并快速吹干。

2. 粘接

由于镜体较薄，修复前碎裂为四片，拼接完整，碎片之间有一定的咬合。鉴于该镜直径不大，重量也较轻，且碎片间机械咬合较强，可以采用在断裂面开槽埋榫粘接的方式修复，避免对镜面和镜背的破坏。

3. 作旧

为达到展览陈列的要求，对粘接缝隙处适当进行作旧处理。先用原子灰对缝隙进行补腻子，用砂纸打磨抛光平整后，采用酒精漆片调和矿物颜料进行作旧。

4. 封护

以 1% 和 2% 的 Paraloid B-72 丙酮溶液作为封护材料，采用毛刷进行刷涂封护处理。先将 1% 的 Paraloid B-72 溶液均匀地涂刷到铜镜表面，间隔 24 小时后使用 2% 的 Paraloid B-72 溶液再涂刷一遍。出现眩光时，可用棉球蘸取酒精轻轻地擦拭眩光部位。

四　主要修复方法

1. 铜镜的拼接

根据铜镜碎片的位置关系和断裂外形的特征，确定碎片粘合的顺序并进行试拼接，避免因粘接顺序错误导致后续碎片无法顺利归位的情况。粘接顺序确定后，使用快干型双组份环氧树脂粘合剂将中心碎片先进行对位粘接（图五）。

待粘合剂表干固化后，再将剩下的两个碎片进行试拼接，检查拼接的精密度是否达到了要

图五　粘接中心碎片　　　　　　　　　　图六　试拼接剩余两片碎片

图七　标记开槽位置

图八　开槽

图九　榫片插入粘接

求，剩余碎片的粘接是否能够按照方案顺利完成（图六）。如无问题，使用记号笔在镜缘上标记碎片间开暗槽的位置（图七）。

确定好镜缘开槽位置后，将待开槽碎片两面垫布固定于台钳，使用电磨机在断裂镜体上开槽（图八）。

裁剪和开槽大小形状吻合的铜片作为固定榫片，并将榫片露出的部分适当裁剪以便于与相邻碎片的暗槽顺利对合。在榫槽内灌入环氧胶，将榫片插入粘接（图九）。

将剩下的两个碎片断裂面和暗榫槽内均匀涂抹环氧胶，按照顺序完成全部碎片的拼接粘合，把拼接裂缝溢出的粘合剂除去后用手对碎片施加一定外力，等待粘合剂表干固化后将铜镜静置24小时，使粘合剂完全固化。

2. 铜镜的作旧

原子灰加入矿物颜料调色后对粘接裂缝进行填补，待原子灰完全固化后使用砂纸打磨，保证整个铜镜表面的平整。把水砂纸裁剪为细条，将其固定于自制小木条顶部，沿铜镜碎片拼接缝隙沾水进行打磨，确保整个铜镜镜背与镜面平面的自然平整，以便于随后作旧对裂缝的遮盖(图一○）。

使用酒精漆片溶液和矿物颜料对裂缝表面进行随色作旧处理，并不断对遮盖颜料层进行擦拭和打磨，完成整个铜镜修复的作旧工作（图一一）。

（a）镜背 （b）镜面

图一〇 弥补粘接裂缝

（a）镜背 （b）镜面

图一一 镜体作旧

五 结语

考虑到修复中使用的材料和工艺，这件汉四乳草叶纹铜镜，建议保存环境控制在温度20℃，相对湿度不大于40%；同时，温度的日变化应保持在5℃范围内，相对湿度的日变化应保持在5%范围内。日常应单独使用囊匣存放，运输注意防震，展览应采用平放，避免悬挂展出。

本次修复的汉四乳草叶纹铜镜，为常见的汉"日光"草叶纹铜镜。日光镜在出土的汉镜中比例很大，其中的草叶纹镜是较为常见的日光镜版式。其基本特征为半球形钮，四叶纹钮座；环绕镜钮四周为方格状铭文带，铭文为阳文篆书"见日之光××××"，旋读；环绕方格铭文带饰以草叶纹、花瓣纹、桃形花苞及乳钉纹等，纹饰作四等分对称、均匀地布列；边缘为内向十六连弧纹[1]。

日光镜的铭文首句多见为"见日之光"，随后的铭文则有较多变化，如"长毋相忘""长乐未央"和"所言必当"等。铭文"见日之光，天下大明"的含义一般认为是"显现太阳的光辉，天下就明亮了"，李学勤先生则提出了新的考证，认为"见"字可能是"如"字的含义，"见日之光"

的含义应该是"如太阳的光辉一般"[2]。

铜镜尺寸不大，镜体较薄，重量较轻，碎片间拼接有一定咬合的力量，铜质尚好，所以修复时采用了在断裂面开暗槽埋榫粘接的方法。这种修复方法可以避免焊接开焊口对铜镜的伤害，并且开暗榫铜片能够提供足够的粘接力，保证了整个镜体的强度。

参考文献：

[1] 白云翔：《西汉时期日光大明草叶纹镜及其铸范的考察》，《考古》，1999 年第 4 期，第 65 页。

[2] 李学勤：《日光镜铭新释》，《文博》，2013 年第 1 期，第 16—17 页。

章丘市博物馆藏明清仿商周青铜甗的修复

雷　磊

内容提要：本文对章丘市博物馆藏明清仿商周兽面纹甗进行了保护修复处理。在查询了商代末期、西周早期同类器物的相关资料，充分把握文物的时代特征，并对病害进行评估的基础上确定了保护修复技术路线，制订了相应的保护修复方案。保护修复过程严格遵循文物保护修复原则，按照制订的技术路线和方案，进行了清洗、整形、补配、粘接、作旧、缓蚀、封护等处理，恢复并补全了文物的形状，提高了文物抵御环境风险因素的能力，使文物能更好地用于展览以及相关研究工作。

关键词：青铜甗　修复　补配　仿古

一　文物基本信息与造型纹饰特征

明清仿商周兽面纹甗（图一）是章丘市博物馆青铜器保护修复项目中的一件，编号18.2，通高45cm，口径25.8cm，重8.875kg。甗为饪食器，做蒸煮用，整器可分上下两部分，上部为甑，下部为鬲，中以箅间隔通气。此件文物铜质，甑鬲连铸，甑立耳微微外张，圆口直唇外侈，收腰圆腹，中部饰带状纹饰，下连接蕉叶纹。带状纹饰以兽面纹为主题，底层辅以云雷纹。鬲部分档，以大象头部为主题造型纹饰，象鼻做足，耳牙为饰，形象栩栩如生。中间无箅，整器已失蒸煮功能，器口内壁有铭文，因锈蚀难以辨认。

仿古铜器制作的重要原因之一是慕古。在追慕商周时代风格的同时，不可避免地留有本朝时代特点。"这部分铜器在造型方面与原器

图一　明清仿商周兽面纹甗

图二　作册般甗（商代末期）　　　　　　　图三　饕餮纹甗（西周早期）

相似，具有商周青铜器的风格，在装饰上，没有严格仿造商周青铜器的纹饰，而是使用了龙纹、卷云纹、浪花纹、花卉纹、变形兽面纹、变形夔纹、回纹等纹饰。有些器物上的兽面纹，已不是兽面纹，倒像是蝙蝠。"[1]此件文物在器型、纹饰方面都带有商周青铜器的时代风格，却又有区别于商周青铜甗的地方。器型与之比较接近的是商代晚期侈口立耳深腹柱足式甗（图二）和西周早期侈口立耳柱足式甗（图三）[2]，但以象鼻为足更具明清时代风格。纹饰方面，兽面纹和蕉叶纹在商周青铜器上应用较多，其中蕉叶纹盛行于商末周初。与商周青铜器相区别的地方在于此件铜器的兽面纹已经没有了商周青铜器的线条表现力，缺乏商周时期的狞厉之美，在纹饰的组合上更为自由。

二　保存现状与病害风险评估

文物的保存现状与其保存环境和自身病害密切相关。

从大环境来看，当地气候对文物保存现状的影响至关重要。文物所在的章丘市位于山东省省会济南市的东部，距市区约 40km，在北纬 36°25′~37°09′，东经 117°10′~117°35′之间。章丘市南北长 70km，东西宽 37km，总面积 1 855km²，地处中纬度，属暖温带季风区大陆性气候。春季干旱多风，夏季雨量集中，秋季温和凉爽，冬季雪少干冷，四季分明，雨热同

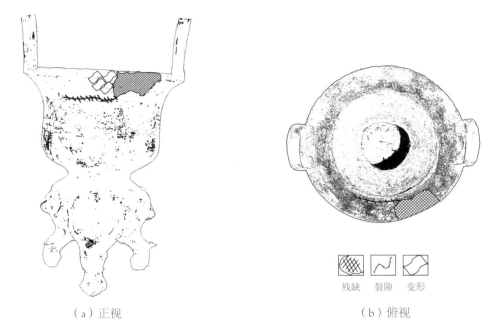

（a）正视　　　　　　　　　　　　　（b）俯视

图四　仿商周兽面纹甗病害图

季。年均日照 2 647.6 小时，日照率 60%；年均气温 12.8℃；年平均降水量 600.8mm，一般为 500~700mm。季风因受地势影响不明显，相对湿度为 65%，最高年均 73%，最低年均 59%。

博物馆保存环境与文物保存状况密切相关。明清仿商周兽面纹甗之前存放于章丘市博物馆老馆库房内。老馆为晚清民居改造，保存条件严重落后。库房分为两层，一层大门与保安住房相通，二层仅有一窗户，但常年锁死，库房内无空气调节和过滤净化设备，整体环境与自然大气环境基本一致，无恒温、恒湿和污染物控制设施。库房建筑物的面积狭小、通风不良、阴暗潮湿，特别是夏季，二层库房内温度和湿度非常高，而该件青铜器存放在二层的文物架上。

仿商周兽面纹甗保存基本完好，整体结构相对稳定，未发现有害锈蚀。口沿存在一处残缺，残缺底边一侧有细长的裂隙，与残缺部位相接的左侧部位一角向内倾斜，产生轻微的变形，应是外力所致，病害图见图四。

依据中华人民共和国文物保护行业标准《可移动文物病害评估技术规程 金属类文物》（WW/T 0058—2014）[3]，此件仿商周兽面纹甗存在的残缺、变形病害属于稳定病害，而裂隙属于可诱发病害。在外力作用、生物类损害、污染物、温湿度和光照紫外线等风险因素中，外力作用对裂隙病害的风险较大，可诱发残缺、断裂、孔洞等病害。在目前的气候和保存环境中，在自身存在病害的情况下，明清仿商周兽面纹甗的潜在风险较高。同时，为了满足以后的展览研究需要，须及时对该文物进行保护修复。

三　保护修复方案制订与执行

青铜器的不同病害对应不同的保护修复方法，选用不同的保护修复工具和材料，形成不同的保护修复技术路线（图五）。

图五　青铜文物病害与保护修复技术路线

　　根据多年的青铜文物保护修复实践和经验积累，结合本件文物保护修复目的和病害状况，选择和制订了具有针对性的技术路线和保护修复方案并顺利实施。

1. 保护修复路线的选择和方案的制订

　　明清仿商周兽面纹甗的保护修复技术路线为：清洗→整形→补配→粘接→作旧→缓蚀→封护。前期的处理选用超声波洁牙机作为清洗仪器，材料为去离子水，结合机械法进行仿商周兽面纹甗的表面清洗。对这件明清仿商周兽面纹甗病害的处理，首先考虑变形病害，选择变形病害的修复技术为整（矫）形，在技术确定的情况下，依据文物本身状况，锁定捶击法，并在整形台上利用锡锤等工具、选用锡块等材料作为间隔避免直接接触文物进行敲打。其次处理残缺病害的修复技术为补配，考虑到此件文物残缺处不承重，没有装饰纹饰，依据最小干预的修复原则，选用高份子合成材料补配法，免除铸锡、铸铜补配等方法需要对文物本体锉磨焊接等的干预，修复材料为双组份环氧塑型树脂。裂隙病害为可诱发病害，修复技术选用粘接填补，粘接材料为环氧树脂，采用的工具为调刀、砂纸等。考虑到文物本身的保存状况，为了提高文物抵御环境风险的能力，对文物进行缓蚀封护。缓蚀方法选用刷涂法，材料为 BTA 乙醇溶液，封护方法选用刷涂法，材料选用 B72 丙酮溶液。

保护修复方案如下：

（1）清洗

根据文物保护中的最小干预原则以及该件文物的保存现状和病害特点，在分析研究的基础上先用毛刷在纯净水中清除表面疏松土锈，再用手术刀和超声波洁牙机将文物表面的泥土清除干净，最后用纯净水冲洗干净，并快速吹干。

（2）整形

针对残缺部位连接处一角的变形，选用锡锤在整形台上对此处进行矫形，用木板和锡块做间垫，敲击过程中随时观察，调整力度，逐渐减少变形幅度。

（3）补配、粘接

对残缺处的补配和裂隙处的填补粘接选用普施 PSI 双组份钢加强型修补剂，将棒胶捏软后擀成与器壁相同厚度，补于器物口沿残缺处。将缺失填补平整并调整弧度。裂隙处用调刀将棒胶填进并抹压平整，固化后用砂纸打磨，处理至器身与补配处自然一体。

（4）作旧

缓蚀封护后，为满足展览陈列的需求，对补配粘接部位适当作旧处理，采用酒精漆片调和矿物颜料进行。

（5）缓蚀

采用缓蚀剂刷涂保护处理青铜器，可显著提高青铜器抗腐蚀的能力。针对这件明清仿商周兽面纹甗的缓蚀，采用 3% BTA 乙醇溶液，用毛刷蘸取，沿横竖两个方向交叉反复涂刷在铜甗表面，使 BTA 乙醇溶液更好地渗透到铜甗基体，从而形成防护膜。

（6）封护

对这件铜甗的封护采用 2% 的 Paraloid B72 丙酮溶液作为封护材料，用毛刷进行刷涂封护处理，将 Paraloid B72 溶液均匀地涂刷到器物表面。

2. 保护修复路线和方案的执行

明清仿商周兽面纹甗的保护修复过程依照制订的方案执行，过程中没有出现需要改变技术路线的情况发生。需要特别说明的情况有两点：一是在整形过程中，由于器物口沿变形处较厚，残缺部位下部有裂隙病害，为了防止裂隙的扩大，在捶击过程中力度较为保守，只能使变形幅度尽量减小；二是补配材料选用的是普施 PSI 双组份钢加强型修补胶棒（图六），在工业上常用于对钢、铁、铝等金属的器物或部件上出现的漏孔、裂缝、砂眼缺陷、断裂等部位的填充与粘接。因其粘接力优异，固化后强度高、硬度好、不收缩、不锈蚀，可以和被修补的本体材料进行机械加工，在金属文物补配修复中应用较为成熟。

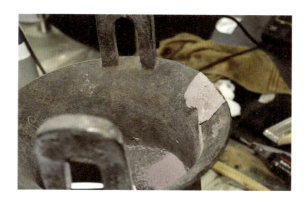

图六　塑型棒胶补配

四　保护修复评价和保存建议

1. 保护修复评价

　　针对明清仿商周兽面纹甗自身病害情况，制订了相应的保护修复方案，并在保护修复前查询了慕古时代（商代末期、西周早期）此类器物的特征。保护修复过程严格按照选定的技术路线成功实施，有利于今后的展览、研究工作。该器物口沿部分残缺，针对缺失部位的特征，在补配材料与修复方法方面，权衡利弊后选择塑型棒胶。该器修复后，由原重量 8.875kg 变为 8.915kg，整体增重 40g，是补配的缘故。修复后的器物经过作色，达到展览的要求。器物经过缓蚀和封护处理，提高了抵御环境中风险因素的能力，在库房或者展厅青铜器保存环境中可以

图七　明清仿商周兽面纹甗（修复后）　　　　图八　明清仿商周兽面纹甗（封护后）

较好地存放、展览。修复及封护后的照片见图七、图八。

2. 保存建议

青铜器存放环境的风险因素如温湿度、空气污染物、光照、微生物、外力作用等都能影响青铜器的"寿命"。因此，在博物馆现有保存环境下，保护修复后的文物应加强预防性保护，尽量减少风险因素对文物健康的潜在威胁。

针对此件明清仿商周兽面纹甗，建议收藏单位采取环境控制措施，适宜温度为 20~25℃，日变化应保持在 5℃范围内；适宜相对湿度为 35% 以下，日变化应保持在 5% 范围内。

五 总结

通过对大量商周时期出土青铜兽面纹甗相关文献的查阅，加深了对此类文物的了解，有利于此件明清仿商周兽面纹甗的修复。该文物病害情况相对稳定，没有发现有害锈蚀，在文物病害风险评估的基础上，依据文物保护最小干预的原则，选定了一套较为成熟和适当的修复技术路线并以此制订修复方案，在修复过程中严格执行修复方案，完成了此件文物的修复。今后在此类文物保护修复过程中，需时刻保有研究意识，如加强保护修复前对此类文物的分析检测工作：对仿商周兽面纹甗的合金成分分析，积累相关数据，与前朝慕古器物的成分进行对比研究；对整件器物进行 X 射线探伤检测，了解当时铸造工艺，对模糊不清的铭文进行辨识和解读，与前朝慕古器物进行工艺对比研究等。

参考文献：
[1] 袁鑫：《馆藏陶澍家祠铜器——兼谈明清仿古青铜器的辨识》，《湖南省博物馆馆刊》，2012 年。
[2] 吕章申：《中国古代青铜艺术》，中国社会科学出版社，2011 年，第 26 页、第 89 页。
[3] WW/T 0058—2014，《可移动文物病害评估技术规程 金属类文物》，文物出版社，2014 年。

章丘市博物馆藏西汉大官鼎的修复

晏德付

内容提要：西汉大官鼎出土于山东省章丘市，覆盖扁圆体附耳矮足式。器物整体破损严重，盖三钮缺失，鼎身腹部及底部缺损变形严重，底部有变形裂隙，一耳及一足缺失。针对此件青铜鼎的病害情况，制订了适宜的修复技术路线，采用传统青铜修复技艺对其进行修复，恢复青铜鼎原貌，方便保管及陈列展示。

关键词：西汉　青铜鼎　青铜修复

一　引言

传统的青铜修复技术，宋代已崭露头角，经清中期发扬光大后，作为一门珍贵的传统工艺流传至今，是一门不可多得的技术瑰宝，主要由清洗除锈、整形、补配、焊接粘接、作旧等几个主要步骤组成。

按照我国文物保护行业相关规定，保护修复的目的是再现历史的真实，不能凭主观想象随意添加改变原物、原状和原貌。因此在对青铜文物进行保护修复过程中，要把握好度，"有所为，有所不为"，避免过度修复。需对每一件青铜器有针对性地具体分析，做到对症下药，因病施治。针对这一件破损较为严重的西汉大官鼎，我们在遵循文物保护修复基本原则的基础上，采取适宜的工艺技术路线进行修复，恢复其原貌，便于保管、陈列及研究。

图一　大官鼎修复前

二　修复方案的制订

1. 文物基本信息

西汉大官鼎，覆盖扁圆体附耳矮足式，出土于山东省章丘市。通高 21cm，口径 17.5cm，重 2.30kg。青铜鼎口沿及底部变形，缺损严重，鼎盖三钮缺失，一足及一耳缺失，锈蚀均匀致密，铜性较好，修复前情况见图一。

2. 建立修复档案

档案内容包括器物的基本信息（名称、时代、出土情况、保存环境、修复史）、损伤情况、影像记录、尺寸、重量、病害图（图二）及相关检测分析数据等。修复处理全部结束后应及时进行资料整理，补充完善修复档案，全面记录修复工艺流程，包括修复材料、修复技术和修复方法等。

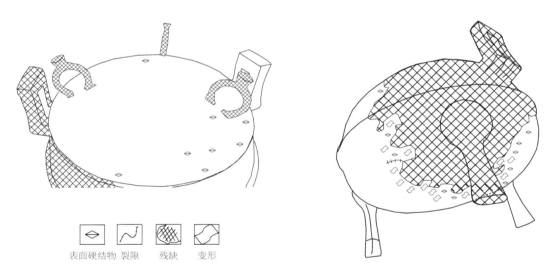

表面硬结物　裂隙　残缺　变形

图二　大官鼎病害图

3. 制订技术路线

青铜器修复需遵循不改变文物原状、修旧如旧、最小干预以及可识别性等几项基本原则。同时还需根据实际情况灵活运用，"没有绝对标准，只有因病施治、原则性与灵活性的有机组合、不以唯美至上"[1]，选取适宜的方法、材料及处理工艺。

针对此青铜鼎的病害情况，在做好信息采集的基础上，制订如下技术路线：首先对其表面附着的土垢进行清理，然后对口沿及底部变形部位进行整形，补配缺失部分，随后对修补的部位随色作旧，最后对其进行缓蚀封护，处理流程见图三。

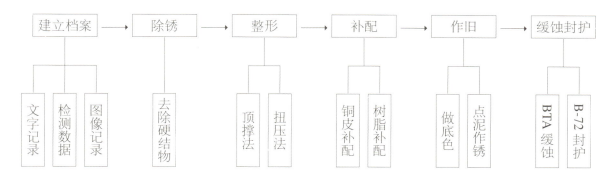

图三　修复流程图

三　修复过程

1. 除锈

一般来说青铜器表面较为致密均匀的蓝绿色锈蚀物，既是一种天然的保护层，又兼具美观性，呈现出古朴典雅的质感，应当予以保留。但对附着于器物表面的土垢、硬结物、层状堆积锈蚀、可溶盐、凝结物以及有害锈等，从延长文物寿命及陈列效果角度考虑，则需将其清除。

大官鼎整体锈蚀致密均匀，但部分区域存在土垢硬结物，层状堆积较薄，且器物本身铜质较好，故采用机械法进行除锈。

2. 整形及焊接

整形即利用铜器金属的特性，使变形器物恢复至原始状态。大官鼎的口沿及底部变形严重，在对其金属性（强度、弹性、塑性、厚度等）进行初步判断后，需在变形部位施加一种反向的力，使变形部位朝相反的方向再一次变形，以恢复原貌。经前期观察发现，器物铜质较好，可施加外力整形。因口沿变形向内凹陷，故采用顶撑法，利用工具在口沿内侧施加作用力，使其逐渐

图四　顶撑法整形

图五　扭压法整形

向外撑开（图四）。而对底部变形部位，则采用扭压法，在鼎底部器壁的内外表面，用适合的模具夹住，缓慢对模具施加压力直至复原（图五）。

整形过程中应适当"矫枉过正"，这样撤去外力方可恢复到位。整形后采用锡焊法对裂隙进行焊接，以"缝合伤口"。

焊接采用青铜器修复常用的锡焊法，焊剂为氯化锌溶液，为了最大限度降低焊剂对青铜器的潜在危害，焊接完成后需将青铜鼎在蒸馏水中浸泡数日以去除焊剂，取出后立即吹干。

3. 补配

对于缺失部位，要保证器物结构的稳定性及完整性，就必须进行补配。补配是青铜文物修复中不可或缺的环节，但要做到有据可循，宁可缺失不作处理也不能想当然地根据自己的想法去补配。一般来说，青铜器的器型、纹饰具有对称性，可根据其对称部分的形态进行原样的复原。如缺失部分较大，无法找到对应部位，也可以同类型的其他器物作参考进行补配，但一定要有充分的依据。

常用的补配方法有三种 [2]。一是直接补配，主要针对没有纹饰的素面缺失部分。常用有打制铜皮法，即利用捶打的方式将铜皮打制成所需的弧度，再与器物连接。或将缺失部位直接用环氧树脂棒胶塑型补全。二是翻制模具补配，对于带有纹饰及器物构件缺失部位（如耳、足等），常采用此法。常用的模具材料有石膏、硅橡胶、环氧树脂等，浇铸材料有锡铅合金、铜合金及树脂材料。如果对应翻模部位由于破损严重等原因不便进行翻模操作，可先将缺失部位直接塑型补全。三是树脂加铜皮的补配方式，对于一些缺失面积较大且带有纹饰的缺失部位，可以采取树脂和铜皮结合的补配方式，铜皮保证补配的强度和重量，树脂则可采用翻模的方式获取纹饰。

修复过程中具体采用何种补配方法要根据实际情况而定，在确保补配效果的同时，可采取适宜的技术路线以简化工艺流程。此件青铜鼎缺失主要集中在鼎的盖、腹、足及耳部。根据不同部位的缺失情况，选取不同的补配方法。

鼎腹缺失面积最大，且素面无纹饰，直接打制铜皮进行补配（图六）。铜皮强度较好，且

图六　打制铜皮补配　　　　　　　　　　　图七　足部翻模补配

与原材质较为接近，可保证整体结构的稳定性。具体操作中首先按照器物原有口沿弧度，将敲打成型的铜皮焊接到器物上。焊接时，先进行定位焊（俗称点焊），以方便调整方位和角度，调整合适后再进一步焊接牢固。

对于青铜鼎一足的缺失，则采用翻模浇注法对其进行补配。具体操作时需在对应鼎足上用环氧树脂棒胶（PSI）制作模具（图七），然后将双组份棒胶揉捏混合均匀后挤压进模具中，固化后取出与器身粘接。环氧树脂棒胶作为一种快速成型材料，目前在青铜修复补配中有着广泛的应用，相对于传统的翻模浇铸锡铅合金或铜合金补配，能够起到简化工艺流程、降低工作风险的效果 [3]。

耳部的补配也采取翻模浇注法。因鼎盖三钮均缺失，故在同一批器物中寻找相似器型的鼎盖作为依据进行补配，其操作过程与耳部的补配流程相似。为增加附件与器身的连接强度，耳部及足部粘接过程中都插入两根金属芯（图八红圈处）。

图八　加金属芯粘接　　　　　　　　　　　　　　　图九　打磨平整

4. 补腻子及打磨

补配完成后，为保证器物表面的平整度，需采用腻子（即原子灰）对其表面进行细化加工。对于器物表面欠缺处需要补上腻子，多余的地方需打磨平整，为下一步的作旧打好基础（图九）。这一道工序很关键，如果做不到位，后面的随色作旧将难以掩盖修补痕迹。

5. 作旧

传统的文物修复秉承修旧如旧的原则，以达到修补部位与周围衔接自然浑然一体的最终效果。观察器物原有锈蚀结构，器物底色为枣皮红，上覆盖蓝绿色锈蚀物，夹杂有黄色、灰色、褐色等锈蚀。根据这种情况，首先做底色，将矿物颜料调虫胶漆配出相应颜色，再施于修补部位，然后不断擦拭，营造出光亮效果。底色做好后再做层次色，依照器身原有的颜色布局，采用点泥作锈法点拨矿物颜料，达到掩饰修补区域的效果。

按照可识别性原则，随色采用"内外有别"的方法。鼎的外表面尽量做到衔接自然、色泽一致，而内表面则有一个相对明显的区分度。这样既不影响展陈，也避免对研究者造成误导。

6. 缓蚀及封护

缓蚀剂可有效延缓金属基体的腐蚀，此次选用苯并三氮唑（BTA）进行缓蚀。苯并三氮唑是铜的优良缓蚀剂，能与铜形成透明的配位化合物保护膜覆盖于器物表面，从而起到保护金属的作用。

封护剂可以在青铜器表面形成一层防护膜，隔绝或减少环境中的水分、氧气和其他有害成分对器物的侵蚀，此次选用 Paraloid B-72 丙酮溶液对青铜鼎进行表面封护。

缓蚀剂和封护剂以刷涂的方式施于表面，涂刷次数依表面成膜情况而定，避免浓度过大产生眩光。修复处理后的大官鼎如图一〇所示。

图一〇　大官鼎修复后

四　结语

遵循青铜器保护修复的基本原则，采用传统的修复技艺成功地保护了这件西汉大官鼎，使其恢复原有风貌，历史价值、艺术价值得以充分体现。青铜鼎修复后高 22cm，口径 18.3cm，重 3.35kg，经过随色作旧，达到展览的要求，也为以后的保存及研究提供了方便。

青铜器的保护修复工作并非一劳永逸，修复处理后的大官鼎需有环境控制措施，定期检查，及时发现新的病害，以达到长久保存的目的。

后记：修复工作系本人与韩仁锁先生于 2018 年共同完成。

参考文献：

[1] 陈仲陶：《对青铜器保护修复理念、原则的探讨》，《文物保护与考古科学》，2010 年第 3 期，第 87—91 页。

[2] 许淳淳、潘路：《金属文物保护——全程技术方案》，化学工业出版社，2012 年，第 165—173 页。

[3] 马立治：《环氧浇注树脂在青铜器补配上的试用——以青铜圆鼎修复为例》，《文物鉴定与鉴赏》，2020 年第 3 期，第 75—77 页。

壮族青布挑花上衣的保护修复

赵作勇　赵旭铭

内容提要：壮族是一个有着悠久历史和独特文化的少数民族，因地理气候文化等因素，造就了壮族服饰独特的风格，成为壮族物质文化与精神文化的鲜明表征。本文对一件壮族青布挑花上衣的保护修复进行了论述。根据文物现状制订保护方案，经过清洗、染色、平整和针线法加固等步骤对文物进行了保护修复，恢复了青布挑花上衣的历史面貌，有助于壮族服饰的传承和研究工作。

关键词：壮族服饰　挑花上衣　保护修复

一　前言

壮族是我国少数民族中人口最多的一个民族（1692.6万人，2010年），来源于我国南方的古代越人，其中大部分居住于广西，是一个具有悠久历史和灿烂文化的民族[1]。壮族服饰文化源远流长，代代相传，早在先秦时期，壮族地区已出现了原始的纺织和服饰，在广西平乐县银山岭战国墓出土的一些陶器、铜器上就发现了用很细且均匀的麻织成的麻布[2]。壮族常生活在山林茂密、江河众多、气候湿热温暖的地带，壮族服饰一般使用自纺、自织、自染的土布面料制成，面料结实、透气、舒适，适合在湿热环境下劳作和生活。从服装的形制和款式来看，多为宽松型，有上衣下裤式、上衣下裙式等多种形式，以对开襟、右衽为主，另外在衣袖、衣领、衣边等一些容易磨损的部位，常装饰有精美的图案和纹样。蓝色和黑色是壮族传统服饰最基本、最普遍的色彩，在壮族人民心中是严肃庄重的象征，表现出壮族人民内敛和沉稳的民族个性。壮族服饰使用的染料，用得最多的是植物染料，直至现在，一些壮族村寨的妇女，仍以蓝靛来染黑布料，缝制出独特的黑色服装[3]。壮族服饰随着社会经济的发展在不断进化，至今，在桂西北、桂西、桂北的一些边缘地带，还保持着传统服饰特色，例如西林、百色、龙胜等县。此件文物就来自位于自治区东北部壮族人口众多的龙胜县，现藏于广西民族博物馆。广西民族博物馆是一座省级专题性博物馆，少数民族文物是该馆重点藏品。广西民族博物馆征集和保护这批文物，对于壮族服饰的研究和传承有着重要意义。

二 文物信息

1. 基本信息

  青布挑花上衣现藏于广西民族博物馆，于广西壮族自治区龙胜县龙脊处征集，由广西民委调查组转交，入藏时间为 2008 年。文物年代为现代，文物等级为三级。此件文物由青黑色土布手工制成，为棉麻交织物，修复前照片见图一、图二。

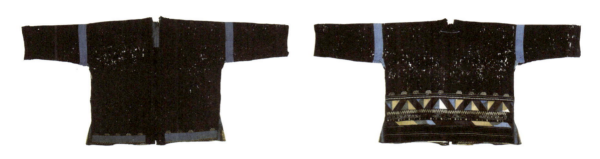

图一 修复前正面   图二 修复前背面

2. 形制

  文物制作工艺的研究可为文物的保护修复和复制提供依据。上衣整体为"十字型"平面结构，直领对襟，前后衣身连贯，肩部无拼接。前片衣长 70cm，后片衣身主料较短，只到腰部，长 41cm，下接两条宽度不同的条纹织带，以及装饰有贴布和刺绣的底料，共同构成衣身后背，后衣长共 67cm。上衣直袖，通袖长 146cm，后领深 6.5cm，领宽 14cm，臂根围 23cm，袖口宽 19cm，胸围 75cm，下摆宽 82cm，翘高 1cm（图三）。衣身两侧的摆角是由蓝色、白色、棕色等颜色的拼布组合而成，形状类似于等腰三角形，底边长 9cm，高 13cm。腋下接有蓝色等腰三角形插片，边长分别为 5cm、6cm 和 6cm，起到增加腋下活动量的作用。通过对左右片和左右衣袖的观察和测量，推测上衣的主面料，青黑色布料的幅宽在 38cm 左右，上衣可由 4 个幅宽的布幅拼缝而成，共用布料长 157cm。壮族传统织布机多以家庭为单位存放，织布时单人操作，腰、手、脚共同合作，受人体局限，布料的幅宽多在 40cm 左右[4]。前襟至领口有一条长 154cm、宽 5cm 的贴边（由四块长度分别为 17cm、36cm、36cm、65cm 的长方形拼接而成），起到加重、帖服的作用。门襟中部贴边上距下摆 33cm 处有一对"一字"布纽扣。领口里侧衬有蓝色棉布里子，袖口里侧衬有宽度为 2.5cm 的蓝色棉布里子，两袖袖跟处有宽度为 4.5cm 的蓝色棉布帖缝装饰，前襟下摆部位有两条长 29cm、宽 4.5cm 的长方形蓝色帖缝装饰。下摆绲边宽 0.5cm，由蓝色、棕色、白色、紫色四种不同颜色的棉布包裹而成，每个长约 10cm。

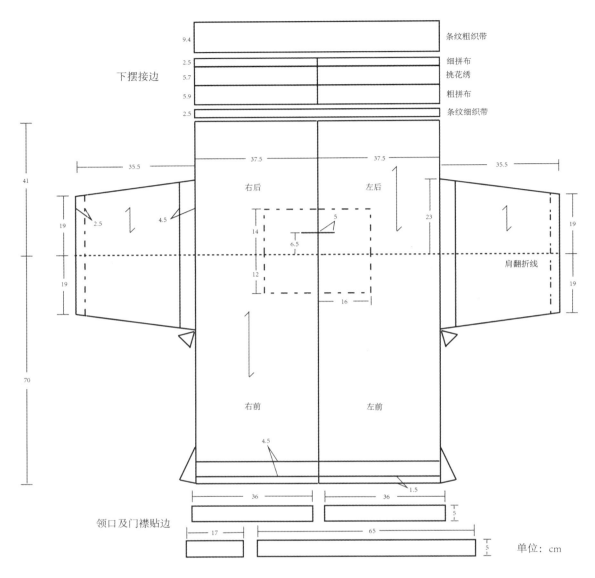

条纹粗织带

细拼布

挑花绣

粗拼布

条纹细织带

下摆接边

右后

左后

右前

左前

肩翻折线

领口及门襟贴边

单位：cm

图三　青布挑花上衣结构图

3. 纹样

此件服饰的装饰主要集中在下摆部位，通过织造、拼布和绣刺技法，达到装饰效果，以美化服饰。在前襟下摆蓝色装饰上方，使用白色绣线绣有几何纹图案，每个图案单元长 2.5cm、宽 1cm，间距为 3.5cm（图四）。蓝色装饰下方为一条宽 1.5cm 的挑绣边，使用白色、淡紫色等绣线，在面料上绣水波纹、几何纹图案。后背下摆有刺绣、条纹织带和拼布三种装饰手法，从上到下依次为：条纹细织带、宽拼布、刺绣、细拼布、条纹宽织带。条纹细织带的宽度为 2.5cm，纬二重组织起花，利用浮于织物表面的花纬形成二方连续的几何图案（图五）。在其上方的青黑色布料上使用白色和黄色绣线绣有几何纹图案，每个图案单元长 3cm、宽 1.5cm，间距为 3.5cm（图六）。条纹细织带下方与两块装饰有拼布和刺绣的底料拼缝。上层宽拼布宽 5.9cm，图案

图四　前襟下摆几何纹

图五　后背条纹细织带纹样

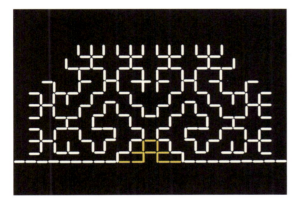

图六　后背腰部几何纹

图七　后背粗挑花绣纹样

以直角三角形为基本单元，两种不同颜色的三角形组成一个长方形，每个长方形单位长 4cm，按照棕色、白色、蓝色、紫色的色彩顺序，循环排列。拼布是壮族服饰常用的装饰手法，常使用不同颜色的边角碎布剪拼成各种图案纹样，粘于服饰底布上，再用针线将边缘锁牢，以黑布为底，多色布做纹样，图案色彩丰富鲜明，对比强烈[5]。宽拼布下方为宽度为 5.7cm 的挑花绣，刺绣技法以常见的挑花绣为主，在青黑色面料上根据经纬线走向，使用白色、黄色、棕色、绿色、淡紫色等绣线挑出不同长度的线段，形成八角纹等，然后用二方连续的方法排列形成复合式的几何纹样，各种彩色绣线组成的图案在以青黑为底色的服饰上显得清晰明快（图七）。几何纹是壮族服饰纹样中出现最多的一类，图案工整规律，具有次序感，给人一种生生不息的感觉[6]。挑花绣下方为细拼布，宽度为 2.5cm，颜色顺序与上层宽拼布相反，形状为平行四边形，底长为 10cm。后背下摆最下方为一条宽 9.4cm 的条纹宽织带，此块接边织物密度较小，空隙较大，可使衣服具有更好的透气性。

三　文物保存现状

　　此件文物整体基本完整，主要病害有动物损害、褶皱、污染、破裂等（图八）。文物上动物损害非常严重，蛀洞遍布全身各处，主要分布在前后片（图九）、肩部、领口、左右袖口等处，虫蛀造成了各种形状、各种大小的残缺、破裂、经纬线缺失，最大破洞直径为 1.6cm，最小破

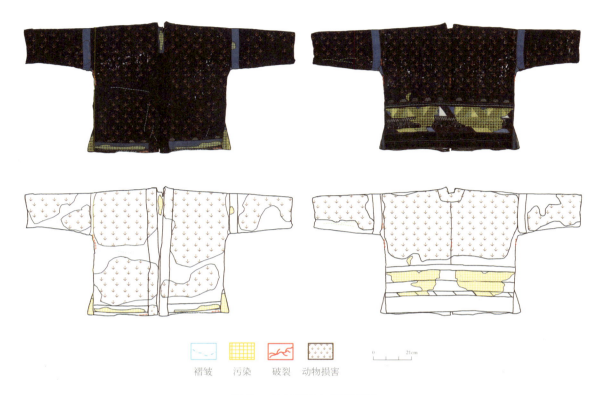

| 褶皱 | 污染 | 破裂 | 动物损害 |

0　　　　21cm

图八　青布挑花上衣病害图

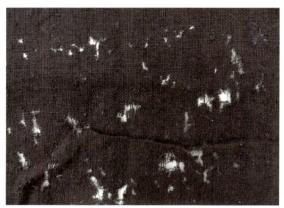

图九　后背中缝左侧动物损害　　　　图一〇　右襟胸部褶皱

洞犹如绣花针孔大小，整体虫蛀面积达到了60%以上。褶皱较多，有的折痕可能是使用和保存过程中采取折叠的方式造成的（图一〇）。后背下摆接边上有块状硬结物状，蓝色、白色、紫色等拼布装饰物上污染较严重，有大面积的棕色污染（图一一）。在两侧腋下、接袖处、后背中缝、下摆等多处都存在破裂和缝线开裂的现象（图一二）。文物纤维为棉麻交织物，纤维老化且强度差，手感已经变脆、变硬，破损处纤维容易断裂，在移动中极易造成破损处纤维的脱落。针对此织物存在的病害，综合评估病害为中度。

图一一　后背拼布上棕色污染　　　　　　　图一二　右襟下摆部位破裂

四　分析检测

1. 织物组织结构分析

上衣主体面料青黑色织物为平纹组织（图一三），经密 14 根 /cm，纬密 13 根 /cm，经线投影宽 0.58mm，纬线投影宽 0.48mm，经纬线捻向均为 Z 捻，为弱捻。下摆、袖口及领部的蓝色衬布为平纹组织，经密 17 根 /cm，纬密 24 根 /cm，经线投影宽 0.39mm，纬线投影宽 0.34mm，经纬线捻向均为 Z 捻，为弱捻。拼布上白色装饰物为平纹组织，经密 14 根 /cm，纬密 20 根 /cm，经线投影宽 0.33mm，纬线投影宽 0.32mm，经纬线捻向均为 S 捻，为弱捻。拼布上紫色装饰物为平纹组织，经密 15 根 /cm，纬密 19 根 /cm，经线投影宽 0.34mm，纬线投影宽 0.37mm，经纬线捻向均为 S 捻，为弱捻。后背下方条纹宽织带为平纹组织（图一四），经密 10 根 /cm，纬密 14 根 /cm，经线投影宽 0.57mm，纬线投影宽 0.42mm，经纬线捻向均为 Z 捻，为弱捻。白色绣线投影宽 0.48mm，捻向为 S 捻，为弱捻。黄色绣线投影宽 0.37mm，无捻（图一五）。绿色绣线投影宽 0.29mm，无捻。淡紫色绣线投影宽 0.49mm，捻向为 Z 捻。棕色绣线投影宽 0.47mm，

图一三　青黑色织物组织（60×）　　　　　图一四　条纹宽织带组织（60×）

图一五　黄色绣线（60×）　　　　　图一六　淡紫色和棕色绣线（60×）

捻向为 Z 捻（图一六）。

2. 纤维分析

　　采用透射显微镜观察法对布料纤维进行鉴定，为此次保护修复工作提供依据和参考，样品为

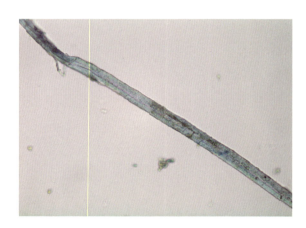

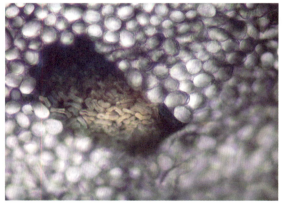

图一七　青黑色织物经线纵面（400×）　　图一八　青黑色织物经线横截面（400×）

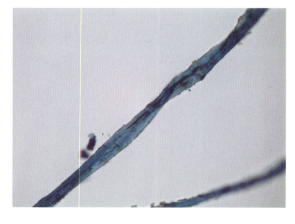

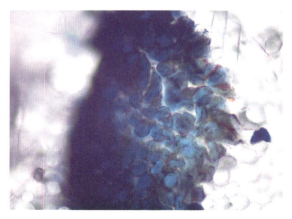

图一九　青黑色织物纬线纵面（400×）　　图二〇　青黑色织物纬线横截面（400×）

保护修复过程中掉落纤维。采用哈氏切片法制作切片，进行纤维纵向和横截面观察。经显微观察后确定青黑色织物经线为麻纤维（图一七、图一八），纬线为棉纤维（图一九、图二〇），蓝色衬布经纬线均为棉纤维（图二一、图二二），绿色绣线为丝线（图二三、图二四），白色绣线为棉线。

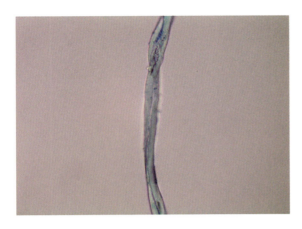
图二一　蓝色里子经线纵面（400×）

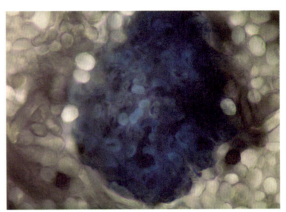
图二二　蓝色里子经线横截面（400×）

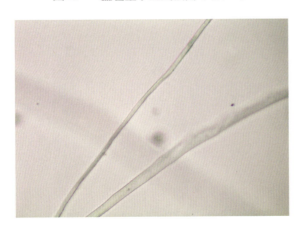
图二三　绿色绣线纵面（400×）

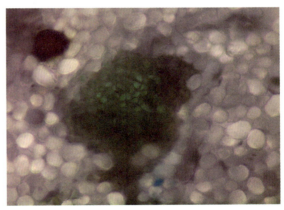
图二四　绿色绣线横截面（400×）

五　保护修复过程

1. 消毒

　　根据上衣的保存状况，采用低氧法对文物进行消杀处理。低氧处理属于物理防治方法，当氧气浓度降低到一定程度（2%）时，害虫的神经系统由极度兴奋转入完全瘫痪，最后窒息死亡，从而达到处理虫害的目的，同时文物处于无氧的状态下，可有效抑制霉菌以及虫害的发生[7]。这种方法操作简便、对人无害、对环境无污染、在文物上无残毒，现在被越来越多地使用。

2. 清洗

（1）表面清洗

首先使用物理方法将吸附在上衣表面和纤维内部的松散污染物去除。对于后背下摆接边上的污染物，由于非常坚硬，用竹签和针锥先将其粉碎，然后选用合适的软刷和棉签，沿着织物纤维的走向轻轻往同一方向刷除。清理时要及时清洁软刷和更换棉签，防止污染物再沉积。

（2）湿洗法清洗

选取上衣的边角、内侧等隐蔽部位进行褪色实验。下放吸水纸，使用棉球蘸取去离子水垂直擦拭，观察棉球以及下方吸水纸上是否有颜色掉落。多次试验后，发现上衣主体面料青黑色织物无褪色现象，而两袖及下摆部位的蓝色装饰物，以及后背接边上的紫色、棕色等装饰物都存在掉色现象。因此采用局部清洗的方法对文物进行湿洗。在清洗部位下方衬垫吸水纸，用软毛刷蘸取清洗剂从中间往两端清洗，当接近易掉色部位时停止刷洗，并不断用吸水纸将晕过来的水分吸干，防止水分润湿掉色部位产生晕色现象。使用清洗剂清洗完毕后，用同样的方法使用去离子水对织物进行漂洗。在清洗过程中软毛刷和下方衬垫的吸水纸要及时清理和更换。上衣污染较严重，进行多次局部清洗，直到下方吸水纸上无污染物为止。

3. 染色

根据残缺部位颜色对衬布和缝线进行染色（图二五、图二六）。选用与主体面料组织结构相同、纤维粗细相似、厚度略低于原件的麻织物作为背衬材料，修复用缝线选用熟丝线。衬布和丝线均为白色，需要对衬布和丝线进行染色处理，要求破损处背衬的色彩和文物颜色和谐统一、基本一致，但又有所区别。本次染色主要使用稳定性强、色牢度好的化学染料进行染色。主体青黑色布料背衬和缝线染色所用染料为直接栗棕、直接藏青、直接特黑、直接大红、直接红棕。蓝色装饰物和缝线染色所用染料为直接天蓝、直接黄、直接栗棕。

图二五　染色后的衬布

图二六　染色后的缝线

图二七　右襟胸部修复前　　　　　　　　　　　图二八　右襟胸部修复后

4. 加固修复

在对残缺、破裂部位进行修复时，根据修复部位尺寸，裁剪衬布，将衬布垫入下方，使用超声波加湿器进行回潮，用镊子、针锥等对破损处的经纬线进行平整，达到经平纬直后用磁块（包缝过）按压固定，尽量减小破口。然后通过针线法将两层织物缝合在一起，针线修复法是一种具有可逆性的物理加固修复方法，修复此件文物所用针法主要有：铺针、回针、锁边针和跑针等。对修复中需拆除原有缝线的部位，拆开前要对原工艺进行记录，修复完成后按原工艺予以复原。

在对两袖修复时，根据尺寸裁剪衬布，对袖子进行整体加衬，两袖袖口均糟朽严重，需要对袖口蓝色里衬部分缝线拆除。右袖袖缝线处破损严重，需要将袖缝线部分拆除，展平后使用铺针、锁边针进行修复。两襟和后背残缺、破裂都比较严重，对左襟和后背左侧使用同一块衬布进行整体加固，右襟亦是如此（图二七、图二八），回潮平整后，为防止错位使用跑针对衬布进行临时固定。右襟下方绲边有较大的破裂，其上方的挑绣破损也非常严重，修复右襟时将衬布稍微留长，使用锁针、铺针等将挑绣上的残缺、破损修复完毕后，将部分绲边拆开，将衬布塞入绲边中，原工艺复原。前襟下摆、两袖的蓝色装饰物，以及领部蓝色里衬修复时，需将部分缝线拆除，以便放入衬布。前襟下摆蓝色装饰物残缺较多，使用衬布进行整体加衬，两袖上蓝色装饰物和领部蓝色里衬上破损较轻，使用衬布进行局部加衬。贴边的修复是修复过程中较难的部分，特别是领部非常糟朽，只能分段展平，一段一段（约 5cm）地进行修复。贴边靠近中缝一侧和本体为四层布料缭针缝合，修复时将衬布一侧折约 1cm，压平后，将贴边另外一侧与上衣的缝合部位进行拆除，把衬布的折边垫到贴边的夹层中去。然后使用铺针对贴边中间部位进行修复，锁针对折边两侧缺损部位进行修复。修复完毕后，对拆开的折边按原痕迹压平，原工艺进行复原。

5. 平整

对修复完毕的上衣进行整体加湿平整，将文物平铺在工作台上，使用超声波蒸汽清洗机（可

图二九　修复后正面　　　　　　　　　　图三○　修复后背面

喷出均匀的水蒸气润湿织物，在润湿织物的同时避免晕色现象的发生）抚平褶皱、调整好布料经纬线，然后用包缝过的磁块按压平整，置于室内阴干。平整完毕后对上衣进行测量和拍摄，文物修复后照片见图二九、图三○。

六　保存环境建议

储存方式对文物的保存有重要影响。环境温湿度的升高，会加速纺织材料的老化，并且增加昆虫、菌类的活性，因此上衣保存条件应满足温度 18~20℃，相对湿度 50%~55%，温度的日波动不大于 5℃，相对湿度的日波动不大于 5%。此件文物属于对光非常敏感的藏品，若因陈列展览需要，则要限制光线照射文物的时间和强度，光线的照度值小于等于 50 lx，并避免含紫外线，可采用"人走灯灭"的感应灯具作为展厅光源，并实行定期更换的制度，一般展期不超过三个月。在上衣保管时，应尽量平摊放入无酸纸盒中，如需折叠应在折叠处加棉质衬垫，防止出现褶皱。

七　结语

壮族服饰是壮族文化的重要构成因素，对多姿多彩的壮族服饰的搜集、抢救、整理和保护工作具有重要意义。此件壮族青布挑花上衣在保护修复过程中，根据文物保护修复原则，结合上衣的保存状况，通过清洗、加固和平整等修复步骤，恢复了服饰的历史风貌，既满足了文物长久保存的要求，也有助于文物的展览陈列和研究工作。

作者赵旭铭来自广西民族博物馆

致谢：此件文物为作者参加纺织品文物保护修复技术培训班时修复的文物。感谢国家文物局提供的修复实践机会，感谢提供文物藏品的广西民族博物馆，感谢中国丝绸博物馆黄俐君老师、中国文化遗产研究院高雅老师在修复过程中悉心的指导和帮助，感谢培训班同学无私的帮助与合作。在此深表感谢！

参考文献：

[1]《壮族简史》编写组：《壮族简史》，民族出版社，2008 年，第 7 页。

[2] 蒋廷瑜、韦仁义：《平乐银山岭战国墓》，《考古学报》，1978 年第 2 期，第 211—250 页。

[3] 黄佩华：《红衣黑土——织布而衣》，《南方国土资源》，2009 年第 4 期，第 12—14 页。

[4] 樊苗苗、黄靖、陆思宇：《清代龙胜壮族女服的艺术特征》，《文物天地》，2018 年第 11 期，第 41—46 页。

[5] 玉时阶：《壮族民间服饰工艺及其传承》，《民族艺术》，1995 年第 4 期，第 143—154 页。

[6] 梁喜献、唐世斌、项载君：《壮族服饰构图纹样研究》，《中国民族博览》，2017 年第 9 期，第 156—159 页。

[7] 郭宏：《文物保存环境概论》，科学出版社，2001 年，第 269 页。

西汉时期铁戟包裹织物的分析研究

——以青州博物馆藏铁戟表面织物为例

韩　英　赵作勇　刘　薇　张　然　杨　琴　张昕煜　马燕如

内容提要： 山东省青州博物馆收藏有该市香山汉墓出土的大量彩绘陶俑、陶器、铁器和铜器。其中，数百个卜字形铁戟（附铜柲帽）严重锈结、矿化，部分铁戟上残留有朽木漆鞘痕，或有缠绕物麻绳遗痕，或有织物遗痕。以往在出土青铜器上曾发现过一些织物的印痕，而在铜铁复合器上残留织物的现象则较为罕见。本文采用三维视频显微镜、扫描电镜能谱仪和激光拉曼光谱仪，对铁戟表面包裹织物进行观察和分析，揭示了包裹物中织物的原料、结构及部分染色颜料：织物原料为蚕丝，织物的结构均为重组织染色织物，且染色颜料含有矿物色朱砂。

关键词： 西汉时期　铁戟　织物　分析

一　引言

2006 年 6 月至 8 月，由山东省文物考古研究所、潍坊市博物馆、青州博物馆联合组成的考古队，对青州香山汉墓进行了抢救性发掘，在该墓墓道西侧陪葬坑底层南部清理出土大量陪葬品，包括各类陶俑（侍俑、车马仪仗俑等）、陶器、陶车、金属器（以铁器为主）、封泥等，其中铁器数量巨大，种类繁多，有剑、弩、镞、戟等，大部分已严重锈结。这批文物经初步保护处理后入藏青州博物馆。根据墓中出土文物，该墓及陪葬坑的时代被确定为西汉中前期，墓主可能与西汉菑川国有关[1]，有学者研究认为该墓墓主系菑川国第一代国王[2]。

2010 年中国国家博物馆文物科技保护中心与青州博物馆合作，对这批出土文物中的铁质兵器（铁剑、铁戟、铁矛、铁钩镶、铁环首刀等）进行了保护修复。在对批量铁戟的修复工作中发现，其中的卜字形铁戟形体较小，应属明器；整器极少，大部分均已残断，残渣甚多，有的相互锈结在一起，铁质部分呈炭黑色，有些器物上或留有朽木漆鞘痕，或有缠绕物遗痕，或有织物遗痕，其铜柲帽截面为不规则的五边形，形制有别于汉代考古文献中记载的圆形或椭圆形铁戟铜柲帽[3]。

以往，在出土青铜器上曾发现一些织物的印痕，而在出土铁器表面却鲜有类似发现，在铜铁复合器上则更为罕见。由于铁和铜在锈蚀过程中产生的可溶性金属离子会造成织物的劣变，在铜铁复合器上能发现此类遗存现象，实属不易。

　　本文采用三维视频显微镜、扫描电镜能谱仪和激光拉曼光谱仪等分析方法对出土铁戟表面遗存的物质进行形貌结构观察，重点对表面织物的材质和结构进行了分析，研究结果将为香山汉墓葬制明器的包装和纺织品的研究提供重要资料。

二　铁戟上遗物残存痕迹的显微分析

　　香山汉墓铁戟由于年代久远，锈蚀严重，加之出土后存放条件比较简陋，缺乏恒温恒湿保护装置，铁质部分基本整体矿化，基体残存较少，许多器物已弯曲变形、残损、碎渣较多，或粘连在一起，呈束状。笔者在对编号 784-1 组中的铁戟进行保护修复时，发现有些器物上残存有或多或少的木屑，有几件铁戟上还附有木材、漆皮残留，以及织物的残留痕迹。其中，最具代表性的器物（784-1-5）的正反面上均有此类漆木及织物残留，虽然织物纤维已板结炭化，因质地松脆而无法剥离，但是在铜柲帽和铁戟的连接处周围还能清晰地看到织物印痕，且层次分明。如图一所示，铁直刺不完整，残留部分附有织物及残余的髹漆和木胎痕迹；横枝完整，几乎被木胎痕迹覆盖；铜柲帽也是完整的，被织物痕迹包裹着。

图一　铁戟正反面

　　铁戟作为一定历史时期的遗物，承载着当时的历史信息。为了更加清晰地观察器物上各层残留物之间的叠压关系和织物的结构，我们在三维视频显微镜（HIROX KH-3000）下进行观察，发现这些残留遗痕共有五层，它们之间的叠压关系见图二。

　　从图二中可以清晰地看出从外到内依次为：A 为木胎上的缠麻髹漆遗痕；B 为木胎遗痕，且有裹缠印痕；C 为铁戟的外层织物遗痕；D 为铁戟的最内层织物遗痕；E 是青铜柲帽上的缠绕物遗痕，有扭结的痕迹，根据扭结迹象推测为麻绳，且每个缠绕方向不少于三圈。同时，可

图二　铁戟表面遗痕

（a）三维视频显微镜观察（300×）

（b）三维视频显微镜观察（450×）

图三　C层织物显微镜图

判定出铁戟的包裹物实为四层（A、B、C、D层），其中C层和D层是织物。

为进一步探明上述织物的材质和结构，采用德国 Zeiss Smartzoom 5 三维视频显微镜（放大倍率 101~1000×）和美国 Phenom XL 型台式扫描电镜，对留存的 C、D 两层织物样品进行了观察分析。由 C、D 两层样品的显微图像（图三、图四）可知：（1）C层织物无捻，经纬密度相当，一条经线的浮长线大于另外两条经线的浮长线，长浮长线能够掩盖短浮长线，并且有共

（a）三维视频显微镜观察（200×）

（b）扫描电子显微镜观察（250×）

图四　D层织物显微镜图及电子显微镜照片

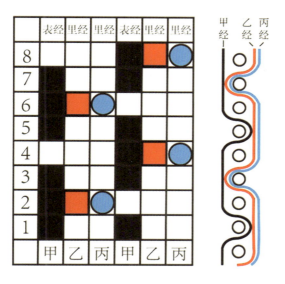

（a）组织图　　（b）纵向剖面图

图五　C层织物组织图

（a）组织图　　（b）纵向剖面图

图六　D层织物组织图

同的组织点，因此推测织物组织可能为三重经锦[4]，组织结构如图五所示。这种组织结构可以使不同色彩的三组经线能加以重叠和交替显花，即当甲经浮在织物表面时，乙经和丙经则沉在织物的背面，当乙经浮在织物表面时，甲经和丙经则沉在织物背面，以此类推。但鉴于织物经纬线大部分已锈蚀断裂，无法对织造技术进行深入研究，亦无法判断织物的整体图案。（2）D层织物结构清晰可见，织物也无捻，经密均疏于纬密，织物表面平整，与C层织物相比略显致密，低倍数下观察似为平纹组织，但在高清显微镜下观察（图四）可看出织物存在两组经线，故而判定织物为重织物组织。D层织物经纬线残缺严重，从残存的经纬线观察到四枚组织以及交织点等，因此可能为二重经锦[4]，组织结构如图六所示。汉代重经组织的设计，可能从平纹织物基础上演变而形成，为"平纹型经锦"，C层和D层织物表面平整并且外观具有平纹的效果。

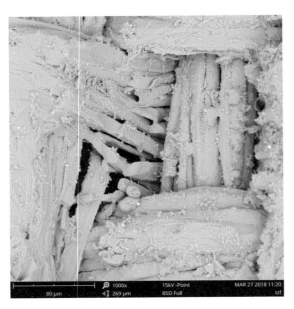 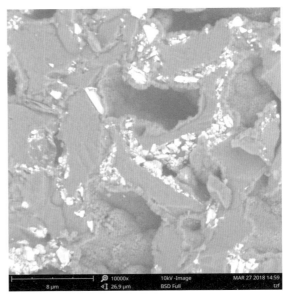

（a）纤维纵面（1000×）　　　　　　　　（b）纤维截面（10000×）

图七　C层织物扫描电镜背散射图像

 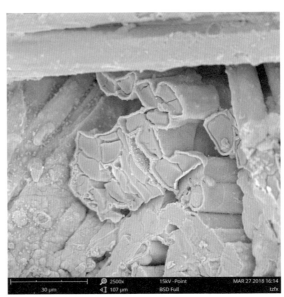

（a）纤维纵面（360×）　　　　　　　　（b）纤维截面（2500×）

图八　D层织物扫描电镜背散射图像

三　铁戟上织物的扫描电镜形貌观察及能谱分析

采用扫描电子显微镜，是为了对织物分别进行显微观察及能谱元素分析，以辨识织物的纤维种类、组织结构及附着物含有的化学元素。检测仪器使用的是 Phenom XL 台式扫描电镜，CeB₆ 灯丝，光学显微镜放大倍数范围 3~16×，电子放大范围为 80~100 000×，背散射图像分辨率优于 20nm，真空度 1Pa，常用加速电压为 10kV 或 15kV，束斑尺寸 Image 或 Point，具体测试条件见各扫描电镜图像。

首先在微观条件下观察矿化织物样品的纤维横截面和纵向结构及腐蚀状况。如图七（a）、图八（a）所示，从微观结构对比看出，矿化后样品出现孔洞、断裂等现象，整体性和稳定性较差；如图七（b）及图八（b），样品微观结构显示出纤维截面多数是实心，少数为中空，均呈现近似三角状，有些仍保留着较完整的单纤维，这些形态特征都与蚕丝纤维相符[5]。因此，C 层和 D 层织物虽都已矿化，但是通过扫描电镜显微观察，仍然可以判定铁戟上的两层纺织品原料均为蚕丝纤维。

通过扫描电镜能谱分别对织物样品上的不同颜色进行检测，分析附着在织物上的主要元素。

表一　C 层样品织物上部分扫描电镜能谱结果（wt%）

检测位置	主要元素				
	Hg	S	O	Fe	Si
红色部分纵面，即图九中"+"点处	51.71	7.79	30.67	7.09	—
黄色部分，即图一〇方框内区域	—	—	35.80	63.31	0.89
黑色部分，即图一一方框内区域	—	—	49.15	47.09	—

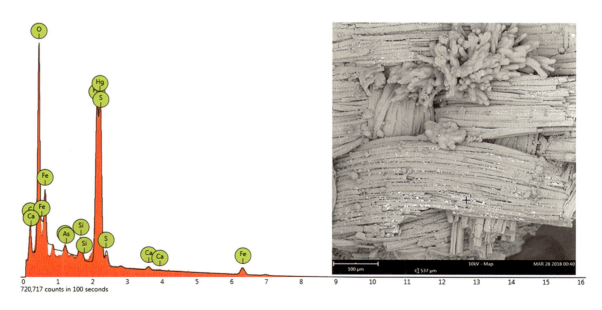

图九　C 层样品织物上红色部分纵面扫描电镜背散射图（500×）及能谱图

在织物 C 层织物样品上，选择红色部分的纵面（图九"+"点处白亮斑点）、黄色部分（图一〇方框内区域）和黑色部分（图一一方框内区域），分别进行检测，结果如表一所示。

通过对 C 层织物中红色、黄色和黑色部分的扫描电镜及能谱检测结果，推断该层织物中可能含有铁器的锈蚀产物，红色部分中因 Hg、S、O 和 Fe 元素含量较高，可能导致红色的成分是 HgS；通过拉曼光谱仪进行物相的检测确认。

选 D 层样品织物上红色部分，对纵面及截面即图一二和图一三中"+"点处进行检测，结果见表二；加之，从图一〇的纤维截面上微观可见，单个纤维被白色斑点环绕；因此，笔者以为此现象应是织物被染色所致。

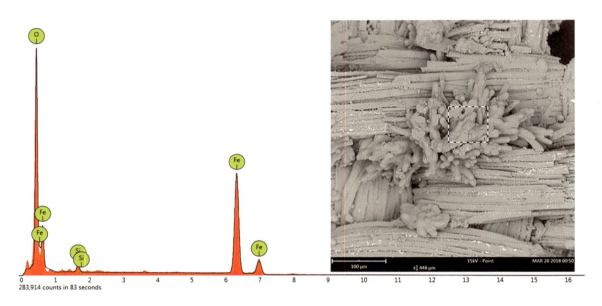

图一〇　C 层样品织物上黄色部分扫描电镜背散射图（600×）及能谱图

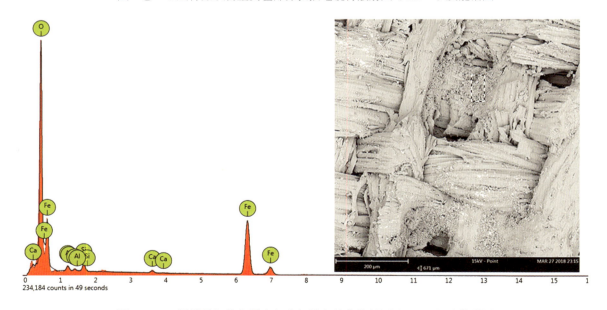

图一一　C 层样品织物上黑色部分扫描电镜背散射图（400×）及能谱图

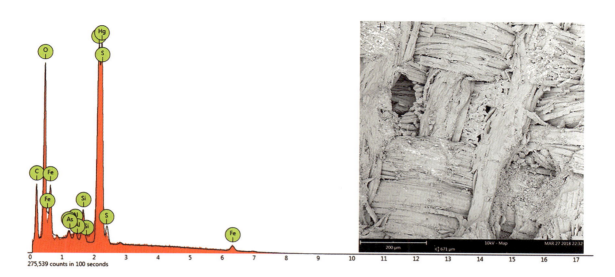

图一二　D 层样品织物上红色部分纵面扫描电镜背散射图（400×）及能谱图

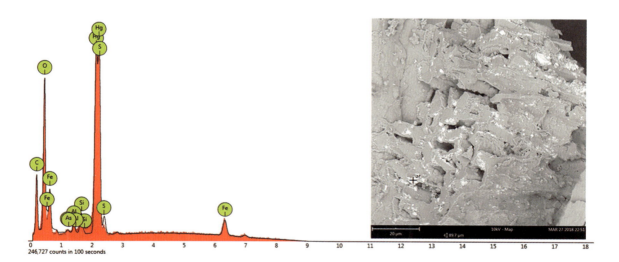

图一三　D 层样品织物上红色部分截面扫描电镜背散射图（3000×）及能谱图

表二　D 层样品织物上红色部分扫描电镜能谱结果（wt%）

检测位置	主要元素			
	Hg	S	O	Fe
纵面即图一二中"+"点处	58.22	8.01	25.43	4.56
截面即图一三中"+"点处	54.41	8.02	21.34	13.75

四 铁戟上丝织品残存痕迹的拉曼光谱分析

显微共聚焦激光拉曼光谱仪将拉曼光谱分析技术与显微分析技术相结合，可以对纤维、染料、颜料等文物材质进行分析，与扫描电镜能谱分析结果相互印证。

本文中的拉曼光谱数据，分别采用了两种显微共聚焦激光拉曼光谱仪检测的结果（以下分别用 A、B 表示）。A 仪器为美国 Thermo Nicolet Almega（附带 Olympus BX-50 型显微镜）共焦显微拉曼光谱仪，测试条件：激发波长 532nm 或 780nm，50 倍物镜。B 仪器为英国 Renishaw 公司的 inVia 型共焦显微拉曼光谱仪，采用硅片校准仪器后，仪器的光谱分辨率为 1cm^{-1}，横向空间分辨率＜ 1μm，测试条件：激发波长 532nm 或 785nm。

先局部去除铁戟织物遗痕表面附着的锈蚀物，以提取 C、D 层织物样品，利用 A 仪器分别对织物纤维的表、截面取点检测，结果表明：两层织物表面及截面上存在的主要物相有 α-FeOOH、γ-FeOOH 和 α-Fe$_2$O$_3$ 等，都是铁器的腐蚀产物（图一四、图一五）；由此说明丝织品已基本矿化，其成分已被铁的锈蚀产物替代。C 层丝织物遗痕中还检测到 HgS［图一四（c）］，

（a）C 层织物显微图片（100×）　　　　　（b）C 层织物显微图片（500×）

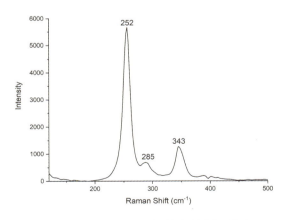 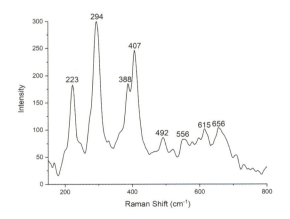

（c）朱砂（HgS）的拉曼光谱分析谱图　　　（d）α–Fe$_2$O$_3$ 的拉曼光谱分析谱图

图一四　C 层织物显微图片和拉曼光谱分析结果

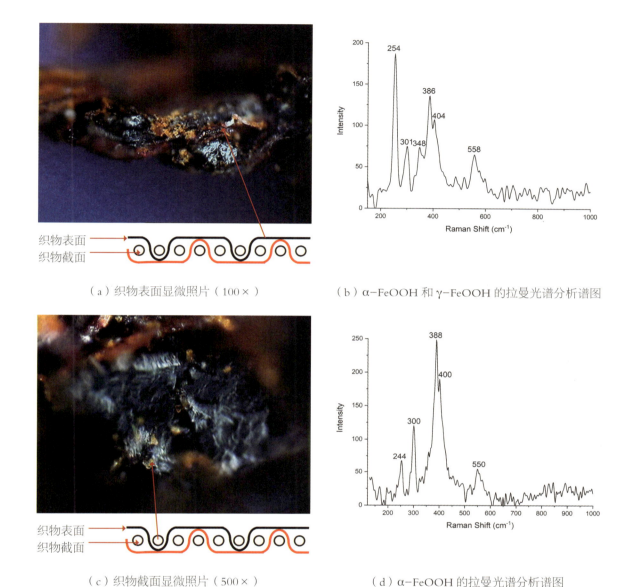

（a）织物表面显微照片（100×）   （b）α-FeOOH 和 γ-FeOOH 的拉曼光谱分析谱图

织物表面
织物截面

（c）织物截面显微照片（500×）   （d）α-FeOOH 的拉曼光谱分析谱图

图一五　D 层织物显微照片和拉曼光谱分析结果

说明该层织物曾经染过色。

　　此外，在对织物样品中遗存的黄色和黑色部分在扫描电镜能谱检测的基础上，还采用 B 仪器进行了检测确认。由图一六、图一七可知，它们都有明显的锈蚀产物 α-FeOOH 的峰值，说明织物样品中的黄色和黑色物质为铁器锈蚀产物侵蚀所致。

五　结果与讨论

　　1. 汉代纺织品的原料主要是丝和麻。而麻纤维须捻合成线，才可上机织布。丝与麻类不同，在天然纤维中丝拥有超长纤维。煮茧缫丝时只要将几个茧的丝头并在一起，卷绕后便可抱合成一根丝线。因此丝织品是无须加捻的，在络纬和并丝的过程中，丝线有时会稍被扭转[6]。通过

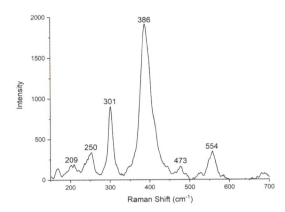

（a）显微照片　　　　　　　　（b）α-FeOOH 的拉曼光谱分析谱图

图一六　黄色部分显微照片和激光拉曼光谱分析结果

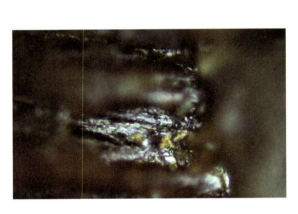

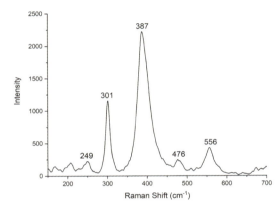

（a）显微照片　　　　　　　　（b）α-FeOOH 的拉曼光谱分析谱图

图一七　黑色部分显微照片和激光拉曼光谱分析结果

三维视频显微镜和扫描电子显微镜纵向观察，C、D 两层织物纤维几乎都呈顺序排列，个别稍有扭转，未看出刻意所为。为进一步确认其材质，采用扫描电镜对织物截面进一步观察发现，两层织物纤维截面均呈现三角状的蚕丝纤维特质，故而判定其质地为蚕丝。

2. 通过三维视频显微镜和扫描电子显微镜观察，从织物经纬纤维破损处能看出，其中 D 层织物组织存在两组经线，为二重经锦，一组经线似压在另一组经线的上面[6]；C 层织物存在三组经线或者纬线（由于残留织物不完整，无法判断经纬线），故为多重织物。

3. 激光拉曼光谱和扫描电镜能谱结果互为印证，表明：铁戟所缠两层丝织品都已整体矿化，其成分已完全被铁的锈蚀产物 α-FeOOH、γ-FeOOH 和 α-Fe$_2$O$_3$ 替代；丝织物上有 HgS，HgS 是朱砂的主要成分，进一步确定 C、D 层织物均为染色织物，其染色材料是矿物颜料而非植物染料。矿物颜料的显著特点是不易褪色、色彩鲜艳。

4. 铁戟两面都有织物和木屑痕迹，可以确定部分铁戟是用织物单独裹缠的。如此众多的铁戟被单独包裹，再缚上木鞘，说明墓主人非一般贵族，墓葬规格很高。

5.三维视频显微镜和扫描电子显微镜作为文物表面遗存物检测的有效手段，两者均可以分辨织物的组织结构、文物表面残留的印痕等遗存表象。

6.由于织物已完全被铁的锈蚀物固结、侵蚀，目前尚难以准确判断织物上可能存在的其他颜料和完整图案。

六 结论

通过三维视频显微镜和扫描电镜能谱仪观察检测，再配以激光拉曼光谱仪分析确认：铁戟包裹物中有两层织物，织物原料为蚕丝，织物的结构均为重组织染色织物，且染色颜料有矿物颜料朱砂。

致谢：香山汉墓出土铁器保护修复项目得到了山东省青州博物馆同仁特别是王瑞霞老师的大力支持；本文的资料查阅和撰写工作，得到中国国家博物馆潘路、杨小林、胥谞和山东大学马清林老师的悉心指导和帮助；在此一并致以诚挚谢忱！

参考文献：
[1] 刘华国：《山东青州香山汉墓陪葬坑出土大批精美文物》，《中国文物报》，2006 年 9 月 13 日，第 2 版。
[2] 李森：《香山汉墓墓主为第一代菑川国王》，《中国文物报》，2006 年 12 月 8 日，第 7 版。
[3] 韩英：《山东青州博物馆藏西汉时期铁戟表面特征分析》，《中国文物科学研究》，2012 年第 2 期，第 71—72 页。
[4] 顾平：《织物组织与结构学》，东华大学出版社，2009 年，第 16 页，第 79—86 页。
[5] 向怀中：《蚕丝生物学》，中国林业出版社，2005 年，第 306—312 页。
[6] 孙机：《汉代物质文化资料图说》，上海古籍出版社，1991 年，第 57—59 页。

明《水斋禅师像》题诗与题跋的临摹复制

张 越

内容提要：明代画家孙兆麟所绘《水斋禅师像》是明代肖像画的代表作品之一，现藏天津博物馆，为国家一级文物。本文介绍了该幅画作题诗与题跋部分的临摹复制工作，从选材、制底、落墨、染旧、钤印等方面介绍了整个临摹复制过程，将其中难点与重要步骤进行了描述分析。最后简单总结了此次临摹复制工作的心得与行业面临的挑战。

关键词：水斋禅师像　古书画临摹复制　双钩填墨

《水斋禅师像》是明代肖像画的代表作品之一，现藏于天津博物馆，为国家一级文物。2016~2017年中国国家博物馆受北京宣南文化博物馆委托，采用传统手工临摹方法复制了这件《水斋禅师像》。关于画面部分的临摹，负责相关工作的王春红老师已进行了专文介绍[1]。本文主要介绍题诗与题跋部分的临摹复制过程。

一　文物概况

《水斋禅师像》由明代画家孙兆麟所作，史籍中关于画家孙兆麟的记载极少，只有清代徐沁《明画录》中记述："孙兆麟，字开素，山阴人。父云居，以写照擅名。兆麟既得家法，而更精诣，推为能品，至今传像人争法之。兼工山水花鸟。"

《水斋禅师像》原件为两色立轴装，画心纵234.5cm，横126cm，分为题诗、画面和题跋三部分（图一）。画面部分为绢本，纵181.5cm，横101.5cm，画中绘有水斋禅师像，其面容清瘦，神情坚毅，手执藤杖，画面右下落款"壬申夏兆麟"，并钤有"孙兆麟印"四字白文印。

题诗部分为绢本，纵33.5cm，横101.5cm。诗为《水斋禅师像赞》："赤县神州说大乘，坦然心地骨峻嶒。已捐三指成千手，剩有随身六尺藤。"落款为董其昌书，钤有"宗伯学士""董玄宰"两方白文印。

题跋部分为纸本，纵19.5cm，横101.5cm。跋文题为《明大祚长椿寺赐紫衣水斋禅师传略》，传略共约六百余字，其内容是对水斋禅师生平的介绍与评述。从这篇传记可知，水斋禅师原法号归空，明嘉靖三十八年（1559）七月生，本姓鹿，叫阳明，中山郡人。他自幼出家，苦修行。

凭着双脚，来往于五台山、普陀山、峨眉山、嵩山、终南山、伏牛山等处寺院。为修禅，他烧掉自己的三个手指头。在五台山参拜古松和尚时，烧掉一手指以供文殊菩萨；在普陀山参拜大智和尚，烧掉一个手指以供观音菩萨；在峨眉山参拜通天和尚，烧掉一个手指以供普贤菩萨。最后他来到北京，因为他能"一再七日不食，日饮水数升，持之五年，遂众号之曰水斋也"。明神宗朱翊钧的母亲李太后听说了他的事迹后，于万历二十年（1592）为他敕修长椿寺，以他为住持。[2] 跋款"中华建国十有六年丁卯四月，无畏居士周肇祥"，其下钤有"无畏居士"四字白文印一方。

图一　《水斋禅师像》

二　临摹复制过程

传统手工临摹一般需要全程对照原件，随时进行比对修改。但《水斋禅师像》为天津博物馆藏一级文物，根据相关规定无法将文物提取出库，更不可能长时间存放于临摹工作室。这也是目前整个传统临摹行业面临的一项挑战。

得益于现在数字采集与数字复制技术的高速发展，我们基于天津博物馆提供的《水斋禅师像》高清数字影像，经过多次入库进行色彩校正（图二），得到了能够满足临摹参照要求的数字复制件。本次临摹时所用的参照件即为此数字复制件，同时为确保临摹质量，在临摹过程中也多次赴天津对比文物原件对临摹件进行修改。

图二　参照件（左）与原件（右）第一次校色

1. 选材与制底

选择临摹件基底材料时，材料尺寸要大于原件，以便绷边与装裱时的方裁，且要按照尺寸多做几份，为将来的临摹留出余量。

题诗部分为绢本，在与原件比对后，选用织法、密度与原件相似的仿古生丝绢进行临摹。为使临摹件与原件的质地更加贴近，本次选用早年与故宫临摹组一起定制的一批古法生丝绢。这批生丝绢采用传统材料和方法制作而成，可以更好地表现出画作风貌，且其未经漂白、熟制

图三　绢本制底

等工艺，可以根据具体使用需求进行染色。市场上销售的普通绢料首先原料没有保障，其次经过了熟制处理，导致染色时颜料不能沁入绢丝内部而造成底色浮在绢丝表面，使得染色不够沉稳，且染色后易出现漏矾现象，为之后的临摹工作带来不便。

绢的染色与熟制一般采用绷框的方法（图三）。采用传统国画颜料并加入一些植物染料（茶叶、栗子壳、橡树果壳等煮水后所形成的染液），调配合适后进行染色。染色完成后调兑比例合适（口尝微微发甜）的胶矾水对绢进行熟制。

题跋部分为纸本，原件纸张为皮纸，选择纹理与材质与之相似的纸张进行制底。同样采用传统国画颜料并加入一些植物染料，调配成合适颜色后进行染制。

无论是纸本还是绢本，在制底过程中，颜料调配都要淡一些，通过多次染色使底色更加沉稳。最终制底完成时的颜色也要浅于原件，尤其绢本在染色时绷在框上，本体呈悬空状态，颜色看起来会偏浅，很容易染深。后期要使用染旧的命纸进行托心，且托心后还会对照原件进行找色，如果制底阶段颜色与原件基本相似，那么后期总体颜色就会偏深。

2. 落墨

古人临摹文字为了保证临摹件的严谨，一般选用双钩填墨的技法，也就是向揭墨迹（现在用拷贝工作板），用墨线勾出字迹轮廓，然后在轮廓线内填墨。这里所谓"填墨"并非如染色般，用毛笔蘸墨将空白处填黑即可，这是很多人对"填墨"的误解。填墨时也需要模仿原件笔意、笔法、气韵等，用"写"的方式将空白处填满。因此填墨时其实是如临字时一般用笔书写，但是需要一圈墨线来"规范"字形，以防书写时顿挫过大、收笔不及时、气息太过自由而造成笔画变化、字形改变，使得临摹件不够严谨，带有太多临摹者的风格。很多人评价用双钩填墨方式临摹的作品，气韵不顺或显得死板，但是笔者认为作为代替原件展出或使其艺术延续的临摹件，相对于其带给人的主观感受，更应该优先追求客观造型在视觉上的相似。这些问题现在还存有争议，可以参考关于现存世《兰亭序》几版临摹件的评论[3]。

在正式落墨前，需要反复对照原件进行临写，去理解原件的笔法、笔意。在正式落墨时可以多临摹几件成品，挑选最满意的一件进行接下来的染旧、钤印、装裱等，落选的临摹件做记号后留作资料使用或统一销毁。

《水斋禅师像》题诗部分落款为董其昌，书体自然，用笔圆润精妙，多方笔起始，筋骨内含（图四）。此部分字迹较大，方便双钩填墨。字迹笔画尽量沿轮廓勾线一笔写出，因为题诗质地为熟绢，

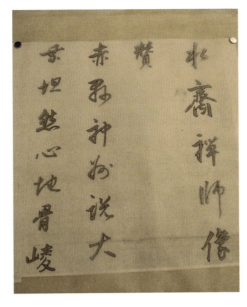
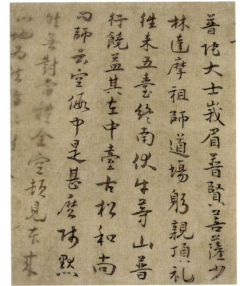

图四　题诗双钩　　　　　　　　　　　　　　图五　题跋双钩

在书写时蘸墨可以相对饱满一些，不用担心洇出。枯笔与飞白在临摹时可以预先留出，之后用勾线笔或小楷笔小心谨慎地做出来。填墨时仿古绢会出现星点的绢丝不吃墨的情况，需要注意在墨迹未干时，用小笔蘸取浓度与书写时相似的墨汁将漏墨的地方填满，注意不要使墨汁淤积，否则会留下明显痕迹。

　　题跋部分落款为周肇祥，通篇尖锋起笔、用笔老辣、气息顺畅（图五）。此部分字迹较小，为小行书所写，双钩填墨时较为麻烦。一些较细的笔道可以直接写满，填墨时注意控制用笔力度，不要让墨迹超过轮廓线。由于选取的临摹用纸为皮纸，纸性略熟，制底时经过染色后纸性更熟，所以在填墨时可以使笔稍干一些，行笔缓一些，如此运笔较好控制力度，如有轻微枯笔，行笔稍快即可带出，较为自然，可操作性更强。

　　双钩填墨完成后，将参照件取出，置于临摹件旁相互对比，完善笔画转折、枯笔、飞白等细节，

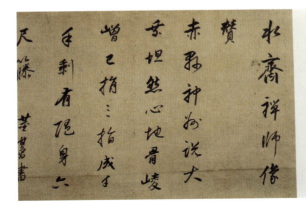

图六　题诗落墨完成（右）与参照件（左）对比修改

如有缺失也要补全，使笔画间的过渡与字形神态更加自然（图六）。

3. 托纸与染旧

古书画随着时间的流逝、环境的侵蚀，会逐渐老化，呈黄、褐、灰等不同旧色，而且随着画心老化，命纸也会相应老化，二者叠加在一起的旧色才是真实的旧气，这也是很多古书画修复时不揭命纸的原因之一。仅将临摹件染旧而用新纸托心，即使临摹件颜色与原件再相近，整体还是会略显轻薄、不饱满，旧气不自然。

落墨完成后，用染旧的纸张托心，然后根据二者的整体效果进行染旧，此时才是真正"追"原件颜色的时候。画心与命纸的颜色可以有一定差异，但是它们组合后的颜色必须与原件色调基本一致，且浅于原件。将托心后的临摹件绷在板上，用调配好的旧色均匀地轻刷一遍或数遍，具体遍数根据原件的情况而定。刷色首先是在找色，同时也刷去临摹件的浮墨，去除新写墨迹的火气，使字迹更加润泽、沉稳。如果原件曾经历过多次揭裱，墨迹会有一些自然的脱落，如此在染旧这步可以多刷几遍旧色或清水，甚至可以揭去命纸，重新托纸，以模仿原件"经历"的手段来制造与之相似的旧气。在染旧时随时要与参照件或原件进行对比，以便调整旧色，直至满意为止（图七、图八）。

染旧时一定要注意对于临摹件及其命纸的保护，此步主要是通过染色模仿原件的旧气，而不是利用破坏临摹件纤维或加速临摹件老化的手段进行"作旧"。虽然制作的是临摹件，但对

图七　题跋染旧找色后对比　　　　　　　　图八　题诗染旧找色后对比

于委托方来说也将是一件非常重要的藏品，应当考虑其未来保存的长期稳定性。

4. 钤印

题诗和题跋处的印章采用从原件直接扫描的方式取得印文，经过数字修版后，一比一复制印面，再钤印于临摹件之上。

扫描原件印章，将印稿转换成黑白稿，这样在雕刻时精度更高、细节更加清晰。要注意的是，在转换黑白稿时背景颜色较深的图片会有像素流失，一定要对照原件确保黑白稿的准确、完整。

复制印面时面临两种工艺的选择：其一是用比较传统的"烂铜版"方式；其二是使用激光雕刻的方式。考虑到传统烂铜版的精度不如激光雕刻，且其材质为金属，后期修改时操作性较低，最终选择激光雕刻工艺，并选择与传统印章接近的石料作为雕刻材料。

传统手工制印时篆刻痕迹与印面呈一道斜坡，而激光雕刻的刻迹一般是直上直下，与印面呈 90 度，有些字口边缘会非常锐利，导致钤出的印迹太过生硬、死板（图九）。因此激光雕刻好的印章还需要根据实际情况用刻刀进行简单的修整，这也是选择石料进行激光雕刻的原因之一。如果选用其他材质（如有机玻璃等）雕刻，虽然也可以进行修整，但不及石料的效果自然，可操作性也没有石料强。

钤印时首先要对应原件找准印章的位置，然后使用调配好颜色的印泥配合印规进行钤印。印规一定要固定好，如果一次钤印印迹不够清晰完整，则可按照固定好的印规再次钤印，直至效果满意为止。最后为印迹简单作旧，使其敛去油光与燥气，与整幅临摹件和谐统一。

三 总结

2017 年，经北京宣南文化博物馆验收与专家组评定，《水斋禅师像》临摹项目圆满结项（图一○）。

图九　激光雕刻的印面　　　　　　　　图一○　《水斋禅师像》临摹项目验收

现在很多通识性展览中，在较昏暗的灯光以及展柜玻璃的阻隔下，高质量的数字复制件已经可以达到一定展示效果。但数字复制件相比原件还是有一定差距，虽然其在形和色上都与原件接近，却无法体现色彩质感，也就是通常说的没有墨气以及多层色彩叠加的厚重感，这也正是传统手工临摹复制方法的意义所在。

另一方面，在各种数字采集输入以及输出技术迅速发展的今天，传统手工临摹受到了前所未有的挑战。作为从业者，在传承传统技艺的同时也应该思考如何利用这些技术，使传统技艺与现代科技相结合。如当临摹任务紧迫、临摹时间有限时，可利用打印技术在制作好的基底上印刷轮廓，再进行手工着色、钤印等，从而可以节省过稿时间，并确保临摹件客观造型准确、色彩质感生动，更加快捷地制作出较为精良的临摹作品。

致谢：共同参与《水斋禅师像》临摹项目的王春红老师对此部分工作进行了指导，付万里先生指导了印章的复制，并为此临摹件题签，在此一并致谢。

参考文献：

[1] 王春红：《明〈水斋禅师像〉的临摹复制》，《中国国家博物馆文物保护修复论文集》，北京时代华文书局，2019 年，第 250—256 页。

[2] 李晓庵：《〈水斋禅师像〉轴及相关资料考释》，《美术大观》，2011 年第 10 期。

[3] 王连起：《〈兰亭序〉重要传本简说》，《紫禁城》，2011 年第 9 期。

后 记

中国国家博物馆开展文物保护与修复工作已有七十年历史。回望过去，几代文保人筚路蓝缕、风雨兼程，从 20 世纪 50 年代保护机构草创、60 年代引入自然科学技术，到本世纪初基本形成了比较完备的文物保护修复体系，目前进入全面发展的新时代。中国国家博物馆承担了大量国家级、省部级文物保护研究项目课题、馆藏文物保护修复任务和馆际合作项目，在行业内形成了较强的影响力。2018 年至 2019 年，中国国家博物馆文保院编辑出版了《中国国家博物馆文物保护修复论文集》，其中收录 48 篇文章，汇集了近十余年来我馆文物保护修复的相关研究成果。2019 年年底，在王春法馆长等馆领导的大力推动和支持下，文保院再次策划启动了《中国国家博物馆文物保护修复报告集》，报告集以我馆近年来承担的馆内外文物保护修复、复制和环境监控工作为基础，更侧重于对文物保护实际工作的梳理和总结。2020 年年初成立报告集编辑小组，经征求各方意见和多次论证，确定了报告集的编辑框架与体例，并向全馆发出征稿。2020 年 7 月，审稿专家和编辑小组从收到的稿件中精选出 32 篇，汇集成本报告集。

报告集收录的 32 篇报告根据不同的主题和内容分为"馆藏文物保护修复""馆藏文物复制""博物馆环境监控"和"文物保护合作项目"四个部分。"馆藏文物保护修复"部分收录的 8 篇报告是针对馆藏金属、陶质、石质、纺织品、油画等文物开展保护修复的工作总结和经验分享；"馆藏文物复制"部分收录的 9 篇报告，是应本馆和兄弟单位展览、（捐赠者）收藏需求而开展的馆藏文物的复制工作，其中涉及文物材质包括金属、玉器、纸质等；"博物馆环境监控"中收录的 3 篇是关于本馆展陈和文物保存环境方面的检测、监测报告，涉及光环境、温湿度和空气质量检测；"文物保护合作项目"部分收录的 12 篇报告均为文保院近年来开展的馆际文物保护修复合作项目和工作，其中包括西藏博物馆藏纸质文物保护修复项目、宜昌博物馆藏楚国金属饰片保护修复项目、章丘市博物馆藏金属文物保护修复项目等。32 篇报告多数为首次发表，个别已发表报告或内容，在报告结尾处附有原文发表信息。

报告集即将付梓，回首今年因新冠肺炎疫情影响而造成的组稿、编辑等困难，到如今的收获满满，心中不胜欣慰和感激，在此衷心感谢王春法馆长等馆领导和相关部门对报告集编辑出版工作的悉心指导和大力支持！报告集的框架设计、稿件组织和整体协调由本人负责，周靖程和王力之先后协助统筹工作；全书稿件邀请马海鹏、李艳萍、张晋平、王赴朝、马燕如、张月玲和王允丽等相关领域专家进行审稿；稿件的收集、编辑、校对工作由吕晓芳、张然、杨琴、李沫、雷磊、吕雪菲共同完成；张然对报告集的所有拉曼谱图进行了格式统一；吕晓芳、杨琴承担了出版过程中的相关联络工作。审稿专家和编辑小组成员一丝不苟、精益求精的工作态度为报告集高质量高效率的出版奠定了基础。报告集的出版也得到杨拓、杨光、王洪敏、陈拓、刘羿琳等同仁的热情帮助，在此一并致谢！

　　由于作者及编者水平有限，报告集尚有不足之处，敬请读者批评指正。

王建平执笔

2020 年 10 月 15 日